JN080057

現代に生きる陽明学

『伝習録』（巻の下）を読む――桜下塾講義録

吉田和男

晃洋書房

はじめに

平成八（一九九六）年に京都で「桜下塾」という名前で一般社会人と共に「陽明学」の勉強会を始めました。筆者は数理経済学や財政学などを専門としてきた研究者でしたが、江戸期以降の日本人に大きな影響を与えた中国明代に生まれた陽明学を社会人とともに勉強しようとしたのです。これは、戦後、「日本精神」とも言うべき「日本人の心」が失われてきたのではないかという危機感を持ったところから始まります。筆者が代表幹事を務めていた「二一世紀日本フォーラム」という政治学、経済学、哲学など幅広い分野の研究者が集まって学者集団を作り、二一世紀の日本を「言論」で再構築していこうとして作った団体があります。ここでは「理想主義的保守主義」という学問のあり方を掲げて、これまで大きく混乱を続けてきた日本社会、特に言論界を改革して行くために設立されました。戦後の長い期間、大学だけでなく「言論界」などでは、マルクス主義の考えがはびこって、正統な学問が端に追いやられていました。そのような大学や言論界に正統たる学問を再構築して、ここから生まれる正統な「言論」によって「二一世紀日本の改革」を呼びかけようと集まった大学の教育・研究者の団体です。この活動の一環として、「日本人の精神」の復活を図るために「二一世紀の日本人の精神のあり方の研究」という研究会を始めました。これらの分野を研究し、日本の伝統の中で育まれてきた精神の復活を考えていく機会が減っているのが現状です。この研究会をはじめたのは、今日の日本人が物質主義に片寄り、日本人として生きてゆくための「精神」を求めることが希薄となっているのではないかという危機感からです。「二一世紀日本フォーラム」のメンバーの中で東京大学や京都大学などの大学で哲学や政治思想を研究している人々に集まってもらって研究会を始めました。しかし、メンバーの一人が亡くなり、一人が重い病気にかかられ、数度、集まってもらって議論したのですが、残念ながら実際に活動を行うことができませんでした。そこで、一人で始めようと考え、一般社会人に呼びかけて「桜下塾」という名称で「陽明学」の勉強会を始めたのです。

「日本人の精神」は古くから神仏儒という混合した宗教が基礎にあり、世界全体と比較しても優れた思想家も多数生まれてきています。日本人は神道を軸として仏教や儒教といった外来思想も日本化して世界でも希有な精神を育くんできました。神道について言えば、自分が「神道主義者」であると認識している人は多くないと思います。しかし、神社の数は八万以上とも言われており、氏子として神社に所属する人の数も膨大です。多くの家には神棚があり、何かとあれば神社にお参りに行きます。神社に行けば神殿に頭を下げる人がほとんどです。特に、初詣などには膨大な人が神社に押しかけます。日本人の多くは意識はしていませんが、神道のしきたりに従って生活しています。神道は「生活宗教」として、それほど意識されることなく「日本人の精神」の中心にあります。神道には基本となる教典があるわけでなく、一神教のキリスト教などとは大きく違う多神教の世界です。しかし、「日本人の精神」の歴史の中で中核にあって「日本人の心」の基礎にあることは間違いないところです。そして、「八百万（やおよろず）の神々」を崇める寛大な、世界にもまれな宗教です。

この神道を基礎に日本人は、外来の宗教も寛大に受け入れてきました。仏教も「日本人の精神」に大きく影響しています。インドで生まれた仏教は世界三大宗教の一つであり、世界的宗教として大きな位置を占めています。日本では、特に祖先崇拝と結びついて日本独特の仏教を生みだし、**道元**や**空海**といった優れた仏教思想家も生み出しています。多くの家に仏間や仏壇があり、葬儀の多くは仏教の様式によって行われ、法事として祖先の魂に思いを寄せる行事を行っています。外来宗教ですが、日本の歴史の中で重要な役割をもって「日本人の精神」に深く定着しています。よく言われますが「真なる人間の姿」として「人間とは何か」を深く探ることを日本人に教えました。

さらに中国から伝わった儒教があります。社会を運営して行くのに重要な役割を果たしてきました。儒教の伝来は古いのですが、特に、江戸期以降は武士を中心に、一般庶民も含めて健全な社会運営を行うために重要な役割を果たしてきました。日本人に「善なる人間の姿」を教えてきました。特に、社会を運営して行くための「道徳」を教えました。儒教は中国で生まれた宗教ですが、日本ではむしろ「道徳」として自らの人格を育て、社会を治める学問と捉えられてきました。日本人にとって「修己治人（己を修めて、人を治めるとして自己の修練によって人々を感化して治めていく）」の学問が儒教の目的でした。儒教の宗教色は日本では定着しませんでした。「孔子廟」もあまり見かけることはありません。そこで、本書ではできる限り「儒教」でなく「儒学」で統一しています。

もちろん、明治以降、キリスト教を中心とした西洋思想も入ってきて大きな影響を与えています。

キリスト教以外にもギリシャ哲学以来のヨーロッパの哲学など多くの思想にも大きな影響を受けています。ただ、明治期には「和魂洋才」といった身構えた姿もありました。「和魂」を形成したのは神仏儒の考えが長い歴史の間に「日本人の精神」として育んできたものでした。明治期以降、西欧の思想を無としたわけではありません。日本人は積極的にこれも取り入れてきました。

これらは争うことなく、どれも日本流のものに変革して独特の「日本人の精神」を形成しました。しかし、戦後、日本を占領したアメリカ軍の影響が大きく作用し、伝統的な「日本人の精神」の動きは衰退して行きました。アメリカ軍が日本を占領して最初に行った命令が「神道指令」でした。アメリカ軍はこの様な小国がアメリカに戦いを挑んだのはよっぽど強固な宗教的団結があったのだと考えて、これを弾圧したのでしょう。しかし、神道は「生活宗教」として日本人の「心」を支える基盤を変えるには至りませんでした。ただ、アメリカ軍の占領政策は日本人の「心」に大きく影響を与え、彼らの理解できないものは国家主義であるとしてこれを抑制し、戦前の思想的状況を改変してしまいました。例えば、戦前までの国民的な精神的バックボーンの一つを形成した「教育勅語」はアメリカ軍の圧力によって国会決議で廃止させられました。敗戦によって日本の長い歴史の中で育まれてきた「日本人の精神」を重要視する考え自体を衰退させられています。かといってキリスト教を中心とした欧米の精神に全く染まってしまったわけではありません。そこで、現代日本にあるべき「日本人の精神」の復活を図ろうというのが、先に述べた研究会の問題意識でした。

多様な「日本人の精神」を育んできた思想の中で、現代の眼から復活を図るのに何を行うべきかを考えたとき、社会人を含めて勉強するテーマとして「陽明学」を考えました。「陽明学」は中国の明代に**王陽明**が生み出した儒教の一派です。「心即理」という言葉に示される様に「心」を最も重視する教えです。現代の物質主義がはびこり「心」の問題を軽視する風潮の中で、江戸期以降の日本人に大きな影響を与えた「陽明学」の考え方を探って、今日の「日本人の精神」の再構築に何か寄与できるものがあるのではないかと考えたのです。「陽明学」は江戸期に**中江藤樹**らによって日本に取り入れられ「日本人の心」を育ててきました。江戸幕府を批判して反乱を起こした**大塩平八郎**を始め、幕末に明治維新を動かした**吉田松陰**や**西郷隆盛**などにも大きな影響を与えたことで知られています。「陽明学」はさらに**佐藤一斎**、**熊沢蕃山**、**山田方谷**など多くの日本の思想家、経世家に大きな影響を与えました。今日の資本主義、民主主義が発達した時代にあっても「陽明学」を儒学の中でも勉強するのが重要と思い、これをテーマに勉強会を始めたのです。そこで、テキストとしては『伝習録』を選び、これを輪読・講読・討論などによって、『伝習録』を基礎として今日の諸問題を議論してきました。「桜下塾」と名付けた月に一度の勉強会でした。ここでの講義メモと毎回開催後に筆者の考えを中心にまとめたものをニューズレターとして塾生に送ってきました。本書はそれをベースにして、「陽明学」の勉強に資するようにまとめて、『伝習録』を解説し、筆者の考えを述べたものです。『現代に甦る陽明学』『現代に活かす陽明学』そして本書の三部作です。先の二冊は『伝習録』の「巻の上」「巻の中」に関して「陽明学」の教えるところを筆者なりに理解して既に出版しています。本書は「陽明学」の集大成である『伝習録』「巻の下」を取り上げ本書の『現代に生きる陽明学――伝習録〔巻の下〕を読む　桜下塾講義録――』を出版したものです。「巻の下」は**王陽明**の没後三〇年近く後に、弟子との問答などをまとめたものであり、**王陽明**の円熟した思想が示されています。本書を含め『伝習録』の三部作は、先に述べたように「日本人の精神」の復活に役立てばと思い、口語訳と「桜下塾」で社会人が集まって議論した内容などを活用したもので、これがもし日本人の精神の復活の一助になればと考えて出版したしだいです。

できる限り平易な口語訳と「桜下塾」で議論した筆者の理解を「読解」として書いています。なお、人名は字体を変えて、誰の発言か分かる様に太字で示し、他の文献からの引用にはどの書籍の引用かが分かる様に『　』で示しています。論争が複雑なので、主要な語彙には「　」をつけて読みやすくしています。（　）内に語彙の意味を説明しています。条文の番号や各条文のタイトルは読みやすい様に筆者がつけています。また、同じ弟子でも異なった「名前」で書かれているものはできる限りフルネームで統一して誰のことか分かりやすい様にしてあります。各条文の末尾には（　）で原文のどの章の条文に当たるかを示していますので、原文と参照できる様にしています。

目次

第三章　黄以方所録 ……………… 79

第四章　黄修易所録……107

第五章　黄省曾所録……127

第六章 黄以方所録

第七章 大学問

第一章　陽明学とは

1　陽明学とは

『伝習録』の内容に入る前に簡単に、「陽明学」の概観を述べておきたいと思います。「巻の上」「巻の中」に関する出版では既に詳しく述べたところであり、重複もありますが、本書のために簡単に紹介したいと思います。前著と重複するところはとばして読んでいただければ幸いと思います。いうまでもなく、「陽明学」は中国の「明代」に生まれた儒学の一つの流れです。儒教は紀元前五世紀頃、春秋戦国期の最後の頃に**孔子**によって、伝説上の名君であった**堯**（ぎょう）や**舜**（しゅん）の行った「礼楽による徳治政治」を求めて古代中国の思想をまとめられた学問です。儒教はこの**堯**・**舜**を「聖人」として敬い彼らの行った理想国家の再興を目的としていました。**孔子**達がそれまでの様々な思想を編纂した「四書五経」などをテキストとして二千年以上にわたって中国人によって信仰されてきたものであり、儒教として**堯**・**舜**など「聖人」の思想を学ぶこととしたものです。やがて前漢期には儒学は「国教」となり、国家運営自身が儒教を基本として運営されることとなります。同時に儒学を中心にした学問を身に付けた者を「科挙試験」を通じて選抜した官僚集団が現実の行政を行い国を治めることになります。しかし、その後、思想界では「道教」や「仏教」が力を持つようになり、儒教は衰退する時期もありました。しかし、宋代になり、儒学の復活が国を挙げて行われるようになり、**程子**や**周蓮渓**などによって復活し、さらに**朱子**（一一三〇年生まれ）が「朱子学」として「新儒学」を完成させます。「宋代」の初代皇帝であった**趙匡胤**（ちょうきょういん）は自ら「科挙試験」の面接を実施するなどをして、中国のエリート層を選抜したことから儒学が再び力を持つようになります（「科挙試験」は隋の時代から清の時代まで一三〇〇年間という長い期間行われてきました）。「朱子学」は「科挙試験」を通じての官僚の選抜の基本となって、彼等に現実の政治、行政を行わせたことから「宋代」以降の中国に再び大きな力を持つ事になります。

やがて「宋代」の中国は一二七九年に北方民族の支配下となりモンゴル帝国となって「元」の時代となりますが、一三六八年に再び漢民族の国である「明」が成立します。「宋代」からに続いて「明代」も中国の思想である儒学の中核をなしていたのは「朱子学」でした。この**朱子**の解釈した儒学に対して、反旗を翻したのが**王陽明**（一四七二年生まれ）でした。**朱子**が「性即理」を唱えて「理」を中心とした儒学を形成したのに対して、「心即理」を主張して「心」を中心とした儒学を始めたのが**王陽明**でした。「朱子学」が「物の理」を重視するのに対して、**王陽明**は「心」を強調し「心即理」の儒学を打ち立てます。**朱子**が「事事物物（ものごとそれぞれに）」それぞれの「性」が「理」であるという「性即理」の客観的な見方を主張するを行うのに対して、「**王陽明**」は「事事物物」に「理」があるのではなく「心」が「理」であるとします。**王陽明**は、「朱子学」のように「事事物物」に「理」を求めることは、「理」を自分の「外」に求めるもので、「義外（「義」を内なる「心」ではなく外に求めること）」になると批判します。**王陽明**にとっては「性」の実体は「心」ですので、「心」に「理」があるとし、正しい「心」に即した実践は全てが「天理」にかなうということになります。この様に**王陽明**はすでに定着していた**朱子**の「性即理」に対して「心即理」の対立した立場から新しい儒学を打ち立てます。

そして、本書でも**王陽明**の思想の中核的に議論されているのは「良知」であり、既に**孟子**の言葉の中にあります。**孟子**は「人の学ばずしてよくする所のものは、その良能なり、慮（おもんぱか）らずして知るところのものは、その良知なり」と言っています。あらゆる人には生まれながらに「良知」があり、それを持たない人は存在しないという確信こそ「陽明学」の基本になります。陽明学者が分け隔てなく教育を行ったのはこの考えからしても当然のことになります。そして、「人欲・物欲」を修養によって排除して、この「良知」を発揮させることで「天理」に従うのが「陽明学」の基本になるのです。そして、誰にでも「良知」があるのに、それを覆い隠しているのが「人欲」だと言います。「人欲」を持つから「良知」が生かされないのだと言います。ただ、「致良知（良知を致す）」を中心とした「陽明学」を確立するのは**王陽明**が五〇歳くらいの頃です。

王陽明の儒学の実践におけるポイントは「人欲を排して天理に従う」ことです。この「人欲」を排せよというのは一般に他の宗教にもよく見られることですが、**王陽明**はこの点を非常に強く主張します。「人欲」を排せば「良知」が発揮されて「天理」に従うことになるとします。儒学の基本テキストの一つである『大学』で求められている「格物」から「明明徳」に至るまでの道筋をつけることが可能になるというのです。これができればおそらく世に怖いものはなくなるでしょう。世の中でもっとも怖いものは自分の欲望です。人々は欲望があるから自分の目的も達成できないという矛盾の中にうろつくことになるのですが、**王陽明**は断固、「人欲を排して天理に従う」ことを貫きます。

「人欲」を排せよというのは「道教」や「仏教」でも教えられているのですが、**王陽明**は彼らの教えは「槁(こう)木死灰（枯木に死んだ灰）」になることであると批判します。そして、実践の中で「良知」を実現して行くべきとして断固、「知行合一」を主張します。**王陽明**は「知」と「行」は不可分だといいます。「知は行の始め、行は知の成るなり。聖学はただ一個の功夫。「知行」は分かちて両事と作すべからず」と、「知」と「行」は一つのものであって、「知」と「行」は二つに分けるべきではないと教えます。この様に、「朱子学」では主知主義として「先知行後」を唱えているのに対して、**王陽明**は「知行合一」を唱えています。道徳律としての「言行一致」という言い方や「言行が一致しない人は信用されない」といったたぐいの教えとは必ずしも「陽明学」の議論と違うように思います。「知っていて行わないというのは、知っていることにはならない」と言ったほうがより近いでしょう。そこで「知行合一」を主張することになります。「陽明学」が「行動の哲学」と見られる所以です。

そして、「陽明学」で最も重要なキーワードは「万物一體(たい)の仁」です。世界は「心」を通じて一つにつながっているという考え方です。他人と自分とは「心」を通じて「一體」であるとし、広く「仁」を及ぼすことを言います。さらに、人間は当然のこととして動物や草木瓦石に至るまで、「心」で通っているのでこれらは全て「一體」なのだと言います。そこから、他人の痛みを我がものと感じる「心」こそが、「実践」を生むのです。

「朱子学」と「陽明学」とでは同じ儒学でも受ける印象は大きな違いがあります。それは、**王陽明**は若い時に学んだ仏教や道教の影響を強く受けていることによると思います。この影響は**王陽明**が自然を尊んだり、「人欲を排す」なども仏教的な雰囲気の発言も少なくないことからも伺えます（仏教には厳しい批判をしますが）。しかし、『伝習録』の中では、随所に儒教が「仏教」や「道教」と異なり、**堯・舜**の時代の様な道徳の支配する理想社会を作るのに優れていることを強調しています。すなわち、個人的な解脱や悟りなどを求める「仏教」や長寿を求め無為自然を主張する「道教」を批判して、「万物一體の仁」を世界観として**堯・俊**の世界を実現することを目指した「陽明学」を確立していきます。

「陽明学」は基本的に『大学』に示されている「明明徳（古（いにしえ）の明徳を明らかにする）」を求める学問です。**堯・舜**の行った道徳を柱とした社会を再び実現しようとします。しかし、同時に「陽明学」の持つ心学的な傾向は「論理」より「心」を強調します。日本人に「陽明学」の人気が高いのもこのような「心」に対する感覚が日本人好みなためかもしれません

筆者としては、後で述べる「万物一體の仁」の考えの大きさに引かれるところがあります。「陽明

学」の壮大さは「万物一體の仁」にあるものと思っています。「万物」ですから地球から宇宙まで「心」を巡らそうというのですから壮大としか言いようがありません。また、この思想は、「陽明学」とはなんとなく厳しい思想のように思われがちですが、**王陽明**はむしろ心優しい思いやりの「心」を持つ人物なのです。

「博愛」という考えは「神」を通じて人間の間での結びつきを強調するキリスト教などでも広く人々への愛情を求めるものですが、「陽明学」では人々が一體だというだけでなく、「草木瓦石」にまで「心」を寄せ、「心」を通じて「万物は一體である」と説きます。「万物一體の仁」という自然と人間の間ですら「心」をかけ、あらゆるものを分け隔てしないという「儒道仏」を超える世界観を示したのも、**王陽明**が様々な艱難辛苦を経験し、それを実践したことによって体得した求道者としての人間性が「陽明学」の魅力でしょう。

王陽明は五七歳という今の時代から見れば決して長くない人生の中で、官僚として、政治家として、軍人として、思想家として、学者として、教育者として活躍し、多くの発言や手紙を残したのもそのためだと思います。これを弟子達がまとめたものが『伝習録』です。

2　王陽明の人となり

本書の「陽明学」の理解のために、**王陽明**自身の人となりについて少し述べておきます。**王陽明**

は、一四七二年生まれで、「明代」に当たります。「明」は長い異民族の支配であった「元」から解放され、中国史上初めての江南（揚子江以南）を拠点とする漢民族の王朝でした。**永楽帝**の時に首都が北京に移され、明王朝は最盛期でした。日本の歴史では、室町時代から戦国時代に移ったころです。**王陽明**は浙江省余姚の瑞雲楼で生まれています。中国の沿岸部で今の上海の南方にあり、気候の温暖な地域です。

後で詳しく議論しますが、「事」に当たって「心」を「磨錬」し、「知行合一」を実践していくことは**王陽明**の官僚・軍人としての「磨錬」だけでなく、「四書五経」以外の世界をも熟知していた**王陽明**ならではの中国社会での独特の知識人を模索したものでした。一言で、**王陽明**の人物像を職業的類型で表現することは難しく、「科挙試験」を通ったいわゆる官僚ですが、政治家、軍人、哲学者、教育者、教養人、詩人という多面性を同時に兼ね備えた人物でした。そして、実に激しい人生を送っています。

昔から人間を鍛えるものとして貧・病・獄をあげる場合が少なくありません。人間としてできればやりたくないことですし、このようなことはない方が良いに決まっています。しかしながら、これを乗り越えられる人でなければ大思想家にはなれないというのもわかるような気もします。**王陽明**はまさにこれらの全てを経験するという過酷な運命にありました。その人生は病苦、迫害、投獄、左遷など苦労の多いものでした。**王陽明**の一生はまさに波瀾万丈の一生でした。すなわち、「陽明学」の成立は**王陽明**の人生の変遷に大きく依存しているように思います。そもそも、「陽明学」の魅力は波瀾万丈な人生を送った**王陽明**の人間的魅力そのものであり、人生自身がドラマティックであったことが影響している様に思います。

しかし、弟子の**徐愛**は**王陽明**のことを「明睿天授、しかれども和楽坦易、辺幅を事とせず」と、頭が良く天才的な人ですが、穏やかで楽しい人で、外観や風貌に気遣いのない人物であったと言っています。**王陽明**は『伝習録』の随所で人々が「名声」を求めることを批判していますが、まさに自然体で悠然とした人であったようです。

先に述べた様に、当時、中国社会の行政は「科挙試験」を通った官僚によってなされていました。「科挙試験」とは中国の国家（国家もたくさんありますが）を運営する官僚を選抜するための試験です。中国では「隋」の時代から「清」まで行われてきた制度です。一部の地方勢力が全土的に支配的になるなどして、王朝が建てられると、その中心的な一族が権力者となるのですが、具体的な行政は「科挙試験」を通った官僚によって実施されてきました。広く人材を求める制度として、長く行われてきました。日本では定着しませんでしたが、昔の朝鮮やベトナムなどいわゆる儒学国では歴史的に定着した制度でした。明治期に導入された高等文官試験は日本版の「科挙試験」なのかもしれません。

王陽明の父親も進士一等で「科挙試験」を通り、南京吏部尚書（大臣クラス）にまで出世した高級官僚でした。父親が「科挙試験」に合格した一四八二年は、王陽明は一〇歳で、翌年、父親の赴任について北京に移り住みます。一七歳までの六年間、北京で勉強することになります。当時の一般的な勉強方法であった「科挙試験」の受験塾で塾師について学問を学んでいます。その勉強ぶりは熱心であったようであり、**朱子**の言う「事事物物に理あり」との論を勉強して、「竹の理」を窮めるために竹を一週間も割り続けて熱を出したというような話も本書に書かれています。また、塾師が「君の父上のように「科挙試験」を通って立派な人になるように」と話したのに対して、「勉強は試験のためではなく聖賢になるためである」と反論したといいますから、ストレートな性格で、生意気で、理屈っぽい子供であったようです。

王陽明は一七歳の時に、故郷に戻り結婚しています。結婚式の日に、ある道士に会い議論を始めて家に帰らなかったというから、やや変わり者でした。今日からみれば年齢的に早いのですが、当時なら特別に早いものではなかったのでしょう。結婚後、「朱子学」を本格的に勉強し始め、「科挙試験」を目指すことになります。この時でも受験勉強一辺倒ではなく、「五溺」であったといいます。すなわち、仏教、道教、兵法（弓術）、任侠、辞章に溺れていたようです。これが災いしてなかなか「科挙試験」に合格できなかったのでしょう。どうも要領よく受験勉強をしてストレートに試験に合格し、順調に出世するというタイプではなかったようです。諸学に幅広い関心の多い若者であったようです。これが後に**王陽明**の官僚・軍人としての異才ぶりを発揮し、そして、思想家・教育者として「陽明学」の思想を生み出すことになります。すなわち、「仏教」・「道教」を批判していますが、これらの思想も「陽明学」の形成に影響を与えたでしょうし、官僚・軍人として才能を発揮するのも兵法・任侠の勉強が役に立ったのでしょう。

二一歳のときに浙江省で「郷試」に合格します。しかし、その翌年に受けた「会試」では落第します。「郷試」とは各地域で行われる試験であり、いわば一次試験です。「会試」は北京での面接試験を含めた第二次試験です。二五歳で再度挑戦しますが落第し、一四九九年、二八歳の時に「会試」にやっと合格します。**王陽明**は「科挙試験」の受験勉強に際しても「志」を強調していました。「聖賢」たらんことを求める「志」があれば俗事に従事しても皆、実学であるが、「志」がなければ俗事であって、「科挙試験」のために学問をすることは、空虚な俗学であると断言しています。

王陽明は「科挙試験」に合格後、最初に工部、すなわち日本の建設省のような役所で仕事を始めます。「什伍の法」という一種の兵法であり、一〇人又は五人を一組にして連帯責任をとらせるという方法で、工期を短縮させるという異才ぶりを発揮しています。翌年は刑部、すなわち裁判所のような仕事をこなしてゆきます。しかし、激務がたたり肺結核で喀血して倒れ、休職することになります。このために翌年、故郷に帰り、二年間の療養生活をおくります。陽明洞で独居生活を行い、ここでも、仏教、道教にも傾倒することになります。

ここに、「陽明学」の思想的多様性の基礎ができるわけです。二教（道教、仏教）にまみえるというのは、当時の知識人からみれば軽蔑の対象でしたが、ここで学んだものは**王陽明**にとって大きなことであったと思います。いずれにしても、多様な思想遍歴の後、再び儒学の研究へ復帰することになります。

三三歳で役所に復職し、再び官僚としての生活をおくることになります。そして、翌年には「聖学」を講義することになり、学者・教育者としても活躍を始めることになります。ここでは詞章・記誦の学を批判して「聖人」になる「志」の学問を講じます。

三五歳の時、大きな転機を迎えます。**劉瑾**（りゅうきん）という「宦官」を批判した友人を弁護したことから、投獄され四〇杖叩きの刑にあいます。「宦官」とは宮殿や後宮の世話をする役人です。多くの場合、刑にあって男根を切除された者が使われていました。ところが、中には大奥の女性などに取り入ることで、次第に政治的な力を持つ者も現れてきました。そこで、自ら男根を切除して「宦官」になった者もいたといわれています。後宮から最高権力者の皇帝に取り入ることで政治に介入していったのです。

王陽明は四〇杖叩きの刑にあって瀕死の状況になりますが、かろうじて死を免れ、九死に一生を得ます。この刑が理不尽な上に、龍場の駅丞（宿場の事務を司る役人）という閑職に左遷されることになります。龍場とは、揚子江の上流にある宿場町で、山また山を超えて行くような辺境の地でした。**劉瑾**はよっぽどしつこい人間のようで赴任する**王陽明**に対して刺客を差し向けましたが、**王陽明**は逃げ通しました。そして、一旦、故郷へ帰りこの辺境地への赴任を忌避しようとしますが、父親への咎（とが）めをおそれて龍場に向かうことになります。結局、二年間もかかって龍場に着任しています。この龍場への左遷が**王陽明**に新しい学問を開眼させたのです。

龍場は全くの未開地で、現地の人々は言葉も通じない異民族の地でした。その地で、**王陽明**は土地を開墾し、庵を作って生活を始めました。やがて、住民とも打ち解け、書院（学校）を建設して、未開の住民の教学に努力します。**王陽明**がこういった未開地で教育を行うことは大変なことですが、非常に重要な意味を持つことになります。すなわち、未開の人たちに教えるとともに教えられたのでしょう。

ここでの経験が、未開の住民にもある「良知」という「陽明学」の発想を生むことになります。そして、龍場での三年間の生活が**王陽明**をして「格物致知」の意味を明らかにし、「陽明学」を悟ることになります。三七歳でよく言われる「龍場の大悟」を悟ります。**王陽明**がこの地で住民の教学に努め善政を行っている話は広がりを見せることとなり、貴州の知事が訪ねるようになり、やがて貴陽書院の学長に就任します。

この噂が中央にも及び、さらに**劉瑾**が失脚したこともあって、三年後の一五一〇年、三九歳で官僚の道に復活します。江西省廬陵県知県を皮切りに、官界で順調に昇進していきます。廬陵県は訴訟が多く、争い事が多かったのですが、里正や三老（町長のようなものでしょう）を慎重に選びその成果を見守ることで犯罪を減らし大きな成果をあげたといわれています。官僚としての有能さにより進士としての仕事をいかんなく発揮することになります。

翌年、四〇歳になって北京の中央政府に戻り、吏部験封清吏司主事になります。同年の内に会試同考試官、文選清吏司員外郎中と出世していきます。四一歳で孝功清吏司郎中になり、南京太僕寺少卿に昇任しました。一〇年間は順調に出世していくことになります。この頃がもっとも勢いのあったときです。中でも四五歳で都察院左僉都御史に抜擢され、これからの三年間は匪賊の征伐など軍人として活躍します。江西省南部や福建省南西部の巡撫（じゅんぶ）を命じられ、軍隊を率いて反乱の征伐に行きます。

そして、帰順した賊徒の同化政策に努力します。この頃から自らの学問である「陽明学」の講義を行います。これを**王陽明**の妹の夫であり、第一の弟子であった**徐愛**が**王陽明**の講義を書きおいたものが『伝習録』の「巻の上」の最初の部分です。

王陽明はこの文武両道の士であったことが、また日本の武士階級に**王陽明**をあこがれさせた大きな要因でしょう。人々は文武両道の達人でありながら敗者に優しい**王陽明**に感激するのでした。

四八歳の時に寧王宸濠の反乱を平定し、大きな評判を得ます。ここで、軍人としての**王陽明**の立場が確立されるのです。五〇歳の時には江西の賊を平定し、その功績によって新建伯に封じられます。そして、**王陽明**の学問での評判もますます高くなります。この官僚や軍人の時に庶民間にも人気が高まり、どこに行っても大いなる歓迎を受けたようです。逆に、これらの成功は多くのねたみを受け、以降、官僚・軍人としての出世からは遠ざかることになります。しかし、**王陽明**は『伝習録』の中でもしつこいほど「名声」を求めることを批判していますが、自分自身がすでに「名声」の中にあり、うとましいと思うような心境にあったのでしょう。

五〇歳の時、「致良知」の説を掲げ、学を講じます。南京兵部尚書に昇進したが、五一歳の時、父親の死で喪に入り、郷里に帰省します。中国では父親の死は三年間の喪を必要としていました。しかしながら、喪が明けてもたいしたポストを与えられず、官僚・軍人としては重要なポストから遠避けられる存在となっていました。しかし、**王陽明**の学問は隆盛を極めることになります。**王陽明**は官を辞して教育に専念したかったのが本音のようでした。もちろん、もともと病気で体が弱かったことも大きな原因でしたが、激務である官僚・軍人生活に疲れていたのも事実でしょう。

五六歳の時、突然、都察院左都御史に任ぜられ、思恩・田州の乱の平定を命じられます。健康を理由に辞退しますが、それは許されず、結局、討伐に出かけます。翌年、思恩・田州の乱を平定しますが、この遠征が原因で病状を悪化させて、一五二八年、五七歳で波瀾万丈の一生を終え没します。

この履歴からも分かる様に**王陽明**は単なる学問だけの儒学者だけではなく、人生の波瀾万丈の苦労の中から得られた人生観に支えられた学問なのです。この実践の中から生まれてきた学問であり、「実践」を重んじるところも**王陽明**の魅力です。また、儒学だけでなく若い時に勉強した「仏教」の「諦観」や「道教」の「無為自然」から学んだものを背景に併せ持った学者なのです。もちろん、『伝習録』は儒学としての立場は一貫していますが、随所にそれらに関連した思想を示す記述があります。『伝習録』では随所で「仏教」や「道教」を批判し、儒学の重要性を説いています。これも「仏教」・「道教」を否定するというより、両者を超えたところに儒学をおくべきと考えるべきでしょう。**王陽明**の思想遍歴が儒学の一派でありながら、伝統的な儒学を超えた「自然」を基礎とする思想を生み出したのです。

この思想は自然との共生を軸にしている日本人にも大きな共感をもって迎えられたのです。伝統的な日本人の思想の基本は神道にあり、祖先崇拝や自然崇拝など自然の中の宗教で、日本に入ってきた「仏教」も儒学もこの伝統的な思考法によって解釈されたのが特徴なのでしょう。それだけに日本人にはなじみやすい議論であったように思います。

そして、何度も死の淵に立たされて、そのたびに思想的充実を行ったのが陽明学です。左遷された辺境地の龍場での行動でみられるように、生活そのものが彼の思想の実践でした。さらに、官僚としての激務に加え軍人としての働きという波瀾万丈の実体験の中での精神の追求が**王陽明**の基本を作ったと理解すべきでしょう。

3　日本での陽明学

日本では戦国時代が終わり、武士集団が国を支配することになります。国を治めていくのに暴力だけに頼った武士も単なる暴力組織ではすみません。徳川幕府は昌平黌を作り、また各藩は藩校を作り武士に主として「朱子学」を教育して行政の行える官僚を育成したのです。そして、儒学の修養を行い「修己治人（己を修めて人を治める）」を求めて、武士としての精神の確立を図ったのです。

一方、「陽明学」も日本に入ってきて多くの人々に影響を与えます。どちらかと言えば在野の学問として普及しました。「陽明学」は「近江聖人」と言われた**中江藤樹**がその先駆者ですが、多くの経世家を育てます。そして、**熊沢蕃山**、**佐藤一斎**、**山田方谷**、**河井継之介**など多数の思想家、経世家が「陽明学」の影響を受けています。多くの人が「陽明学」と聞くと、江戸後期の**大塩平八郎**の名前が浮かびます。**大塩平八郎**は大阪で与力をしており、今でいえば大阪府警刑事部長のようなものでしょう。そのような立場にありながら、幕府の政策に抗議して一八三七年に「大塩平八郎の乱」を引き起こしました。**大塩平八郎**は与力でありながら「洗心洞塾」という私塾を開き「陽明学」を武士だけでなく庶民も含めて教えていました。その塾生を中心に武器庫から大砲などを持ち出して「反乱」を起こしたのですから人々は驚いたでしょう。**大塩平八郎**と同じ時期の**佐藤一斎**は江戸時代の最高学府、現代でいえば東大にあたる「昌平黌」の儒官となり、江戸期の最高学府の長としてエリート教育を行うことになります。彼は幕府公認の「朱子学」を教えるとともに「陽明学」も教えています。よく「陽朱陰王（表向きは朱子学だが裏では陽明学を教えた）」と言われています。また、幕末期に活躍した**吉田松陰**や**西郷隆盛**は誰でもが知っている明治維新を起した中心人物ですが、彼らも「陽明学」の影響を強く受けています。前者は江戸幕府を倒した多くの明治の元勲を育てた教育者であり、後者は軍人であって官軍の総指令官となり現実に江戸幕府を倒し、明治以降も陸軍大将でした。二人とも代表的改革者として日本の歴史に燦然と輝く大人物です。彼らの人となりに関しては多くの書籍があり、勉強する機会も多いのですが、彼らを明治維新という革命にかりたたせた「陽明学」は不思議な魅力を持つことになります。**吉田松陰**の『講孟余話』（「陽明学」の本ではありませんが）や**西郷隆盛**の『西郷南州遺訓』は文庫本にもなって出版されており、今日でも多くの読者があり、非常に大きな影響力を持っています。ある意味、明治維新そのものが「陽明学」の産物でしょう。今なお多数のファンがいるのですが、彼らの生き方そのものが「陽明学的」でした。

しかし、「陽明学」を**大塩平八郎**のような革命家の学問という偏見を持たずに読んでいただければ幸いです。多くの知識階級の武士だけでなく、「陽明学」は庶民の生き方にも極めて強い影響を与えることになります。そのために、本書では「日本人の精神」を育んできた「陽明学」を今日の日本社会においてどのように理解するかを示したいと思います。筆者の考えは『日本人の心を育てた陽明学』（恒星出版、二〇〇二年）にまとめていますので、参考にしていただければ幸いです。

明治以降、「近代ヨーロッパ」の考えが導入され、明治維新後、ヨーロッパの思想が入ってきて日本に大きな影響を与えることになります。「日本人の精神」はある意味では世界でもまれな多様な様相になっていくことになります。しかし、先にも述べたように、明治期には「和魂洋才」の考え方で日本の伝統的な思想や儒学は日本の教育の一つの柱となっていました。ところが、戦後、アメリカ軍の占領政策にともなって抑制されました。これによって結局は日本人はこれまでの「心」を失うことになります。筆者は「二一世紀の日本人の精神のあり方」として、「日本人の精神の復活」を求めなければならないと考えています。特に、日本人の指導者・教育者に、このバックボーンが弱くなったことは、日本社会を悲劇的な状況に導いています。経済人、政治家、官僚などの社会運営の主導的役割を果たすべき人たちには是非とも復活しなければならない側面です。指導者として必要な精神を教えることは重要であり、これはどこの国でもやっていることです。

4 伝習録

本書は、**王陽明**の主著である『伝習録』の「巻の下」についての口語訳と「桜下塾」で議論した筆者の理解をまとめたものです。『伝習録』は「巻の上」「巻の中」「巻の下」の三分冊で構成されています。『伝習録　巻の上』は**王陽明**がその弟子に伝えたことを講義メモや弟子の質問に答えた書簡などを一番弟子で妹の婿であった**徐愛**が編纂したのですが、その動機を「先生の教えを受けた弟子にも一を得て、二を忘れ、外見だけを見てその素質の上を見落とすことがあります」と言います。**徐愛**は日頃、聞いたところを記録し、密かに同志に見せて修正しました。ただ、**徐愛**の手によって書かれたのは、最初の一四条にすぎませんが、これに弟子の**陸澄**と**薛侃**によってまとめれたものが加えられて一五一八年に出版されました。

「巻の中」は、一五二四年、**王陽明**が五三歳の時に、弟子の**銭徳洪**がまとめたものです。最初、弟子の**南元善**が「巻の上」とあわせて出版したものに、**銭徳洪**が手を加えて出版したものとされています。**銭徳洪**が「巻の中」（出版時は伝習録続録）をまとめた理由と経緯について述べています。以前に**南元善**が『伝習録』を浙江省で出版したのは全二巻で、『下巻』（伝習録続録）は**王陽明**からの手紙であり、八編からの抜粋でした。**羅整庵**に答えた手紙はしばらくの間は両者を調停し、両論が可能であるとの説をとっていて、「人々に自分の考えを考えてもらうこととしました」と言っています。弟子の**周同通**、**陸清伯**、**欧陽崇一**の手紙に**王陽明**が答えた四通の手紙により詳しく述べたものは他にないとしてます。「巻の中」は弟子たちによる出版ですが、**王陽明**が「陽明学」の教育として絶頂期のものです。「良知説」を完成させ、「陽明学」が完成してゆく時期の書物です。

本書の「巻の下」は**王陽明**の没後、三〇年近く経た一五五六年に弟子の**銭徳洪**らが**王陽明**の手紙や文章を集めて、完成したものです。**銭徳洪**と**王汝中**は一五二八年に亡くなった**王陽明**の喪のために走り回り、**王陽明**の同門の人たちに訃報を告げます。三年後には遺言を収録することを約束します。**銭徳洪**はその間、切実な思いをしている者を選び私録している所のものを合体して若干の文章を手に入れました。同門の**曽才漢**が**銭徳洪**の手写したものを手に入れ、その外のものを加えて遺言と名付けて印刷し、湖北で広く読まれていました。**銭徳洪**はこれを読んで、当時の以前行った収録が精緻でなかったことに気づき、重複を削り粗雑なものを省いて其の三分の一を残して『伝習録』と名付けたのです。詳しくは「巻の下」の文中に書かれています。

なお、「巻の上」および「巻の中」についての筆者の口語訳と読解を、既にそれぞれ『現代に甦る陽明学』（麗澤大学出版会、二〇〇六年　再刊　晃洋書房、二〇二〇年）と『現代に活かす陽明学』（晃洋書房、二〇二〇年）にとりまとめて出版していますので読んでいただければ幸いです。本書で取り上げた「巻の下」はこのように**王陽明**の没後**銭徳洪**らがまとめたもので「陽明学」の成熟した内容が著されており、深い思索に接することができます。三分冊は書かれた時代的に違いがあり、一貫して書かれた物ではありませんので、それぞれ独立して読んでもらって良いと思います。

第二章　陳九川所録

1　王陽明との出会い

正徳一〇年（一五一五年）の乙亥の年に、弟子の**陳九川**が初めて**王陽明**に龍江（南京の近くの地名）で会いました。そのとき、**王陽明**は**甘泉**（**王陽明**の友人で**湛若水**のこと）と「格物」について議論をしました。**甘泉**は旧説（朱子の説）を支持していました。**王陽明**は「**朱子**の説は「理」を「外」に求めるものです」と言います。**甘泉**は「もし「物の理に格る」（**朱子**の説）を「外」に求めるものとするなら、それは自らの「心」を小さくするものです」と反論します。**陳九川**は、旧説が正しいとするこの議論を聴いて喜んでいました。また、**王陽明**は**孟子**の「盡心の章」を議論しました。**陳九川**はこれを聴いたときは、全く疑いませんでした。その後、家に帰って、また「格物」について質問の手紙を送りました。**王陽明**は「ただよく実地に修養を行えば、時間がたてば自ずから理解するようになります」と答えます。**陳九川**はこの山間の地で『大学』の旧本（**朱子**の注釈した以前のもの）を写してこれを読み、朱子の「格物の説」が正しくないと悟りました。しかしながら、王陽明の「「意」のある所に「物」がある」という言葉の「物」の字義に疑いを持ちました。

（陳九川所録　1―Ⅰ）

読解

早速わかりにくい文章から始まります。王陽明と弟子達の議論です。『大学』に出てくる「格物」の読み方を「物に至りて知に至る」とする朱子の説を王陽明はそれは「理」を自分の「外」に求めるものだと批判します。これは孟子が告子の「仁内義外説（仁は心の内にあるが義は心の外にあるという議論）」を批判して、「義を外に」求める「義外説」として強く批判しています。王陽明はこの孟子の議論を引き継いで、「格物」を朱子の読み方である「物の理に格る」というのは「理」を「外」に求めるものであると批判します。これに対して甘泉は「物の理に格る」を「理」は「外」にあると言うのであれば、それは自分の「心」を小さくするものだと反論します。これを聞いた陳九川は旧説が正しいとよろこんだのですが、王陽明は実地に修養すれば自ずから分かることです、と諫めます。さらに孟子の「盡心の章」に議論が進みます。孟子の「盡心編」には

其の心を盡くすものは其の性を知る。其の性を知れば、天を知る。
その心を存し、その性を養うは、天に事ふる所以なり。
殀寿貳わず、身を修めて以て之をまつは、命の立つる所以なり。

という「心」「性」「天」「立命」に関する三段階が示されています。これには、人の「心」すなわち「惻隠、羞悪（しゅうお）（悪を恥じること）、辞譲（じじょう）（遠慮して他に譲ること）、是非の心」のあり方が示されています。すなわち「仁・義・礼・智」の四つの徳を存養し尽くす者は、「人の本性」がどのようなものであるか、「本性」は「善」であり、それは「天」から与えられたことを知ることができます。「人の本性」がどの様なものか、そしてどこから出たものかを知れば、その「本性」を与えた「天」の「心」がいかなるものかが分かります。「人」にそなわるままの「心」の芽生えである「惻隠、羞悪、辞譲、是非の心」を失わないように努め、この様な「人」の「善」なる「本性」を養い育てていくのは「天」の意志にかなったことで、「天」に事えることになるのです。

しかし、「夭（よう）」として寿命が短く早死にする「人」もあれば、「寿（じゅ）」として長生きする「人」もいます。その「夭寿」にはこだわらず、ただ一筋に我が身の修養に努め、そのあとは「夭寿」のどちらであろうと、ひたすら「天命」を待つ、それが「天命」を十分に全うする所以なのです。

この三段階について**朱子**は順次、「困知勉行」の「凡人（初学者の意味）」、「学知利行」の「賢人」、「生知安行」の「聖人」としています（次頁の（注）を参照してください）。これに対して**王陽明**は正反対にそれぞれ「聖人」、「賢人」、「凡人」の境地を示していると言います。「聖人」とは「生知安行」の「天を知る」者であり、「賢人」とは「学知利行」で「天に事ふる」者であり、最後は「凡人」の者の立場で「困知勉行」の者であって「夭寿」に関係なく「身を修めて」ひたすら「天命」を待つ者であると言います。

すなわち、「其の心を盡くすものは其の性を知る。其の性を知れば、天を知る」のは「生知安行」の「聖人」であると言います。「心を盡くす」のは誰もが行うべきことであり、これによって「性」を知り、「天」を知る様になるという「困知勉行」の努力を行うべきなのです。そして、「その心を存しその性を養い天に事ふる」のは「学知利行」の「賢人」であり、「殀寿貳はず、身を修めて以て之をまつは、命の立つる所以なり」を「困知勉行」の「凡人」の境地であるとします。自らの生命はどうであれ、ひたすら身を修めて、天命を待つのは「困知勉行」の「凡人」なのです。

そして、**陳九川**は旧本を読んでいる内に**朱子**の格物の説は正しくないと悟ります。**陳九川**は最初は**朱子**の議論を是としていましたが、**王陽明**の説に移っていくことになります。ただ、**王陽明**の指摘する「意」のあるところが「物」であるという考え方には疑念を持っていました。

どちらが正しいか難しいところですが、**王陽明**の生死観や天命を強調する点で重要な指摘と思います。

(注)『中庸』は人には次の段階があることを指摘します。

あるいは生まれながらにして之を知り、
あるいは学んで之を知り、
あるいは困しんで之を知る。

という、人に応じて能力について違いがあることを示します。また、

あるいは安んじて之を行い、
あるいは利して之を行い、
あるいは勉めて之を行う。

と、行動力に関する姿勢を分類します。「利して」とは「意識して」という意味です。これを組み合わせて、人は

生知安行
学知利行
困知勉行

の三段階にあるとします。これらは順次、「聖人」、「賢人」、「凡人」の境地と規定することになります。「聖人」は生まれながらに「道理」を知っており、その「道理」を実行することも容易に行います、「賢人」はよく学問をして、すばやく「道理」を行います。しかし、「凡人」は苦しんで「道理」を学ぶことになり、努力してこれを実行することになります。

この三段階の人の能力に関しては本書でもよく出てきます。「生知安知」は生まれながらに知っており、何をするにも容易に行える人で、「伝習録」に出てくるのは伝説上の名君である**堯・舜**や儒学を興した**孔子・孟子**などがそれに当たります。「学知利行」の賢人は修養に努力して行動する優れた人のことで、我々も目指さなければならない境

地です。「困知勉行」は我々（中には「聖人」もいるのでしょうが）のような一般の衆人であって、苦しんで勉強し、努力して行動するの凡人であるとします。

2　誠意と格物

正徳一四年（一五一九年）の己卯(つちのとう)の年に**陳九川**が都から帰って、再び洪都（江西省の南昌）で**王陽明**に再度、お目にかかりました。**王陽明**は軍務で多忙でしたが、その間隙を縫って講義を行っていました。**王陽明**は、はじめに、近年、修養はどう進んでいますかと問います。**陳九川**は「近年、「明徳」を明らかにする修養は、ただこれは「意を誠にする」ことであることを体験しました」と答えました。そして、「明徳」を天下に明らかにするには、一歩一歩、根源に遡り、「意を誠にする」ことに至ったところで、再び進めなくなりました。どうしてそのまえに「格致の修養」があるのですか、と疑念を持ちました。その後、また「意」が誠か偽りかを、必ずまず知覚しなければならないことを体験して覚りました。**顔子**（**孔子**の弟子の**顔回**）の言う「身に不善があれば、必ず知らない場合がなく、これを知れば二度と行わなかった」との言葉を証拠にしてみると、豁然(かつぜん)として疑いがなくなりました。そうすると、かえって「格致の修養」は余分なことになってきました。また思いましたのは、私の「心」が「霊妙」（人知で知り得ないほど優れている）であるので、「意の善悪」が分からないわけはないでしょう。ただ、「物欲」で覆われているから分からないのです。必ず「物欲」を正して排除すれば、はじめて**顔子**のように知らないことがなかったようになれます。また、「格物」は「外」に向かっており、「意」は「内」に向かっていて自ら修養が転倒して、「誠意」と別物になるのではないかと疑問が生じることになります。後で**希顔**（**王陽明**の弟子）に質問します。**希顔**は「**王陽明**の「格物致知」は「誠意の修養」を説いていることで、非常によいことです」と言います。**陳九川**は「どうしてそれが「誠意の修養」なのですか」と聞きます。**希顔**は「もう一度、考えて体認しなさい」と答えます。**陳九川**はついに分かりませんでした。そこで**王陽明**に質問します。**王陽明**は「惜しいですね。これは一言で覚るべきです。君の取り上げた**顔子**の話は適切です。ただ、「身・心・意・知・物」はこれらは「一つ」のことであることを覚る必要があります」と言います。**陳九川**は「「物」は「外」にあります。どうして「身・心・意・知」は「一つ」のことになるのですか」と疑念を持ちます。**王陽明**は「耳・目・口・鼻・四肢」は「身体」です。「心」がなかったのなら、どのようにして視聴言動できるのですか。「心」が視聴言動を望んでも「耳・目・口・鼻・四肢」がなければできないことです。故に「心」がなければすなわち「身」なし、「身」がなければ「心」はありません。これはその物質的なものとして充足している所を言えば、これは「身」と言います。その主宰するところを指してこれを言えば、これを「心」と言い、「心」の発動する所を指してこれを言えば、これを「意」と言い、「意」の霊明な所を指して言えば、これを「知」と言い、「意」の関わっている所を指してこれを「物」と言います。これらはただ一つのことです。「意」は空虚なものではありません、必ず「事物」と結びついているものです。故に「意を誠に」しようと欲すれば、「意」が「事物」に従ってこれを「正そう」とします。その「人欲を去って天理に帰せ」ば、「良知」のある者は、覆われることなく「良知」が発揮されることになります。これが「意を誠にする」ための修養なのです。**陳九川**は釈然としてここ数年来の疑問を晴らしました。

（陳九川所録 1—Ⅱ）

読解

弟子の**陳九川**は『大学』にある「明徳」と「誠意」の関係は分かりましたが、「致知格物」と「誠意」の関係をよく理解できなかったと言います。

『大学』に示された学問のプログラムは以下のようなものです。

古の明徳を明らかにせんと欲せし者は、まずその国を治めたり。
その国を治めんと欲せし者は、まずその家を斉へたり。
その家を斉えんと欲せし者は、まずその身を修めたり。
その身を修めんと欲せし者は、まずその心を正しくせり。
その心を正しくせんと欲する者は、まずその意を誠にせり。
その意を誠にせんと欲せし者は、まずその知を致せり。
その知を致さんと欲する者は、物を格すにあり。

「学問」を行ってゆくのは、「明明徳、平天下、治国、斉家、修身、正心、誠意、致知、格物」という学問の流れで「聖人」に至る自己の完成を求めることになります。

陳九川の疑問は「明徳」を実現するまでのプロセスとして「明徳」と「意を誠にする」までの関係は理解できたとしますが、これが「致知格物」とどう結びつくのかが分からないと言います。すなわち、「格物」（**王陽明**は「格」を「正す」読み、格物を「物を正す」と読みます。**朱子**は「格物」を「物に至りて」と読み「物」の本質を追究すべき事を主張します）について「朱子学」の影響を受けている**陳九川**は「物」は自分の「外」にあるものなのに、どうして「内」にある「誠意」になるのか疑問を持っていました。そこで、**王陽明**はこれを説明して、「身体」、「心」、「意」、「物」の関連について、「心」は「身体の主宰」であり、「心」が発動する所が「意」と言います。そして「意」は「事物」と結びついているので、「意」を「誠」にすというのは「物を格す（正す）」ことに他ならないと説明します。ここで、「人欲を去り天理に従え」ば「良知」が発揮されて、「意は誠になり、物が正される」ことになります。**王陽明**は後で出てきますが、もともと「身体」、「心」、「意」、「物」は「一つ」のものだということを強調します。従って、「誠意」と「格物致知」は同じもので、**陳九川**の考えたような「格物」が余ったり、「格物」と「誠意」が矛盾したりすることはないと言います。**陳九川**はこの説明で納得したようです。

先に述べたように、**王陽明**の教えは「身体」、「心」、「意」、「物」が一つのものであるとすることです。『大学』は**朱子**も**王陽明**も儒学のテキストである「四書五経」の中でも最も重要視するもので、自らの修養を進めるステップを示しています。最終目的である伝説上の明君・聖人である**堯**や**舜**の道徳で国を治める政治、その聖人の姿に近づこうとする方法を「格物」から始めて明らかにしているものです。ここで「心」は身体の主宰であり、「心」が発動して「意」になり、「意」を「誠」にするのが「格物」であるとします。これらは**朱子**の様な「物に至る」から始まり、徐々に修養が進んでいくという段階的なものではなく、「良知」が発揮されれば全て「一體」であることを示しています。**王陽明**は「万物一體の仁」の思想から、これらを全て「一體」のものとして「良知の修養」に努めることを主張します。そして「人欲」を排し「天理」に従えば、自ずから「物を正す」こととなり『大学』の示す「聖人の道」になると言います。

この**王陽明**の「万物一體論」は非常に広範囲なものであって、「一體」の対象は人々だけでなく「草木瓦石」にも広がっています。そこで**朱本思**という弟子が「草木瓦石」にも「良知」があるのですかと質問しました。そこで、**王陽明**は「人の良知」は「草木瓦石の良知」になると言います。人に「良知」なければ、「草木瓦石」もなく、「人の良知」もなければ「天地」もないと言います。「万物」は「一體」だから、「五穀禽獣」は人を養い、「薬石」が人を療すのは、これらに「氣」が通じているからです。

さらに、もともと「聖人」の学というのは「明白簡易」なものであると言います。知りやすく、従いやすく、才能が上がりやすいのが「聖人」の学です。これは「聖人」の学が「心の本體」を「万物一體の仁」にもっていくことのためとします。知識技能は大したものではなく、「万物一體の仁」が基本で知識技能は次の問題であることを強調します。本書ではたびたび議論されているところです。

現代の大学の教育では知識技能を学習し、それを社会で活用し経済を発展させ、また、一部は後にそれを研究し教える立場になります。筆者は学生に理論、哲学、現実の三つをバランスよく勉強する様に指導してきましたが、役に立っているかどうか不安が残ります。また、経済学も社会を変えるためだと言ってきました。世の中は経済学で変わるのだというと、生意気な学生は「先生は世の中のことを知らないからだ」と言うのでした。官庁で実務を行ってきた筆者に言うこととしては驚きましたが、社会を改革して世をよくするのは勉強した人の務めであることが分らなかったのでしょう。学生は経済学も就職の手段と考えているものが少なくないのです。そして、現実に「格物致知」を行うことを学生に説いていました（当時は「格物致知」の言葉を知りませんでしたが）。

3　究理と物

陳九川はまた問いました。**湛甘泉**は最近、『大学』の古本を信用して「『格物』はなお『道』にいたると言うがごとし」と言っています。また、「『窮理』は獲物を捕らえるのに、その巣穴を突き詰めるときの『窮』の字の意味で、自分が身をもってそこに至らなければならないものです。故に『格物』とはただ現実に従って『天理』を体認することです、と**王陽明**の説とようやく同じようになって似たものになっています」と言います。**王陽明**は「**湛甘泉**は良く修養を行ったので、変わってきました。以前には『親民』の字を**朱子**の説のように『民を新む』（『親民』を『新民』と読ませます）という読み方を用いるべきとしていましたが、そのときは彼は私の説を信じませんでした。今、「格物」を論じて、私に近いものになっています。ただ、「物」の字を換えて「理」の字（窮理のこと）を当てる事は必要はなく、一文字の「物」の字に戻しておけば正しいのです」と言います。後日になって、ある人が**陳九川**に「今ではどうして「物」の字を疑わないのか」と質問しました。それに対して、**陳九川**は、『中庸』では「「誠」でなければ「物」ではないと言っています」と答えます。また、**程子**は「「物」がくれば「心」が順応すればよい」と言っています。また、**程子**が「「物」それぞれが「物」についている。「胸」の中に「物」はない」と言っているように、全て古人が常に用いていた字ですと言います。他日、**王陽明**も「その通りだ」と言われました。

（陳九川所録　1―Ⅲ）

読解

朱子は『大学』にある「大学の道は、明徳を明らかにするにあり。民に親しむにあり。至善に止まるにあり」の中の「親民」を**朱子**は「新民」と読ませていました。**朱子**は、これを「民を新む」として、「民」を教化して徳治政治を行い文化の水準を上げるべしと言う意味に書き換えています。これに対して、**王陽明**は古本に従って読むべきであり、「親民」と読むことを主張します。「新民」では「親民」の一面しか捉えておらず、「民」を養うことも不可欠であるとしています。「民」を豊かにするなどの「民」に実質的な幸福をもたらすことを**王陽明**は言っていると思います。**湛甘泉**は「朱子学」に近かったのですが、これを離れて**王陽明**の議論に近づいてきたことを**王陽明**は歓迎しています。まず、**王陽明**は、**朱子**によって解釈された「格物致知」の「物に至る」ために、「究理（理を究める）」を行うべきとの発想を批判します。「物」を「理」に置き換える必要はないとします。「物」は字源的には、牛に切るという意味と音を示す勿（ぶつ）（「ない」という意味）をつけたもので、切って神に供える牛の肉、ひいて神に供えるもの全体から人が使うもの、存在する「物」全般を示すことになり、物理的に存在する物だけでなく、牛の様にまだらで複雑な現実の様々な現象や概念など広い範囲のものを示しています。特に後で出てきますが**王陽明**は「物」と「事」を区別しませんので、人が出くわすあらゆるものが「正す」べき対象であることを示します。「物」は「心」を動かす対象なのです。「物」は**朱子**の様に「究理」を行う対象ではなく、「物」を「理」に置き換える必要はないと言うのです。

例えば、「親孝行」の「理」をいくら追求しても意味のないことであり、「温清の礼（冬は暖かくして、夏は涼しくしてあげるという「孝」の「礼」）」などの「礼」に従って、「心」を尽くして親を養うことを「実践」することが「物を正す」ことなのです。

今日の我々の生活においても、直面する諸問題を「理」で究めるのが重要ではなく、「心」で対応すべきものというのです。会社の仕事でも果たすべき「物」が来たときは色々議論して「物」の本質を分析して、適切な行動をとりますが、議論するだけでは無意味です。しかし、**王陽明**は「究理」だけでは不十分であり、その場合も「人欲を排し」て「天理に従って」行動し、「物を正す」ことが求められることになります。近年、ニュースで出てくるような政治家の不正や企業の不祥事は、こういった「物（政治や経営）」に当たる者が「社会」を「格す（正す）」ことを怠っているのです。**朱子**の言う様に、単にある「物」の本質を究めることで、「知に至る」ということでは不十分で、「物」（全ての直面する存在を含めて）を解決するには、「人欲を排し、天理に従う」ように実践して、会社や社会を改善していくべきことになるのです。これは「聖人」の道への出発点ですので非常に重要な意味を持っています。我々も「朱子学」的な「物に至りて」といった読みで「物の本質をよく突き詰めてから行動すべき」とよく言います。しかし、よく反省してみると、現実に「物」あるいは「事」に出会ったときは、分析ばかりをしがちですが、それよりも**王陽明**の言う様に、何が正しいのかを「心」で判断して、それに沿って「物を格（正）す」ことが重要だと思います。ただ、現実に会社で上司からの命令を「良知」によって「格（正）す」のは難しく悩むことがある局面が多いのは間違いのないところです。ここは「勇気」を以て「正す」ことが肝要です。

4　静と動

陳九川が「近年、知識が氾濫する学問を厭うようになり、常に静座して「念慮（色々な思い）」を殺すようにしています。ただ、それができないだけでなく、「念慮」がますます騒がしくなってくることを感じています。どうすればよいでしょうか」と問います。**王陽明**は「一念」がどうしてなくなることができるのでしょうか。ただ、これは「正」になることを要します」と言います。また、**陳九川**

は「自分の「念」が自然となくなるときはあるのですか」と問います。**王陽明**は「実際に「無念無想」はありません」と答えます。**陳九川**は「このような場合に、どうして「静」を言うのでしょうか」と問います。**王陽明**は「「静」も「動」がなければ存在しません。「動」は「静」がなければ存在しません。「戒慎恐懼」（『中庸』にある「見られないことに「戒慎（いましめつつしむ）」し、聞かれないことに「恐懼（おそれる）」する」という言葉で儒学の基本的な修養です）も「念慮」なのです。これをどうして「静」と「動」に分けられるのでしょうか」と答えます。**陳九川**は問います。**周濂渓**は、なぜ、「「心」を安定させるには「中正仁義」をもって、「静」を主とすべきである」としたのですか、と。**王陽明**は「**周濂渓**は「「無欲」だから「静」だ」と言います。これは**程明道**の言うように「「静」にも定まり、また「動」にも定まる」の「定」の字であって、その「心の本體」を主としたものです。「戒懼の念」は生命生成の活発な場所です。これは「天機」が息まない所であって、いわゆる「天の命」で、深遠なものとしてとどまる所をしらないものです。ひとたび息むことになれば、これは死を意味します。「心の本體」の「念」でなければ、これは「私念」なのです」と答えます。

（陳九川所録 2）

読解

陳九川は、博く煩雑な知識の氾濫を求めることがいやになり、静坐して雑念を排除する修養をしていると言います。儒学では「慎独（一人静坐して心を慎む）」や「戒慎恐懼」という修養を行って「心」を「静」にしようとしますが、**陳九川**は「雑念」を排除するどころか「念慮」がますます起こってくると嘆きます。こういった「念」をどうしたら排除できるのかと尋ねます。**王陽明**は「念」はなくなりません、と助け船を出します。「念」があるかないかではなく、「正し」ければよいのですと言います。そして**陳九川**の求める様な「無念無想」はないと答え、「雑念」を全て排除したいと願う**陳九川**を励まします。**陳九川**は**周濂渓**の「主静論（「太極図説」という太極から陰陽に別れる所から始まる宇宙の生成の理論で、最終的に「静」が「至善」の極みとなり、「静」を主とするという説）」からの「静」を目指すことに疑問を持ちます。これに対して**王陽明**は「定」という考えを示します。「静」でも「動」でも「心の本體」を主に考えればよいと言います。先に出てきた「戒慎恐懼」は「静」を求めるように見えるが、これこそ「生命生成」の源だと言います。そして、「動」がなければ何も生まれないことになります。「天」の働きは「天命」であってとどまらないものであり、それはむしろ「動」にあると言い、「静」にこだわる必要はないとします。「私欲」がなければこれも「心の本體」の「念」であると言います。「念」を除こうとするのは「静」を求めようという問題ではなく、ただ「人欲」を排して「心の本體」が「正し」ければよいと言うのです。

蛇足ですが、物理学には「非平衡安定系」というのがあります。初等的な物理学では、力が釣り合って動かない状態を均衡として「静」を分析する場合が多いのですが、多くの物は「非平衡安定系」で、個々の要素は動いているが、全体として見れば安定している状態なのです。例えば、人間の細胞はどんどん死んでいきますが、新たに細胞が生み出されて全体として「定」まっていて「生きている」のです。この「動」を通じて成長していき新しい生命が生まれるのです。この様な現象は生物学だけでなく、物理学や社会科学にも見られる現象です。「動」ではあるが「定」であることは色々なところに見られることです。

「陽明学」で「人欲」を排することを理解するのは難しいことです。「陽明学」についての講演を頼まれて、この話をすると、「人に欲望がなくなれば何もできなくなる。人が活躍できるのは欲望によるのだ」という反論を受けます。しかし、多くの場面で、人々は「人欲」を排しようと現実にしています。例えば、会社の社是の第一は「当社の製品を以て社会に貢献する」とするのが大部分でしょう。第一条に「がめつく稼ごう」という社是を聞いたことはありません。お医者さんも「報酬がほしい」ために医療をしているわけではなく、「人の命を助ける」ために努力しているわけです。お医者さんの給与が高いために診療しているのではありません。「人欲」で医療をするのであれば、いらない薬を出し、必要のない手術をすることになってしまいます。会社で働くのも「会社のために、仲間のために、ひいては社会のために」働いているのであり、「給与を増やして」ほしいためだけに努力しているわけではありません。もちろん、高い給与を求めてジョブ・ホッピングする人はいますが。人々は「天理」に従って働いて、それが社会のために役立っておれば、お金はそれについてくるものです。「人欲を排す」は**王陽明**のよく言う「槁（こう）木死灰（枯れ木や死んだ灰）」とは違うことを話すのですが、なかなか分かってもらえません。

5　心が流されない

陳九川が「努力して「心」が収まっているときでも、人の声や美しい色が面前にあると常のこととして聞いたり見たりします。おそらく、これは「心」が「専一」になっていないからなのでしょうか」と問います。**王陽明**は「どうして聞いたり見たりしないことを望む必要があるのですか。それはただ「槁木死灰」になっているか、さもなければ「耳」を「聾(ろう)」にして「目」を「盲(まう)」にしなければできないことです。ただ、これを「聞見」しても「心」がそれに流されることがなければそれで良いのです」と言います。**陳九川**は「昔の人は静坐していたときに、自分の子供が壁の向こうで「書」を読んでいるのを、熱心なのか、さぼっているかどうかに気づかなかった」と言います。また、「このことを**程伊川**がほめて、身心を引き締めたのものだという話があります。この話はどうでしょうか」と問います。**王陽明**は「それはおそらく**程伊川**がその男をほめたのではなく、批判したのでしょう」と言います。

（陳九川所録 3）

読解

陳九川が、「心」を収めるのに努力をしても外からの聞見が気になるのは「心」が集中しないでもっぱら「一」になっていないからでないのかと反省しながら問います。**王陽明**は「物を見たり聞いたりすることがないのは「槁木死灰」であり、そうでなければ目や耳が不自由なのでしょう。外の

「聞見」しても「心」が流れなければそれで良いのです」と言います。**陳九川**のきまじめな性格を示しています。儒学では「心」を平静にすることが基本です。しかし、我々の社会でも美しいものがいっぱいあり、快い音楽もたくさんあります。それに惹かれて心が高揚することは普通のことです。また、逆に、多くのトラブルや周りの人達との人間関係で「心」が乱れることが少なくありません。ある人は、お坊さんの話を聞いたり、宗教の会合に行って「心」の平安を求めたりします。神社やお寺のお参りに行く人は極めて多数います。日本人の「心」は「自然信仰」が基本にあるから山に登ったり、田舎に旅行して、そのすがすがしさを求めたりします。儒学のように「慎独」などで「心」を定める修養をする人は多いようには思いませんが、色々と反省して「心」を落ち着けることはこれも良いことだと思います。また、**王陽明**は見たり聞いたりすることを避けることは必ずしも適当でなく、身の回りの事に影響を受けないで関心を持たないことは、「槁木死灰」でしかないと言います。美しい「聞見」に関心を持つことは自然なことですが、これで「心」が流されなければそれで良いとします。日々、不愉快なことが少なくないのが常です。一々、これで「心」が乱されないように心がけねばなりません。我々現代人も周りから見たり聞いたりすることで「心」が乱れるのは常のことです。「聞見」を遮って「槁木死灰」になるのではなく、「聞見」しても「心」が流されない様にすれば良いと思います。

また、**程伊川**が、静坐して修養しているときに、子供が壁の向こうで勉強しているかどうかを気にしないのは、緊張感をもって修養していることだと誉めたのだとの話に対して、**王陽明**は、それは誉めているのではなく、むしろその男を批判したにすぎないとあっさり否定します。子供が勉強しているかどうかを心配するのは自然なことです。

6　静坐と事上磨錬

陳九川が質問します。静坐をして修養に努力すれば、「心」が収斂するのを感じます。しかし、「事」に当たればまた中断されて、たちまち別の「念」が起こり、その「事」の上で「省察」しようとします。「事」が過ぎてしまうと、また以前の修養を続けることができます。これを振り返ってみると「心」に「内外」があり、「一つ」のものにはなりえないと思います。これに対して、**王陽明**は答えます。そのように考えるのは、いまだ「格物の説」が貫徹していないからです。「心」にどうして「内外」があるのでしょうか。すなわち、**惟濬**（**陳九川**のこと）が今、議論しているときに、他の「一心」が内にあって事理を照らすことがあるのでしょうか。この講説を聞くときに重要なのは、この静坐の時の「心」に外なりません。修養は一貫したものです。どうしてさらに「念頭」を起こさねばならないのですか。人は須く「事上」にあって「磨錬」して、有益なものとなります。もし、ただ「静」を好み、「事」に出会って「心」が乱れるのでは進歩がなく、「静」の修養もはずれたものになってしまいます。静坐によって得られたと思っている「収斂」と似ていても、実は「放溺」（収斂の反対で放漫陥溺で心が乱れること）にすぎません。後に、私（**陳九川**）は、洪都（地名）でまた仲間の**于中**

や**国裳**（こくしょう）と「心」の「内外の説」について議論しました。彼らは皆「「物」は自ずから「内外」があります。ただ、「内外」と並行して修養を行う必要があり、その間に隔てがあってはいけないだけです」と言います。これを**王陽明**に質問した所、「修養は「心の本體」を離れてはなりません。「心の本體」には、もとより「内外」はありません。ただ、近来、修養を説明するための必要から「内外」に分けるようになったのであり、その「本體」を見失ってしまっています。今、まさに修養し、研究して明らかにすることが必要なので、「内外」に分けないことは「心の本體」の修養なのです。」と答えました。この日は同席した者たちは**王陽明**の言葉に反省し、覚るものがありました。（陳九川所録 4）

読解

陳九川の言う様に、静坐をして「心」を落ち着けても、「事」があると別の「念」が生じてしまいます、「事」が終われば、また「心」を落ち着けることができます。従って「心」には「内外」があり、それで違ったものになるのかという疑問を起こします。静坐しているときの「心」と「事」に当たったときの「心」は違ったもので、「内外」で異なったものなのかというのが**陳九川**の疑問です。また、弟子の**于中**や**国裳**も「物」には「内外」があり、それに従って修養が必要と言います。これに対して**王陽明**は、「心」には「内外」はないと言います。静坐で「心」の「静」を求めても、「事」にあたって「心」が乱れては何にもなりません。「心の本體」は静坐して修養するだけでなく、「事上」にあって「磨錬」するものだと言います。「事」に当たっても常に「心」の修養をすべきであるとします。**王陽明**は「心」の修養は静坐をしても「事」に当たっても常に同じように行うことを求めます。

我々の生活でも仕事をしていると多くの問題や悩みが起こるものです。また、本来、自分が行いたいという理想を求めても「忙しい」を理由に「心」を修養する時間がないといいわけをします。そもそも仕事を行う事が「良知」に基づいておれば「心」の修養だというのです。自分の「仕事」を真に理解しているかがポイントだと思います。あらゆる「事」の上に「心」をもって実践していくことが「事上磨錬」なのです。どんな仕事でも社会に役にたち、「心」につながっていることを主張していると思います。これが「心」には「内外」がないということでしょう。「仕事」をすることによって自らが磨かれるという「事上磨錬」の考えは重要です。

7　陸象山について

また、**陳九川**が「**陸子**の学問はどうですか」と質問をしました。**王陽明**は「**周濂渓**や**程明道**の後はまず**陸象山**でしょう。ただ、粗略な所が少しあります」と答えます。**陳九川**は「**陸象山**が学問を論じている所を見ても、各編で真髄を突いており、一言一言が体の深層部の病巣に針を打っているようです。粗略な所は見あたりません」と反論します。**王陽明**は「その通りです。**陸象山**は「心」の上にあって修養した人です。学問を憶測や模倣して文義だけに求める人とは自ずから違っていました。ただ、細かく見ればまだ粗略なところがあります。修養を続けておればいずれ分かることでしょう」と答えます。

（陳九川所録 5）

読解

陸子は**陸象山**ともいい、一一三九年生まれで一一九三年になくなっており、**朱子**とほぼ同時代の儒学者です。「心」を中心に説を立て、その中で性・情や天理・人欲と分けることを否定して、「心学」として「心」そのものが「理」であるとする「心即理」を唱えています。「性即理」を主張する**朱子**とは**周濂渓**の「太極図説」などを巡って論争を行っています。この意味で**王陽明**は**陸象山**の「心学」の流れにあります。従って、**王陽明**は弟子の**陳九川**の指摘に対して、これを高く評価しますが、**陸象山**の考えはまだ不十分という判断をします。すなわち、「良知」についての認識がないことが不満なのでしょう。**陳九川**も修養を続ければ分かるようになると諭します。

8　致　知

陳九川は正徳一五年庚辰（かのえたつ）の年（一五二〇年）に、虔州（けんしゅう）（江西省の地名）に行って、再び**王陽明**に会い、「近年の修養で少しは「頭脳（根本のこと）」となるところを知ることができるようになったと思いますが、しかしながら、まだ「心」が穏やかでそれを楽しむような境地にはなっていません」と話しました。**王陽明**は「君は君自身の「心」の上に「天理」を探そうとしています。それがまさに「理」を知ることの妨げとなっています。この間に大事な所があります」と答えます。**陳九川**が「それはどのような事ですか」と尋ねると、**王陽明**は「これはただ「致知」です」と答えます。**陳九川**は、ではどのようにして「致すのですか」と聞きます。**王陽明**は答えます。君の持つ一点の「良知」は、君自身の準則です。君の意志や念じている所は、それが「是」であるならば「是」と知り、「非」であるならば「非」と知り、これをいささかも欺くことはできないものです。君は「良知」を欺こうとしないで、実際に「良知」によって行えば、「善」が保存され、「悪」は去っていくのです。これこそ「心」が穏やかでその境地を楽しむことになるのです。これが「格物」の真の意味の分かれる所で、「致知」の実際の修養なのです。もし、この「良知」の真の働きがなければ、どのようにして「格物」を実行できるのでしょうか。私も近年、体験によって出てきたことで、このように明白になったのです。最初は「良知」だけによることは不十分ではないかと疑っていましたが、詳細に検討してみれば「良知」にはいささかの欠陥もありません。（陳九川所録 6）

読解

陳九川は頭の中では分かるようになったが、それが「心」の安静と快楽を導いてくれる所まではいかないと自分の修養の壁を告白します。**王陽明**はそれに対して「致知」だけが必要だと簡潔に答えます。「致知」は『大学』の「格物致知」という学問の出発点であり、**朱子**が「物に至りて知に至る」

とするのに対して、**王陽明**が「物を正して知を致す」として、**朱子**のいう「事事物物」の「究理」の追求でなく、「物を正す」ことで能動的な立場を示しています。この「知」を「良知」として、生まれながらにして知るものであり、「良知」を致すことが「格物」だという考えを示します。「良知」を基準に判断していけば「是非」の判断も正しく行われます。**朱子**が「致知」を「事事物物の理」の次に来る「知」であるとするのに対して、**王陽明**は、「知」を「良知」として、「良知」を「心の本性」であり、「心の理」であると説きます。「良知」は「心の本體」であり、常に照らすものであるとします。そして、「事事物物に至る」のではなく、この「良知」をして「事事物物に致す」という実践に導くのは「物を格す」ことであるとします。こうすれば、「是非」の判断を間違うこともないし、「善」が保持され「悪」を追い出すことになって、それが「穏當快楽（おだやかで楽しいこと）」なのですと言い、ここで「心」が楽しむことになるのです。これが「格物」の真の意味が「致知」の実際の修養であり、この基には「良知」があるとします。**王陽明**がこの「良知説」を完成させ欠陥がないものと確信したのは、近年の体験から出てきたものであるとしているところからすれば、かなり時間をかけて見い出したものです。五〇歳の時に「致良知」を打ち出すことになり、陽明学の完成となる最も重要なキーコンセプトとして展開することになります。「致良知」は「良知」に「致」をつけたもので、「良知を致す」ことですが、ここでの解説の様に「事事物物」に「良知を致」し、「是非の判断」を間違いなく行わせ、「悪」を追い出し、「善」を保持し、そして「心」が楽しむことになることになります。

9　全ての人が聖人

陳九川は虔州（地名）で**于中**や**謙之**と一緒に**王陽明**先生と会いました。**王陽明**は「人は「心」にそれぞれの「聖人」がいます。ただ、自分で信じられないでいます。全てを自ら埋没させています」と言います。そして、**于中**を振り返って「君の胸中はもとから「聖人」なのです」と言います。**于中**は立ち上がってこれを否定しました。しかし、**王陽明**は「これは君自身にあるのですよ。どうして譲ろうとするのですか」と諭します。**于中**が「どうしても受けられません」というと、**王陽明**は「どの人にでもこれはあるのです。いわんや**于中**にもあります。なに故に「謙遜」するのですか。「謙遜」してもできるものではありません」と言います。**于中**は笑って受け入れました。**王陽明**はさらに続けて、「「良知」が人にあるのは、たとえ君が何をしようともなくなることはありません。盗賊といえどもまさに盗みをしてはいけないことを知っています。彼を呼んで盗賊と言えば、彼も恥ずかしく思うでしょう」と言います。**于中**が「ただこれは「物欲」が「良知」を遮蔽（しゃへい）するのであって、「良心」が「心」の内にあることは自ずから失うことはできないものです。これは雲が太陽を覆っているようなものです。太陽が自らなくなることはありません」と言うと、**王陽明**は「**于中**は聡明です。他の人の見識はそこまで及びません」と言います。

（陳九川所録 7）

読解

誰もが「聖人」だというのが**王陽明**の主張です。全ての人は「心」に「良知」を持っているので程度の差があっても「聖人」だというのです。**于中**は**王陽明**から「あなたは「聖人」だ」と言われ驚きうろたえます。自分が尊敬する先生から「あなたは「聖人」です」と言われればうろたえるのは自然です。そして、**王陽明**の「良心」は「心」の中にあり、それは変えようがないという「良知説」を聞き納得します。そして、**于中**は「良知」が発揮されないのは「人欲」という雲が「良知」という太陽を遮蔽するようなもので、雲によって遮蔽されていても「良知」という太陽がなくなったわけではないと言って、「物欲」が「良知」を遮蔽するのだという**王陽明**の常の主張を言います。**王陽明**は**于中**をそのとおりと誉めます。後からもたびたび出てきますが「万人が聖人」であるというのは、誰もが「良知」を持っているという信念があるからです。「良知」が発揮されないのは「人欲」のためであり、これを除去するのが重要なこととなります。また、後で「良知」にも程度があり、「聖人」と「凡人」ではその重みが違うだけだと言います。

10 試金石

王陽明がおっしゃいます。このわずかな「良知」でも透徹すれば、たとえ千言万語を並べるより「是非」や「真偽」は、この前に出れば明らかになるのです。「良知」に合うものは「是」であり、合わないものは「非」です。「仏教」が「仏印（心は仏心で印可はさとりを認めること）」を説いていることに似ています。真に、これは「試金石（金の真偽を試す石）」であり「指南針（常に南を指し示す磁石による方向指示針）」です。

（陳九川所録　8）

読解

「良知」は霊妙で誰の「心」にもあるので、「良知」がわずかでもあれば「事」の「善悪」を判断できるようになり、あらゆるものの基準になります。たとえて言えば、「試金石」や「指南針」の様なものだと、その重要性を指摘します。ここでは、「仏教」での仏の悟りきった「心」である「仏心」や雑念を払って「無念無想」に入る境地である「印定」のようなものだと、日頃、批判の対象としている仏教の議論を使って評価した発言をしています。「試金石」が金の純度を示し、「指南針」が南北の方向を示す様に、「良知」が「是非」を指し示すのだと言います。

11　鉄を金に

王陽明がおっしゃいます。人がもしこの「良知」の大事なところを知ることができれば、たとえその人が「邪念」や間違った思いを持っていても、一度、これに目覚めれば、総ては自ら消滅します。まことに、これは「霊丹」（道教の秘薬のこと）の一粒を「鉄」に振りかけて「金」にするようなものです。

（陳九川所録 9）

読解

「良知」は邪念や間違った考えを正すことができると言い、「良知」の持つ霊妙な力を強調します。「霊丹」の一粒で鉄を金にすることができると「良知」を譬（たと）えます。わずかな「良知」でも大きな力があると「霊丹」のたとえ話で説明するのは面白い話です。

12　致知の説

弟子の**欧陽崇一**が「先生の「致知の説」の趣旨は精密で蘊奥（うんおう）（奥深いこと）を発し尽くしたものです。この点を見ることができれば、二度と離れることができません」と言います。**王陽明**は「なんと言うことの安きことですか。修養してもう半年間、経ったところでどうなったかを見なさい。また、修養して一年経ったところでどうであるかを見てみなさい。修養が長くなればなるほど、同じでないことが分かるでしょう。これを口で説明するのは難しいことです」と言います。

（陳九川所録 10）

読解

欧陽崇一が**王陽明**の精密で奥深い理論にすでに傾倒していることを告白します。しかし、**王陽明**は理屈で議論しても意味がなく、修養にもう少し時間をかけなさいと諭します。修養が長くなれば自分自身が変わってくることが自ずから分かることだと言い、口で説明はできないが考えが変わってくるものだと言います。修養の重要性を説いています。筆者も桜下塾で二〇年以上（途中で休会もありましたが）かけて勉強会を行って、『伝習録』を読みましたが（これが修養になっているかは分かりませんが）、「陽明学」の一端を徐々に理解できる様になりました。「桜下塾」を行ったことは本当に良かったと思っています。

13　体験の重要性

王陽明が**陳九川**に「「致知の説」について、体験することをどう考えていますか」と質問しました。**陳九川**は「自分が以前の自分と同じでないと感じています。以前は「良知」を保持することにほどよい所がありませんでした。これが最近では、ほどよい所になっています」と答えます。**王陽明**は「体験することと講義を聴くことは同じではないことを知るべきです。始めて君のために講義したときは、軽々しく安きに流れて、その本当の味わいを理解していないことは分かっていました。ただ、「良知」の要妙（大切な優れたところ）は再び体験して深い所に至っているので、日々に同じでないことが分かります。「良知」は突き詰めることができないものです。そして、この「致知」の二字は真に千年の古きからの「聖人」の秘伝であって、ここまで分かるようになれば、百世後に「聖人」が出てきても惑いません」と言います。

（陳九川所録 11）

読解

欧陽崇一に修養の重要性を注意したのと同様に、**陳九川**には「良知」を体験することの重要性を彼の修養の状況に照らして諭します。そして、「良知」は奥が深く突き詰めれないものなので、日々修養を続けることが必要であることを教えます。ここでも「良知」は修養であり、実践であることを主張しています。そして「致知」は「聖人」になる秘伝とし、それを目指すべきことを示唆します。百世後の「聖人」とは『中庸』に出てくる話で、立派な「君子」は百世代後に出てくる「聖人」に出会って話をしても迷わないという姿を表しています。これは**王陽明**が「良知説」は百世代にも通用するという大きな自信を持っていることの表れです。

14 天の仕組み

陳九川が質問します。**程伊川**が、本體と作用が一源であり、外に現れた現象と現れていない本體の間には間隙がないという説を述べたとき、門人達はこれを「天機（天の仕組み）」を洩らしたものであると感激しました。**王陽明**の「致知の説」もまた「天機」を洩らす様なもので甚だしいものではありませんか、と言います。これに対して、**王陽明**は答えます。「聖人」がすでに指し示してきたことを人々に明らかにしたことだけです。ただ、後世の人が覆い隠してしまったので、私が明らかにしたのです。どうして、これを「天機」を漏らすというのですか。「良知」は全て人がそれぞれ自ら持っているものです。一度、覚ってしまえば、極めて緊要らしいものではなく一般的なものと思われるようになります。しかしながら、実際の修養をしていない人に説明するとなると、「良知」ははなはだ軽くてうつろな理解しかできません。これでは、残念なことに話す人も聞く人も両者のためになる所がありません。実際に修養を行っているが、要領を得ないという人のために、「良知」を教え導くことは溢（あふ）れる水のように極めて勢いよく広がって力になります。

（陳九川所録 12）

読解

陳九川が、**程伊川**の本體と作用が一體であることを述べたことを門人達が「天の仕組み」であると賞賛したことを引いて、**王陽明**の説も「天機」を示したものだと賞賛します。これに対して、**王陽明**は、これらは、すでに昔に「聖人」が言ったことで、これまで後世の人によって覆い隠されていたことを明らかにしただけだと言います。**王陽明**の説はもともとある正統なものであることを強調します。そして、「良知」は皆、持っているものなので、いったん覚れば特別なものではないとします。そして、実際の修養を行っていない人に対しては「良知」はいくら説明しても理解してもらえないが、実際の修養を行っているが要領を得ていない人に「良知」を教えれば溢れる水の様に勢いよく身につくものだと言います。「陽明学」は「実践の学問」であることを強調しています。

15　道

王陽明がおっしゃいます。「道」を知れば、知ったと感じることなく、「道」を覚れば覚ったとは感じません。しかしながら、「道」を知らなければ、ついにさざ波の下に沈んでしまいます。

（陳九川所録 13）

読解

近藤康信氏はこの文を次のように解説しています。「道」を真に知り覚ってからは、自己と「道」とが一體となって、「道」を意識することはない。それは「道」を知らないのと同然です。しかし、「道」を知らないでいてしまっては、「道」と全く無縁である。形は似ていても、そこに無限の差があります。「道」は知覚すべきであるが、意識している間は本物でないということでしょう。

王陽明は、「道」を知るというのは「道」と自己は一體となることであり、「良知」は「明白簡易」であるので、「道」が分かれば、それを分かったと強いて知覚することも感じることもないが、「道」が分からなければ「道」はさざ波の下に消えてしまうものであると言うのです。

16　朋　友

王陽明は「おおよそ朋友は、お互いに短所欠点を指摘することを少なくし、助け合って励ましあう意識の多いことが良いことです」と言います。そして、**陳九川**を戒めて「朋友と学問を議論するときは細かい所はおいて、身をかがめて謙譲して、寛大でなければなりません」と言います。

（陳九川所録 14）

読解

王陽明は、友人間の議論の仕方について注意しています。同じ学問をする友には友情を大事にして、短所欠点の指摘は少なくて、お互いに励まし合うことを求めます。**陳九川**には「戒め」と強い調子で、友人と議論する時は謙虚で寛大で和楽であれと注意します。

17　常に快活であること

陳九川が虔州（江西省の地名）で病気に伏せっていたときに、**王陽明**が「病気は「格（ただ）」すのは難しいものです。君はどのように覚りましたか」と言いました。**陳九川**は「修養ははなはだ難しいものです」と答えます。**王陽明**は「常に快活であることが修養です」と励まします。

（陳九川所録 15）

読解

王陽明が**陳九川**の病気を見舞っているのですが、病気を「格（ただ）」すとあるのは、単に病気を「治す」と言うだけでなく、病気に伴う「人欲」を排すことで、病気になっても快活に修養（治療）をするようにと言って励ますのです。

18　修養には勇気が必要

陳九川が「自ら振り返りますと「念慮」や「邪妄」ばかりに関わったり、あらかじめ天下の政治的な問題を処理して、それについての思いが極限に至れば、次々に興味が生まれ、いつまでたっても「心」にまとわって容易に退けることができません。早く覚れば容易ですが、覚るのが遅れれば難しくなります。力ずくで克服しようとするとますます抵抗されるものを覚えます。ただ、次第に他のことを思えば、それに従って両方とも忘れていきます。このようにして「心」の清い状況を広げれば害悪がなくなっていくように思います」と話します。**王陽明**は「どうしてそのようなことを考えるのですか。ただ、「良知」の上にあって修養することが必要です」と諭します。**陳九川**は「まさにそのような時には忘れてしまうのでしょうか」と問います。**王陽明**は「私は「良知」の裏に自らの修養がなります。何によってそのようなことになるのですか。ただ君の修養の中断が起こるために、その「良知」が覆われるのです。以前からの修養を継続しておれば良いことです。どうしてこのようなことをするのですか」と注意します。**陳九川**は「ただ、これを鏖（みなごろし）にすること（「邪念」を根絶すること）が難しく、知っていても投げ打つことができないのです」と言います。**王陽明**は「修養には「勇気」が必要です。修養に努力することが長く続けば、自ずから「勇気」が出てきます。これは「義」を集めるものです。「邪念」に勝つことに容易になれば、すでにこれは「大賢」です」と修養のあり方を示します。（陳九川所録 16）

読解

陳九川が雑念が起こるときには気を紛らわした方が良いと言いますが、**王陽明**はそれでは駄目で「良知」の上に修養を続けるべきことを強く注意します。修養を怠っているから、そのようになるのだと諫めます。そして、修養には「勇気」が必要だと言います。「勇気」という言葉はこれまであまり出てきていませんが、「良知を致す」ことは「勇気」であることを念頭に置くべきであり、さらに**孟子**は「「勇気」は「集義（義を集める）」が生むもの」と言っており「義」を集めることが必要です。こうして「邪念」に勝つことができれば「大賢」であると言います。上記の「邪念を根絶することが難しく」という文章の本文は「ただこれを「鏖（みなごろし）」にするのは難く」となっていてますが、この文章では「鏖」という文字は絶滅させるという感じが出ています。

今日、我々も「良知」の上の修養は重要であり、一般的には静坐をして、「慎独」や「戒慎恐懼」を行うのが儒学の修養ですが、**王陽明**の常に言っている「事上磨錬」がさらに重要なのです。毎日、日常の仕事をしているわけですが、「良知」に従っているかを常に留意することが修養になります。そして、ここでは「勇気」をもって「義」を集めることが求められているわけです。「正しい」こと、「良知」にかなうことを「勇気」を持って日常に当たることこそ「雑念」を排すことになると言います。そうなれば「邪念」を排して「大賢」となると言います。実際、仕事をしていてその上に「良知」の修養をすることは難しいことです。従って、これを「勇気」を以て「良知」を実践していくところこそ求められるのです。歴史上の偉人はまさに「勇気」の人達です。

19 心と読書

陳九川が「「致良知の修養」は「心」の上に置いて体験して明らかになりますが、「書籍」を理解するには通じないようです」と言います。**王陽明**は「ただ「心」で理解しなければなりません。「心」が明白となれば、「書籍」を読むことについても自然に理解できるようになります。ただ、文章上の意味だけを理解しようとすれば、自分の勝手な「意見」になるだけです」と答えます。

（陳九川所録 17）

読解

陳九川が「致良知の修養」は「心」の上に体験しなければ通じないようですと言ったのに対して、

王陽明は「心」の上で体験して理解することが第一で、それが出来れば自ずから「書籍」も理解できるようになると説きます。ここで「意見」というのは「私意」から生じる見解というネガティブな意味で使われていて、「私意按排」するのは**王陽明**のもっとも嫌うところです。私の専門とする「数理経済学」もテキストに書かれているのは一見、無味乾燥な論理だけの世界に見えますが、「経済済民」の学としての「数理経済学」も「心」をもって勉強すればこれほど面白い学問はありません。経済学から得られることは、経済について常識で考えることと大きく違った結論を求められることが多くあります。問題は「良知」を持って理論を構築していけば、世の中の貧困問題に始まり様々な社会問題を解決する方法を示すことができるのです。

20　役所の仕事も格物

一人の下級役人が**王陽明**の学問を聴講して、言いました。この学問は、はなはだよいものです。しかし、役所で書類を作成したり、裁判をすることが忙しくて、「学問」を行うことができません。**王陽明**はこれを聞いて話します。私はいままで書類を作成したり裁判を行うことから離れて、懸空においてて「学問」をしなさいとは教えてきませんでした。君は役所での仕事があるのであれば、その仕事を果たしていく上で「学問」を行いなさい。わずかであってもこれが本当の「格物」なのです。一つの訴訟を考えてみましょう。被告のその対応が乱暴だからといって怒りを起こすべきではありません。彼の発言がなめらかといって喜んではいけません。その頼み事を憎んで「私意」によってこれを治めてはいけません。その要求によって意志を曲げてこれに従うことがあってはなりません。事務の仕事が煩雑だといって勝手な「私意」によって、これの処分を決めてはなりません。傍らの人が非難中傷するからといって、その人の「意志」に従って処分を決めてはいけません。これらの意志決定の多くは皆、「私意」によるものです。君は自らを知り、謙虚に反省し、自らを治めて「心」にわずかな偏りがあって、人の「是非」を曲げることがないようにするのが「格物致知」なのです。書類作成や裁判が決して実学でないものはありません。もし「事」や「物」を離れて学問を行おうとしてもこれは空虚なものとなるでしょう。

（陳九川所録 18）

読解

王陽明の主張は「事上磨錬」です。仕事が忙しくて勉強が出来ないとの役人の発言に対し、役所での仕事のあり方を説きます。そして「私意」によって判断を曲げてはいけないと言います。役所で「私意」を排除して仕事すること自体が「格物致知」であって実学なのだと諭します。自らを知り、謙虚に反省して、忙しくしていても、自らを治めるのに「心」に偏りがなくて「是非」を曲げることがなければ、それは「格物致知」だと言います。忙しくて修養する時間がないという言い訳を厳しく批判します。仕事自体が「格物致知」であり、それを「良知」に従って行うことが学問をしていることになるのだというのが**王陽明**の常に行う注意です。「事」や「物」を離れて学問をしようというのは空虚で役に立たないものだと諭します。

筆者は勤務した大蔵省で財政金融税務などの実務を行いました。大蔵省の権限は大きく、主計局ではできる限り効率的な予算を作成すること、銀行局では金融機関に健全経営を行わせるための検査、税務署では脱税を摘発して正しい申告納税をさせることが筆者が経験した仕事です。本省の仕事は毎日深夜におよび、大蔵省の大先輩であった**谷村裕**氏は随筆の中で、大蔵省の職員はホテル大蔵（大蔵省の近くにある高級ホテルのホテルオークラをもじって）に泊まって、東京會舘（都内の高級レストランですが大蔵省の地下に同名のレストランがありました）で食事をしているという自虐的な冗談を言っておられました。役所の仕事はきわめてハードで椅子の上で仮眠をすることもたびたびでした。激務の中でも経済学・数学の勉強は続けて、大学院には行かず仕事をしながら経済学と工学（応用数学）の二つの博士論文（ともに京都大学）を作成しました。大蔵省での一四年間に十一のポストを経験して、人事交流によって大学に移りましたが、そこでも一〇以上の政府の審議会などや五つの地方行公共団体の委員会の委員にも参加して現実の行政に意見を述べてきました。また、役所の仕事はもちろん、何重ものチェックが入るので仕事の中に「私意」が入る余地はありませんが、もちろん完璧なものでないのは言うまでもありません。中には地元に有利な予算査定をした人もいたようですし、時には接待問題で社会から批判される様なことをした人がいたのも事実です。ただ、多くの人が忙しすぎて勉強する暇がないと言いますが、そのようなことはありません。これは言うまでもなく一般の会社でも同じです。会社のどの仕事も良知に従って正しく行えば、それは「格物」なのです。同時に仕事は「事上磨錬」の場です。大学で教えたゼミ生には卒業しても経済学の勉強は続ける様に言ってきました。「志」があれば何でもできるのです。**王陽明**の指摘するように「事上磨錬」は忙しい人ほど多くできるのです。

21　良知は乾元

陳九川が虔州（けんしゅう）（地名）から帰ろうとしたとき、詩を読んで**王陽明**に別れを言いました。その詩では、「「良知」は「多聞」といった知識ではありません。「陰陽」が妙合したときからすでにその根源があったのです。「好悪」を「良知」に従わせることを「聖学」となします。外の物に意を用いてそれを送り迎えするようなことがなく、自己本来のままにあることが「乾元（道の根本）」です」と言います。**王陽明**は「君がここに来なくて学問を研究しなかったら、「好悪」を「良知」に従わせるといっても、何に従うべきかは分からなかったでしょう」と言います。弟子の**敷英**が同じ席におり「全くその通りです。かつて先生の『大学』の古本の序を読んだとき、その説を言っておられたことが分かりませんでした。ここに来て若干のあいだに、先生の講義を聴くようになって大意が分かるようになりました」と言います。

（陳九川所録　19）

読解

陳九川が虔州から帰ろうとしたときに詩に読んで、**王陽明**に対する挨拶とします。「**王陽明**のところで学ぶことができたのは「多聞」という知識ではなく、「良知」であって、これは「万物」が生まれた「陰陽」が妙合したときからあった「根源」です。これは「好悪」を「良知」に従わせることが「聖学」であり、これ以外のものによってうろたえることにならないことが根本原理であることを学んだことです」と「良知」を学んだことを表明して謝意としています。**王陽明**もこれに答えて、ここに来なかったら「良知」が分からなかったでしょうと、はなむけの言葉を発します。同席していた**敷英**が同様のことを言い、『大学』の古本を読んだだけでは分からなかったことがここでの講義を聴いたことで**王陽明**の教えが分かる様になってきたと言って、「良知」が「根源」であることを学んだ虔州での修養が如何に重要で、得たものが大きかったかを表します。『大学』に関する**王陽明**の考えは下記の第七章の「大学問」で詳しい説明があります。

22　食事の消化

王陽明が**于中**や**国裳**の同輩達と食事を共にしていたときに、「およそ飲食は自分の身体を養うことに必要です。食べてそれを消化することが必要です。もしいたずらに蓄積して腹の中に入れるのであれば、病気になってしまいます。どうして、それが身体や肌を養うことができるのでしょうか。後世の学者は「博聞多識」を胸の中に滞留させています。食事が病気になる事と同じです」と言います。

（陳九川所録 20）

読解

王陽明は、食事をたくさん食べても消化しなければ病気になってしまうだけだといい、世の学者は「博聞多識」を自慢しているが、それを胸に滞留させていて病気になっていると皮肉たっぷりに批判します。学問をするのに「博聞多識」を目指してやたらと「知識」を詰め込むのはかえって害になり、それを消化することの重要性を説きます。

23 生知と学知

王陽明が「『聖人』もまた『学知』であり、『衆人』もまた『生知』です」と言います。弟子たちが「どうしてでしょうか」と問います。**王陽明**は、「『良知』は人それぞれ皆にあります。『聖人』はただ『良知』を保持して、全く『障壁』がありません。常に戒め慎み、勉めて倦まず（なまけることがない）、これが自然に息むことはありません。これが「学ぶ」というものです。ただ、（『聖人』は）「天性」の部分が多いのでしょう。故に「生知安行」というのです。「衆人」でも子供の時からこの「知」を備えていない者はいないが、ただ、障害や遮蔽が多いのです。しかしながら、「心の本體」の「知」というものは誰にでもあり、それがなくなることはないのです。「学問」を行い、己に克ち治めることができるのもまた「良知」によっています。ただ、これは「学問」することによる部分が多いのです。そこで、これを「学知利行」というのです」と答えました。

（陳九川所録 21）

読解

『中庸』に示されているように、「聖人」は「生知安行」、「賢人」は「学知利行」、「衆人（凡人）」は「困知勉行」の者です。しかし、ここで、**王陽明**は「聖人」も「学知」で、「衆人」も「生知」であると常識と反対のことを言います。それぞれの天から与えられた状況に応じての生き方で、どのような方法をとろうとも「良知」が発揮されるということでは、結果は総て同じであるとします。**王陽明**は人は皆「聖人」であると言います。「聖人」でもただ常に「良知」を保持し、「戒慎恐懼」の修養をしているので「学知」なのです。「衆人」を含め総ての人は、「良知」はすでに与えられたものとして持っているので「生知」の側面があると言います。「衆人」も生まれた時から「知」を備えているが障害や遮蔽が多いだけで、「良知」を発揮できないのだと言います。「聖人」は単に「生知安行」でなく、常に「良知」の修養をしているのだという「学知」の側面があることを示したことは重要と思います。

第三章　黄以方所録

1 黄以方

弟子の黄以方（くわういはう）が質問しました。**王陽明**の「格致の説」は、その時々に従って「物（こと）を格（ただ）して」、もってその「知を致す」というものです。従って、ここでの「知」はそれぞれ一事一物についての「知」であり、一部の「知」であって、全体の「知」ではありません。「良知」については、『中庸』では「溥（ふ）博は天の如く、淵（えん）泉は淵の如し（博きこと天のごとし、深静なこと淵のごとし）」と言っていますが、どの様にして博くて深い「知」の地位に至りうるのでしょうか。**王陽明**は答えます。人の「心」はそもそも「天」のようであり、「淵」のようです。「心の本體」が備わっていないものはなく、もとからこれは一つの「天」なのです。ただ、「私欲」による障害があるために「天の本體」を失っているのです。「心の理」はいくら突き詰めようとしても突き詰めることができず、もとから一つの「淵」のようなものです。ただ、「私欲」によって閉塞されれば「淵の本體」を失うのです。一時も留まることなく「良知」を致し、この障害や閉塞を一斉に去り尽くすことになれば、「本體」に復帰することになるのです。すなわち、これが「天淵」なのです。**王陽明**は「天」を指さして言います。例えば、目の前の「天」を見るようです。これは『中庸』で言うような昭昭とした明るい「天」です。家の外から「天」を見れば昭昭とした明るい「天」です。しかし、家の中では多くの部屋や外壁のために遮蔽されているので、「天」の全体を見ることはできません。もし、部屋や外壁を取り払うのであれば、これは一つの「天」になります。目の前の「天」は昭昭として明るい「天」であり、外面から見てもこれは昭昭とした明るい「天」ではないとは言えないのです。ここで見たように一部の「知」は全体の「知」であり、全体の「知」はまた一部の「知」なので、これは総て一つの「本體」なのです。この条以下は門人の**黄直**（**黄以方**のこと）の記録によります。（黄以方所録 1）

読解

「知」の「部分」と「全体」との関係について議論しています。**黄以方**が「格物致知」といえば「事事物物」について一つ一つの「知」であり、「知」の「部分」であって、「知」が「全体」でないかの様です。それがどうして博いこと「天」の如く、深いこと「淵」の如く博くて深い「知」になるのですかと**黄以方**が質問します。これに対して**王陽明**は、人の「心」は、部屋や外壁によって遮蔽されて「部分」に見えるが、これらを除去すれば「天」の全体が見えてきて、これはさらに尽くすことのできない「天」であると言います。すなわち、太陽の光を遮蔽する様な外壁の様な物があるためで、それを取り払えば、「天」の全体を見ることになると答えます。一部「知」は「部分」であっても、「全体の知」であり、「全体の知」は「部分の知」なのであるということを示します。「良知」自身は昭昭とした一つの「天」であると言います。

蛇足になるかもしれませんが、「部分は全体であり、全体は部分である」という考えは**王陽明**哲学の重要な主張だと思います。「朱子学」では「事事物物」についての「究理」により、「知に至る」ことを主張し、「全体」は「事事物物の理」によって認識される「部分」より構成されるという、要素還元主義のデカルト的な近代西洋科学の考えに近いわけです。しかしながら「部分」と「全体」が「フラクタル（相似性）」であり、「部分」を見ているようであってもそれは「全体」を示しており、「全体」を見ているようでも「部分」であるというのは今日の新しい科学に近いものになっています。例えば、人間というのは六〇兆個の細胞から構成され、それが構成する手、足、臓器、脳などになり「全体」が構成されており、それぞれが特定の機能を果たす階層のある「部分」です。しかし、それを構成する細胞は全て同じDNAによって生成され、構成されていて、「部分」であっても全て「全体」の情報を持っているのです。「全体」は「部分」から構成されているようであって、実は「全体」の情報が「部分」を構成していて、「部分」もまた「全体」なのです。社会全体においても人間という「部分」を考えると、個性を持ち一人一人違う役割を果たしているのですが、求める「道」は一つであり、人間のあり方は社会の中での役割は「部分」でありながら、「道」という社会のあり方から社会は「全体」を構成していることになります。**王陽明**は「部分」しか見えていないと言ってもそれは「全体」であり、「部分」は実は「全体」であるという重要な指摘をしているのです。同じ「天」も遮蔽されることで「部分」に見えるのですが、遮蔽を取り除けば「天」の「全体」を見ることになるのです。「事事物物の理」を追求する「朱子学」や近代西洋科学の考えは、今日の我々の常識になっていますが、最新の科学の分野などではむしろ**王陽明**のような考え方に近いものが生まれているのです。

2　功業・気概節操

王陽明がおしゃいます。「聖人」や「賢人」にも「功業（事業で「名」を挙げようとする心）」や「気概節操（くじけない意気や節義を守ること）」がないわけではありません。ただ、これが「天理」に従っておれば、これは「道」なのです。これを「事功（てがら）」とか「気概節操」と呼ぶべきではありません。

（黄以方所録 2）

読解

「人欲」から離れているとされる「聖人・賢人」にも「功業」や「気概節操」という行動の動機があるかもしれないが、「聖人・賢人」はどのようにあっても「天理」に従っているので、それは「聖賢」の「道」であることには違いがなく、「道」に従っている人のことを「功業」や「気概節操」と呼ぶべきではないと言います。事業で名をあげたり、手柄をあげた人でも「道」に従ったのであれば、それは「聖人・賢人」であると言います。今日でも「名政治家」や経済界でも「名経営者」と言われる人たちも多くの場合、卓抜した能力と共に、「道」を外れてなかったから彼らの事業を成功させ、名前を残すことになったのでしょう。「人欲を排す」ことは事業に意欲を持たないという意味ではなく、「心」の遮蔽を取り除いて「道」に従うことによって事業の成功を達成させるのです。

3　憤りを発して食を忘れる

「憤(いきどお)りを発して食を忘れる」というのは**孔子**の「志」であって、「道」を求める「心」が本当にやむにやまれないものであることを示しています。**孔子**の言う「楽しんで憂いを忘れる」というのも「聖人」の「道」とはこのようなもので、本当に憂い悲しむことがないと言っているのです。おそらくは必ずしも（望むものを）「得るとか得ざる」とか言う必要はありません。

（黄以方所録 3）

読解

この節は『論語』に書かれている**孔子**の自己評価です。**子路**が**葉公**という地方長官に**孔子**の人となりを聞かれたときに、**子路**は答えなかったのに対して、**孔子**が「憤を発して食を忘れ（あることに夢中になると食事も忘れる）、楽しみを以て憂いを忘れ、老のまさに至らんとするを知らず」と言ったとされます。この言葉を**朱子**が解釈して「未だ得ざれば則ち憤りを発して食を忘れ、已に得ればこれを楽しんで憂いを忘れる」としています。これに対して、**王陽明**は、**孔子**の言葉を「やむにやまれぬ「心」で「道」を求め、「道」が求まれば憂い悲しむことがなくなる」と読むべきと言います。そして、**朱子**の言っている「得る」とか「得ざる」かどうかで区別して議論する必要はないと言い、「聖人」は絶えざる情熱で「道」を求めているので、「道」を楽しんでいて憂い悲しむことはなくなるものだと言います。

4　惟れ精惟れ一の修養

王陽明はおっしゃいます。私の「致知」の議論は個々人の能力の及ぶ所に従って行うものです。今日、「良知」がこの程度であれば、知っている所に従ってそれを押し広め徹底して、明日に「良知」が開悟する所があれば、明日の「知」に従って押し広め徹底すれば宜しいのです。このようにするのが「惟れ精惟れ一」の修養なのです。人に学問を話すときも聞いている相手の能力に応じて行うべきです。樹木でも小さな萌芽のときは、少しの水をやり、萌芽が大きくなるに従って水を増やしていくようなものです。木が両手で握れるくらいから両手で抱える大きさになるまで、水やりの努力はみなその程度に従うものです。もし、小さな萌芽に一桶の水をかけると、木は傾いて水浸しで壊れてしまいます。

（黄以方所録　4）

読解

この節も重要な指摘と思います。「致知」は個人の能力によって段階的に進めるべきと言います。「良知に従う」というのが**王陽明**の基本的命題であり、「良知」は総ての人が持っているとの主張から万人が修養によって「人欲」から解放されれば「聖人」に近づくことを実行できるとしています。しかし、ここで、「良知」には人によりその程度があり、今日得た「良知」を、翌日にはより高い「良知」を開き悟ることがあると言います。そして、その自らが得た「良知」に従って行動し、それを拡充して行くべきとします。これは「惟れ精惟れ一」の修養といいます。「精一の工夫」とは『書経』の「惟れ精、惟れ一、允（まこと）に其の中を執れ」という言葉であり、「精」は米が青という字であり、白くて純粋になることを意味します。「惟れ一」は「天理」と一つになることで、そこで、**王陽明**にとっては「惟れ精惟れ一」とは「心」が「天理」に純一になるという意味です。「良知」がどこまで達成されているかではなく、ただ「心」の「天理」に純一になることだけを考えればよいと、この言葉を引用して現在の「良知」の水準からさらに開悟してゆけるように、着実に修養することを求めます。これは、その人の能力に応じて、いきなり高邁なことを話すのではなく、樹木に水をあたえるように、木の成長に応じて必要な水を与えるようにすべきとします。我々も日々「良知」を木に水をやるように育てて行くことに「心」がけたいものだと思います。

5　知行合一

「知行合一」について質問がありました。**王陽明**は「全て私の立論の「宗旨（教義の中心）」を知らなければなりません。今の学問は、「知行」を分けて二つのものとしていることから、「一念」が動いても、それが「不善」であっても実行していないからと言って、これを禁止しないことがあります。私が「知行合一」を説くのもまさに、人の「一念」が動くことは、これを行ったのと同じだと覚らせて、心の発動した所に「不善」の「念」があれば、この「不善」の「念」を克服させ、必ず徹底して、この「一念」に「不善」が潜伏して胸の中に残らないようにすべきです。これが私の主張の宗旨です。

（黄以方所録　5）

読解

王陽明の重要なキーワードの一つが「知行合一」で、**王陽明**も「我が立言の宗旨」と言っています。これまでも「行っていないものを知っているとは言わない」、「知は行の目的であり、行は知の実行」、「知行並進」といった説明が多く見られますが、**朱子**の学問が「窮理」だけで「行動」を伴わないことを批判するものです。しかし、ここでの「知行合一」は「行動」を起こさなくとも「不善」を「念」じれば「不善」を行ったのと同じだと言って、禁止しなければならないことを言います。そして「不善の念」が胸中に残らない様に徹底しなければならないとします。一切「行動」をしなくとも

「一念」に不善があることを排除することが「知行合一」だと言うのです。「心」を重視する**王陽明**は一般的な道徳観とは違い、純粋な「心」を求めているのでより厳しく「不善」の「一念」を排除することを求めます。一般に理解されているような「知」を「行」を同一と見て実行していくだけでなく、「不善」を根本から排除するために「知行合一」があるのだと主張しています。よく理解されているような「知行合一」より精神面での厳しい考えを示します。

6　ただ一個の天理

「聖人」が知らない所がないというのは、全てのことを知っているからではなく、ただ一個の「天理」を知っていることに他ならないからなのです。「聖人」が実行できないことがないというのは、これもまた、ただ一個の「天理」を実行できることに他なりません。「聖人」はその「心の本體」が明白なのです。それ故に、それぞれの具体的な事々に当たって、その「天理」が存する所を知っているので、それに従って「天理」を尽くすのです。これは「心の本體」が明らかになって後、「天下」の「事物」について全てを知り、それを実行できるようになったというわけではありません。「天下」の「事物」は「名物（名称や器物）」・「度数（制度や規則）」・草木・鳥獣のたぐいのものなどが沢山あり、その数は多岐にわたり煩雑なものです。「聖人」は必ずその「心の本體」が明らかではあるものの、どうしてこれらの全てを知ることができるのでしょうか。必ずしも知る必要がないものは、「聖人」

は知ることを求めないのです。まさに知る必要があるものは、「聖人」は自分から人に質問できるのです。**孔子**が「大廟」に入ったとき、事ごとに質問したのはそのことで、先儒の**尹**(いん)氏が言うような「**孔子**は大廟に入ったとき、知っているのに、また質問をしたのは、その「敬謹(けいきん)の念」があったからである」という説では意味が通じません。「聖人」は「礼楽」・「名物」の全てを知っていたわけではありません。しかし、彼は一つの「天理」を知っていたので、自ずから多くの「節文（規則制度などがあり、表面に見えるもの）度数（制度）」は「天理」から出てきたのです。**孔子**が知らないことを多くの質問をできたのは、**孔子**に「天理」とともに「節文」があったからです。（黄以方所録 6）

読解

「聖人」と言うと「生知安行の者」であると認識するのですが、**王陽明**は、「聖人」とは全てを知っていて、全てを容易に行えるという者であるという意味ではなく、ただ「天理」を知り、「天理」を行える者なのだと言います。現実に「事」に当たっては「天理」に従うのみで、世の中の雑多な「名物度数」などの「物事」を全て知っているわけでもないし、全てを知る必要もないと言います。「天理」を知っておれば、人に質問して判断すればよいと言います。「物事」などの細かいことを知っているかどうかということにこだわることが間違いの元です。特に、知ったかぶりすることは危険なことです。調和のとれた色々な制度や規則は「聖人」が「質問」して「天理」から生まれてくるものなのだと言います。

今日の民主主義政治では、首相をトップとして国民から選出された政治家と多数の官僚が「名物度数」を作って運用しています。首相の国会答弁などを聞いていると、実に細かいことを答えなければなりません。首相も昔の「聖人」以上に沢山のことを知らなければ務まりません。もちろん、国会答弁の想定問答は多数の霞ヶ関官僚が書いているのですが、これも各省各局で調整をされたものでなければならず、まさに霞ヶ関官僚の総出での仕事です。総理は早朝に届けられた想定問答を読み、国会に出かける前に、迎えに来た総理秘書官からブリーフィングを受けて答弁に備えるわけです。筆者も経験したことですが、国会質問には揚げ足取りのあまり重要と思われないものも多く含まれます。ある質問が関税局にいたときに入ってきました。「貿易統計に武器輸出の数字が出ているが、これは禁止されているはずだ」というものでした。大騒ぎをして調べるとそれは捕鯨用の銛の薬莢でした。結局、質問はされなかったのですが、揚げ足取りの質問でしかありません。もっと重要な国家のあり方、例えば「憲法改正」「安全保障」など国の根幹に関わることを国会でもっと議論してもらいたいものです。国会開会中は霞ヶ関官僚の大多数が深夜一時頃まで質問が入るのを待っています。実際に質問が入ってくると官僚が想定問答を作成するのですが、省庁内で意見を集約し、大臣の答弁のための想定問答を作ります。総理答弁となると各省にまたがって政府の考えを調整して（合議と言いますが）、想定問答を作ります。また、議員は政府に対して「質問趣意書」を提出することができます。この場合はさらに閣議にかけて閣議決定が必要になります。質問が入らない場合でも「国会待機」をしなければなりません。何かおかしいように思いますが、これも民主主義の一面なのかもしれません。首相には、まさに「聖人」である「天理」を知っている者がなるのではないが、質問されることでその能力が明らかにされるのです。

今日の「名物度数」は複雑きわまりなく、多数の官僚が分掌して制度の制定、運営を行っています。これらは高度に専門化されたものになっていますが、それを企画・運用に当たる官僚も各階層ごとに担当する者も専門知識だけでなく「良知」が背景にあることが求められるところです。

7　ただ一個の善悪

弟子の**黄以方**が質問します。**王陽明**先生はかつて「善悪」はただ一つの「物」だと言っていました。しかし、「善悪」の両端は氷と炭火のようなもので、全く相反しているように思います。どうして、それが「一物」なのでしょうか。**王陽明**は答えます。「至善」は「心の本體」です。「心の本體」の上をわずかでも行き過ぎると「悪」になります。これは「一個の善」があって、そのために「一個の悪」があるわけで、相対立するものではありません。従って、「善悪」はただ一つの「物」なのです。**黄以方**は**王陽明**の説明を聞いて、**程明道**の言った「『善』はもとより『性』なり、『悪』も『性』でないというわけではありません」という言葉や「『善悪』は皆『天理』であって、これを『悪』というのは元から「悪」なのではありません。ただ、「本性上」において行き過ぎるものと足りないものの間だけである」という説を全て疑うべきものでないことを知りました。

（黄以方所録 7）

読解

『大学』で言う「至善」は儒学の求める社会の理想の状態ですが、『伝習録』の「巻の上」で**王陽明**は「「心の天理」に純一なのが「至善」だ」と言っており、「至善」は「外」にある言葉ではなく「心」にあることを強調しています。「至善」は「心の本體」というのが**王陽明**の基本です。ただ、「善悪も一物」や後に出てくる「四句教」にあるように「善なく悪なきはこれ心の本體」といったやや理解の難しい表現になっています。表現は変化しているように見えますが、「善」を「心」に求めることで本質は変わらないと思います。**孟子**以来、これからの流れである**王陽明**は「性善説」ではあるが、「天」から与えられる「性」は「善」でありまた同時に「悪」であって、「善悪」は対立するものではなく、「心の本體」に関わるもので「一物」だと言うのです。**程明道**の言うように、「善」はもとより「性」であり、「悪」も元より「悪」なのでなく、「善悪」の判断は皆「天理」であって、「善悪一物」の考えを継承します。**孟子**が批判する対象である**告子**は「性は善もなく、不善もなきなり」として人々は「外」にある「義」を求めよと言い、また、**荀子**の唱える「性悪説」も「好色を好み、悪臭を悪む」という「性」は「天」から与えられているもので、その「性」は「悪」なので、教育によって人々を「善」にしてゆかねばならないという意味であって、人はそもそも「善」でないと言うべきでないことはアプローチの側面は異なりますがそれぞれ共通して言っている様に思います。

8　ただ一つの誠

王陽明は「人がただ「善」を好むことは、好色を好むようなものであり、「悪」を悪むことは悪臭を悪むようなものであって、これをできる者になればもう「聖人」です」とかつて言いました。**黄以方**が始めこれを聞いたときには、極めて簡単なことと思いましたが、その後、体験するに従って、これを実行することは非常に難しいことが分かりました。もし、「一念」に「善」を好み「悪」を悪むことを知っているといっても、知らない間に、自覚のないうちに「雑念」が入ってきます。わずかに「雑念」があれば、これを「善」を好むこと「好色」を好むごとく、「悪」を憎むこと「悪臭」を悪むごとしとする「心」とはなりません。「善」を本当に好むことができれば、これを「一念」としても「善」でないことはなく、「悪」を本当に悪むのであれば、これを「一念」としても「悪」に及ぶことはありません。このようになれば、これはどうして「聖人」でないことがあるのでしょうか。故に、「聖人の学」はただ一つの「誠」だけなのです。

（黄以方所録　8）

読解

『大学』には、「いわゆるその「意を誠」にするとは、自らを欺くなきなり。悪臭を悪むが如く、好色を好むが如くす、これをこれ自らこころよくすという。故に君子は必ずその独りを慎むなり」とあります。好色を好むとか悪臭を悪むといったことは、ごく自然なことで、本当に「善」を好むことは、簡単なことのように思うわけですが、**黄以方**は「一念」に全く「雑念」が入らないでいることの難しさを知ったと告白します。**王陽明**は日々の生活の中で「意を誠」にし「善」を致して全うすることは、「雑念」を少しも入れないようにすることであるとします。**黄以方**は、これは難しいことだと言っていますが、実際、我々の生活の中で「人欲」を排し、「雑念」を起こさないことの難しさには厳しいものがあります。そして、「一念」で「善」を好み「悪」を悪むことを行えば「誠」になると言います。

「善」とは「道理」にかない「良心」に反しないことですが、筆者としては人のためになることを「善」と考えてきました。従って、頼まれたことは断らない、頼まれるということは自分が必要されているからだと考えて、その人のためになるのだという考えで、睡眠時間を削って何でもやってきました。筆者も七〇歳を超えましたが、「七十にして心の欲する所に従へども、矩(のり)を踰(こ)えず」との境地にまでなっているかいえば、まだまだです。「雑念」がなくなるには、まだまだ努力が必要でしょうが、何となく「人欲」から遠くなっていることは感じています。

9　道を修める

黄以方が「先生の「修道の説」（『中庸』では、「「天」の命じるこれを「命」という。「性」に率うこれを「道」という。「道」を修めるこれを「教(おしえ)」という」）には、「性」に従うことを「道」と言って、「聖人」の位にあるものに属し、「道」を修めるこれを「教」というのを「賢人」の位に属すると言っていますが、その考えはどうですか」という質問をしました。**王陽明**が答えます。「衆人」もまた「性」に従うのです。ただ、「聖人」の位の人は従う要素の数が多いのです。故に、「性」に従うのを「道」というのは「聖人」の位に属することなのです。「聖人」もまた「道」を修めます。そして、「道」を修める要素の多いのが「賢人」なのです。故に「道」を修める、これを「教」といって、これは「賢人」に属するのです。『中庸』は全てこの「道」を修めることを説いています。後の方で、「君子」や**顔淵**、**子路**を説いていますがこれは、皆「道」を修めた人なのです。「小人」を説き、「賢知」・「愚不肖」を説き、「庶民」を説いているのは、皆これ「道」を修めることができなかった者なのです。そのほか、**舜**・**文**・**周公**・**仲尼**（**孔子**のこと）や「至誠・至聖」を説いているところは「聖人」たちであって自ら「道」を修めることができた者なのです。

（黄以方所録 9）

読解

『中庸』では、「「天」が命じているものが「命」であり、「性」に従うのを「道」と言い、「道」を修めるのを「教」」としています。「性」という字義は「心」と「生」の合わさったものですので、「心」が「生」まれながらに持っているものです。また、万物がそれぞれ持っている性質を示しています。人間の本性、事物に与えた本質が「性」であるので、これら全ては「天」から与えられたものなのです。この「性」は「天」が与えたものであるので絶対真理となるわけです。この「性」に従うことが人のあるべき正しい「道」ということになります。この「道」を修めるのが「修道の説」であり儒学の基本理論です。日本の多くの学校に「〇〇修道大学」とか「〇〇修道学院」と名を付けているのも、この考えによっているのでしょう。**王陽明**にあっては、「生知安行」の「聖人」も「衆人」も全てが「性」に従って「修道」するのです。「道」を修めたのが「賢人」であり、『中庸』に出てくるのは、たいてい「道」を修めた者のことです。『中庸』の後の方で、君子のことを説き、**顔淵**や**子路**のことを説いたのも「道」を修めたからです。しかし、「賢知」・「愚不肖」、「庶民」を説いたのは自らは「道」を修められなかったのです。**舜**・**文**・**周公**・**仲尼**といった「聖人」たちは自ら「道」を修めることができた者なのです。この様に**王陽明**は「修道」の重要性を説いています。我々も今日の「道」を探り修養して行くことは「聖人」に近づくわけにはゆかないまでも、「修道」に努めることは重要です。筆者は中国古典だけがこの「教」であるとは思っていません。日本思想や西洋思想も重要な「教」を含んでいます。古今東西の人類の智慧の蓄積を「修める」ことも「教」と思います。

10　動と静は合一

黄以方が「儒学者も三更の時（夜の一二時ごろ）にもなれば、胸中の雑念も掃き払われて、「心」が「空空静静」の境地になります。このときには、ただ「仏教」の言う「静」と同じような境地になります。この時には、両者をどのように区別できるのでしょうか」と、「儒学」と「仏教」の境地の違いを質問します。**王陽明**は答えます。「動」と「静」はこれは一つのことです。夜中の三更の時に「空空静静」であるのは、ただ「天理」がそこに存しているからです。すなわち、これは今、現実に遭遇している「事」の状況に応じて、「物」に接している「心」と同じです。現実の「事」の状況に応じて「物」に接している「心」もまた「天理」に従うのであり、これも夜の三更の時に感じる「空空静静の心」と同じことです。それ故に、「動」と「静」は一つのことで、区別することはできません。「動」と「静」の合一を知れば、「儒学」と「仏教」とのわずかな差も自ずから分かるようになるでしょう。

（黄以方所録 10）

読解

三更の時は深夜の一二時ごろの時刻です。このような夜中になれば「心」が落ち着いて「雑念」が払われ、昼間の「邪念妄想」の去った曇りのない静かな「心」が生まれるのは**孟子**の言う「夜氣」によるわけです。儒学では静坐して「心」を澄まし、「慎独」し、「雑念」を排するのを修養とします。そこで、深夜になって昼間の事物に接していることから解放されて「雑念」が払われることになります。そして、「平旦(あかつき)の氣」になり、夜明けの清明な邪欲のない境地になることを、「良心」の萌芽と見ています。この「夜氣」を維持できなくなると「禽獣」に近くなると言っています。**黄以方**の仏教の言う「静」との違いについての質問に対して**王陽明**は言います。「動」「静」は一つのことで、夜中に「空空静静」になるのはのただ同じ「天理」にあることで、現実の「事・物」に接していても「空空静静」と「心」は同じで「動」と「静」の区別はできません、と答えます。「巻の上」で示したように「夜氣」はこれは通常の人についても言っているのであり、「学問」を志すものは修養すれば、日中に「事」あるときもないときも、純粋な「氣」が集中して発生する場になるのです。「天理」に従っている「聖人」には「夜氣」を言う必要はありませんと、「夜氣説」には否定的な考えをしています。

日中に現実にいろいろな「事・物」に遭遇しても「天理」に従っていけば、深夜の「空空静静」の境地と同じであるとして、「動」と「静」は同じであるとの**王陽明**独自の議論になります。「儒学」の伝統では「心」の「安寧」として「静」を求める議論が中心ですが、**王陽明**は「動」でも「静」でも「天理」に従っているかどうかだけが問題なので、「天理」に従っていけば「事」に当たっていても「心」は「空空静静」であり、「仏教」の境地とは自ずから違うことは分ると強調します。

今日、夜になればよけいに、「心」を乱す様な深夜までの残業、深夜の飲酒、テレビやゲームなどの道具などが周りに満ちあふれています。「心」の安寧を「夜氣」に頼ることができていない現状です。筆者もそうですが夜中まで仕事をし、眠剤に頼って寝ており、「儒学の修養」に反する様な状況で、まずは「夜氣」によって「空空静静」の境地になりたいものです。

11　荘重すぎれば弊害

門人達が同じ座にありましたが、その中に動作態度があまりにも「荘重厳正」な人がいました。**王陽明**は、「人が「荘重厳正」でありすぎると結局は弊害になります」と言いました。**黄以方**は、「荘重厳正」すぎればなぜ弊害があるのですかと質問します。**王陽明**は「人はただ許された精神の力には限りがあります。もし、専ら容貌上のことに努力すれば、考えの中心に注意すべきことに及ばないものが多くなります」と答えます。また、同じ座には、はなはだ「礼儀」をわきまえない者がいました。**王陽明**は「今、この学問の講義を聞いていて、外面を全く引き締めないこととなると、また「心」と「體」を別の二つの物と考えていることになるのでしょう」と注意します。

（黄以方所録　11）

読解

同じ座にあまりにも動作が「荘重」な人がいたのと、「礼儀」を欠く人がいたのに対して両者に異なった注意をします。**王陽明**は、「荘重厳正」が過ぎると思考に及ばず、「礼儀」をわきまえないのは「心」と「體」を別物と考えているのでしょうと注意します。「荘重厳正」に過ぎるのは外面的なものに「意」を用いることに固執していると強く否定します。「礼儀」をわきまえない人には、「礼」を勉強しているのに「礼」にかなっておらず、「心」と「體」が一致しないことで学問をする者のあるべき姿ではないと注意します。**王陽明**は常に「礼」にかなった自然体であることを求めます。

12　文章だけでは誠意は立たない

門人の一人が「文章」を作って友人の出発に送ろうとしました。そして「「文章」を作るには思いを巡らせなければなりません。作ってから一、二日は常に頭にあって忘れられないものですが、この「心」の乱れはどうしたらよいでしょうか」と**王陽明**に質問しました。**王陽明**は「「文章」を思いめぐらすことには害はありません。ただ、「文章」作りを常に頭に置き、忘れられないでいるのは、「文章」にまとわりつかれて「心」の中に「一物」が残ることになります。これでは駄目です」と言います。また、「詩」を作って友人の門出に送りました。**王陽明**はその「詩」を見て「およそ「文章」を作るのには、自分のできる範囲に従うことが必要です。もし、説得しようとすることが大きすぎるようであれば、『易経』にあるように「「文章」を作って、「誠意」が立たない」ことになりますと注意します。

（黄以方所録　12）

読解

門人が、友人に立派な文章を送りたいのであれこれ悩んで「心」が乱れると「辞章」に優れた**王陽明**に添削をお願いしたのですが、**王陽明**は、「思い巡らすこと自体はよいが「文章」にとりつかれて「心」の中に残すものがあるといけません。また、「文章」は身の丈にあったものでないと「誠意」を伝えられない」と注意します。「文章」は美文を作ることではなく、「真心」を伝えることが主要ですと言います。『易経』にあるように「「文章」を作って、「誠意」が立たない」とならないようにと諭します。

今日、立派な文章を作ろうとすることはあまり流行らなくて、メールで要件だけを伝えたり、駄弁を文章にする傾向が強くなっています。文章の優美さを求めることは文化であり、日本人も昔から和歌に見られる様な短い美しい言葉で「心」を伝えたり、美文の往復で「心」を通わせる事が自然に行われてきていることです。学校教育で英語教育も必要ですが、国語力を上げるための教育も重要な事と思います。

13　議論の軽重

王陽明はおっしゃいます。**朱子**の「格物の説」は考えが足りません。「念慮」の微妙なところを察しているように見えます。しかし、**朱子**は『大学或問』にある「格物」の一句についても、文字の内に求めて、「書籍」を読んで「文章」に求め、具体的な日常での「実践」を考えたり、これを人と「講習・討論」して確かめることなどと言っていますが、これらをまぜこぜにしていて見るべきものではありません。それぞれの間に軽重の差がありません。

（黄以方所録　13）

読解

朱子の「格物の説」に対する批判です。「人の心」は「念慮」の微妙なところを中心としなければならないとしているのに対して、**朱子**の「格物の説」は「念慮」の微妙なところを理解しているように見えるが、それを書籍の「文章」に求めており、微妙な「心」の動きの観察が必要と言っています。そして、日常の実践の上で考えることとし、他人との勉強や議論などで確かめることなどといろいろなことを言っていますが、それらをごっちゃ混ぜにしています。「念慮」の微妙なところを察することの重要性も説いていますが、**朱子**の説の問題点は、何が重要であるかが分からないことです、と**王陽明**は言います。

14　怒り

『大学』の中の「身に「忿懥（ふんち）（怒り）」することがあると「心の正」が得られない」という一条に関して質問がありました。これに対して**王陽明**はおっしゃいます。「忿懥」と並んで書かれている「恐懼、好楽、憂患」などの感情も「人の心」からなくすことはできません。ただ、それらはあってはいけないものです。人に「忿懥」の一分の意思が入ってくると、「忿懥」の度が過ぎて「廓然大公（大きな「心」でもって堂々としている姿）の體」ではなくなります。それ故に、「忿懥」するところがあれば、「心の本體」の「正しさ」を得ることはできません。今、「忿懥」などの感情があっても、これは一つの「物」が来たことに、順応するもので、ここに一分の「意志」も作らないとなるれば、その「心の體」は「廓然大公」であって、その「心の本體」の「正しさ」を得ることになります。ちょうど外に出て人が「喧嘩」しているのを見るようなものです。それが「是」でないとすれば自分の「心」もまた怒ります。しかしながら、「是」であるのなら同じ怒るといっても、「心」は「廓然」として少しの「氣」も動かしません。今、人が怒るとしてもこのようになればまさにこれは「正しい」ことなのです。

（黄以方所録 14）

読解

『大学』の「格物」から始まり「明明徳」に至る間に、「身を修めんと欲するものはその心を正しくす」という命題の解説を行っています。わずかな「忿懥、恐懼、好楽、憂患」があれば「心は正しくならない」として、これらの「心」の動きはあってはならないものですが、**王陽明**は、これをなくすことはなかなかできないことだと言います。儒学では静坐して「慎独」することで「心」の安寧を求めるものです。儒学に限らず「怒り」は社会生活を送るにあたって避けるべきことになります。しかし、「怒り」を排除することはできないものと達観します。そして、「物」に出会ったときに、これらの「感情」を回避することはできないとしても、それに対する対応が度を過ぎると「廓然大公（かくぜんたいこう）」とならず問題だとします。しかし、「私意」を含まなくて「天理」に従って来たる「物」に順応しておればそれは「心は正しい」ものとなると、「正心」のあり方を示します。「天理」に従っていれば、「心」

は「廓然大公」として「氣」を動かさないものだとして、問題は「私意」があるか、ないかだと主張します。我々も時々怒ることもあり、自分でも「心」が正しくないとすべきことは時には思うことがないわけではありません。しかし、「私意」で怒るものは排除しなければならないが、世に正しいことが行われていないことに、「私意」でなく、「天理」に動かされて「義憤」にいたることは必ずしも排除すべきことではなくなります。外での喧嘩を見てもそれが「是」でないときには「怒り」ますが、「是」であるなら「廓然」として「氣」を動かすことはないと言います。歴史を動かしてきたのはまさに国を憂いた志士達の「公憤」であることも間違いのないところです。ただ、「怒り」の多くが「私意」の中にあり、それが幅をきかすことのないように気をつけたいものです。

15　形　相

王陽明は「仏教徒は世の中の「形相（かたち）」に執着してないと言っていますが、実際には執着しているのです。私の儒学は「形相」に執着していると言っても、実際は「形相」に執着していないのです」と話したことがあります。これはどういう意味なのかと弟子が質問しました。**王陽明**は答えます。仏教徒は「父子関係」の煩わしさを恐れてかえって「父子関係」を逃しています。「君臣関係」の煩わしさを恐れてかえって「君臣関係」を逃してしまい、「夫婦関係」の煩わしさを恐れてかえって「夫婦関係」を逃してしまいます。全て君臣・父子・夫婦についての「形相」に執着するから、これらから逃避しているのです。これに対して、儒学では「父子関係」があれば、それに応じた「仁」を行い、「君臣関係」があれば、それに応じた「義」を行い、「夫婦関係」にはそれに応じた「別」を行うのです。どうして、これを父子・君臣・夫婦の「形相」に執着していると言うのでしょうか」と言います。

（黄以方所録 15）

読解

王陽明は「仏教」と儒学の比較を行って、「仏教」では「父子・君臣・夫婦」の人倫関係の表面的な形のあり方に執着していないように見えるが、実はこれらに固執・執着し」ていて父子・君臣・夫婦といった人間関係を煩わしいものとして「人倫関係」から逃避しているのだと批判します。これに対して儒学では「人倫関係」を「教義」の基本において重視しているので、それを実現するための「心」が重要な役割を果たしているのです。「父子」にはもともと「仁（愛情）」があり、「忠君」には「義（人の行う正しい道）」があり、社会を運営する基礎ですし、「夫婦」の間には「別（けじめ）」があります。社会はこの「人倫関係」を基礎に作られています。「夫婦の別」というのは日本人にはなじみが薄い表現ですが、第一義的には近親結婚を防止するため、同じ「姓」のものどうしでは結婚できないという社会のルールを示しますが、筆者は「夫婦の別」とは夫婦が強く結びついているのは当たり前で、その中にあっても相手の人格を尊重することを「別」として、お互いに尊敬し合う「けじめ」の重要性を説いたものと考えています。人間関係のあり方を基本にしていて、「人倫関係」を「心」

からの関係に求めているので外見上の「人倫関係」に執着しているわけではないと言います。逆説的な表現ですが、含蓄のある話です。

第四章　黄修易所録

1　空空蕩蕩

弟子である**黄勉叔**（**黄修易**のこと）が質問します。「心」に「悪念」がないときには、その「心」は「空空蕩蕩（何もなく広く行き渡っている様子）」です。この時でも「善念」を保持すべきでしょうか。**王陽明**は答えます。すでに「悪念」が去っているのであれば、これは「善念」が存在するのであって、「心の本體」に戻っているのです。例えば、日光でも雲が来て光を遮蔽したとしても、雲が去れば光はすでに戻っているのと同じです。もし、「悪念」がすでに去っているのに、そこに「善念」を保持しようとするのであれば、これは「日光」の中に一つの灯りをともすようなもので意味がありません。以下は門人の**黄修易**が記録したものです。

（黄修易所録　1）

読解

黄勉叔が、「悪念」がなく「心」が「空空蕩蕩」になっていても、さらに「善念」を保持すべきか、と質問しました。**王陽明**は答えます。「悪念」がなければ「善念」になっており、「心の本體」に戻っており、「悪念」を除去すればよいのです、と言います。誰にも「良知」は備わっているが、「悪念」が起こるのは「人欲」によって「心の本體」が遮蔽されてしまうからだと言います。この「人欲」を除去すれば「良知」が自然と発揮されるというのが、その基本的主張です。ここでも「悪念」がなくなっておれば、それによってすでに「良知」が発揮され、自から「善念」が存在して、「心の本體」が戻っているのだと言います。これをわざわざ「善念」を持とうと努力することは、すでに「光」が戻っているのに、さらに明かりを灯そうとするようで無駄なことだと言います。ともかく「人欲」を排除して「天理」に従えば「悪念」は生まれてこないというのが**王陽明**の核心です。

2　光　明

黄勉叔が質問します。最近、修養の結果、あまり「妄心」が生じなくなったように思います。ただ、腔子の裏（胸の内）はまだまだ黒々としているようです。いかにしてこれをたたいて「光明」にすることができるのか分かりません。**王陽明**は答えます。修養を始めたばかりで、どうして胸中に「光明」を得ることができるのでしょうか。例えば、早く流れている「濁水」を瓶に貯めているようなものです。流れは定まっていてもまだ「混濁」の状況です。澄んでくるには、しばらく時間を待たねばならず、そうすれば自然に「かす」や「おり」がことごとく去って、澄んできます。君は、ただ「良知」の上にあって修養を行うことが必要です。「良知」を保持することで時間が経てば自ずから「光明」になります。いま直ちに効果を求めようとすれば、かえって無理に「助長」することになり修養にはなりません。

（黄修易所録２）

読解

黄勉叔は修養の結果、「妄心」が出てこなくなったが、まだ黒々としたものが胸中に残っているようで、「光明」にいたらないがどうしたらよいかとの質問です。「光明」とは明るく輝くことですが、苦しい状況から将来の明るい前途が見えてくることで、その様な気配が生まれてこないのでどうすれば良いかと迷っています。**王陽明**は、泥水でも瓶に貯めて濁りを沈殿させるように、時間をかけてゆっくりと修養を続けていくことが必要であり、そうすれば濁った水を瓶に入れたものが、順次、「かす」や「おり」が沈殿していくことによって澄んだ水になるように、時間をかけて「良知」の修養を続ければ、やがて胸の中の黒々としたものもなくなると言います。そうすれば「光明」がさしてくるようになると言います。焦らないようにと諭します。当時の中国では家の前にいくつかの水瓶を置いて、「かす」や「おり」を沈殿させてからその上ずみを使ったようです。水質が悪い国での浄化方法なのでしょう。いずれにせよ、「良知」の上において修養を続けることが肝要であると、急がず修養を続けなさいと諭します。水の浄化の様に時間をかけるように修養する必要があり、「助長（「助長」とは孟子に出てくる話で、宋の人が、田圃の苗が伸びないので、これを引っ張って伸ばそうとしたら全て枯れてしまったという話で、無理に成長させることが害になるという教訓です）」をしてはいけません。きれいな水を容易に手に入れることのできる日本人には水瓶の役割を理解しがたいですが、昔の中国ではきれいな水を手に入れることの難しさを、修養を進めることの難しさの例にあげています。

3　格物の上にあって修養

王陽明がおっしゃいます。私は人に「良知」を致すには「格物」の上にあって修養を行うことを教えてきました。これは迂遠のようですが、根本の「学問」であり、一日一日、修養は進んでゆき、時間が経てば、いよいよ「清明」になることが分かってきます。世の儒学者は人に「事事物物」の上に「理」を尋ね求めることを教えています。これは根本のない学問です。これでは、人は「壮年期」にあっては、一時的には外面を飾り立てており、見た目には過ちがあるとは言えないかもしれませんが、歳をとってくれば「心」が衰退し、必ずついには倒れてしまうでしょう。例えば、根のない樹木を水際に移植するようなものです。しばらくの間は生き生きしていて勢いが良くとも最終的には萎れてしまいます。

（黄修易所録 3）

読解

王陽明とそれまでの主流派の「朱子学」との比較における主張です。『大学』における「格物致知」を「朱子学」では「物に至りて知に至る」と読ませました。すなわち、「物」の本質を究めることで、「知」に至り、「誠意・正心・修身・斉家・治国・平天下・明明徳」となっていくことになります。そして、**朱子**は「事事物物」それぞれの対象に対応して「理を究める」べきことを言います。これに対して、**王陽明**は「物を正して知を致す」と読ませ、世を正しくして「知（良知）」を実現することを主張します。「格物」は「朱子学」の様に「究理」ばかりを行うことではなく、**王陽明**にとっては「物を正す」という「実践」なのです。「実践」の上に修養すること（「事上磨錬」のところで詳しく述べます）は迂遠かもしれないが、根本の学問なのだということを強調します。「朱子学」のように知識で飾り立てることは、そのときはもっともらしいが、それが「心」を涵養するのではなく、歳をとればやがて倒れてしまいますと警告します。樹木も根本ができていないとやがて倒れると注意します。実際、我々の周りの「事事物物」には分からないことだらけです。そこで、「朱子学」的にそれぞれを一つ一つ解明していけば、「知」に至り、ものが分かってどの様に対処するのが良いかが分かるという**朱子**の考えは多くの人の考えでしょう。しかし、**王陽明**の言う様に、「事事物物」の「究理」ばかりしても空論の空回りになってしまいます。「良知」を発揮させて「物を正す」という実践が全ての始まりであるという事は重要です。「親孝行」とは何かについていくら「究理」しても意味がなく、「親孝行する」ことが「人倫」の出発点なのでしょう。「心」の根本を作るには**王陽明**の言う様に「格物の説」の上に「良知」の修養を行うべきでしょう。

4　道に志し

『論語』の「述而篇」の「道に志す」の一章について質問がありました。**王陽明**は答えます。この「道に志す」の一句は、その後にある数句（徳に拠る、仁に依る、芸に遊ぶ）の修養を含んでおり、それだけに留まりません。例えば、家屋を造ろうとする時のようなものです。「道に志す」は、よくよく考えて土地を選び、材料を集めて、縄張りなどの工事をして一つの居宅を作ってゆくことです。「徳に拠る」とは、この縄張りができて、すでに予定どおりのものができていることです。「仁に依る」とは、常に宅内に住んでそこから離れないことです。「芸に遊ぶ」とは、これに若干の装飾を付けて「家」を美しくすることです。「芸」とは「義」です。「理」が適切なところのもののことです。「詩」を朗誦し、「書」を読み、「琴」を弾き、「弓」を練習することなどは皆、「心」を整え習うことであり、「道」を習熟させる所以です。いやしくも「道」に志さずして「芸」に遊ぶことは間違ったことであり、分別のない青年が家が完成していないのに、ひたすら書画を買ってきて部屋に掛けて、体裁を取り繕うとするようなものです。一体、どこに掛けようと言うのでしょうか。（黄修易所録　4）

読解

この議論は『論語』の「述而篇」にある「子曰く、道に志し、徳に拠り、仁に依り、芸に遊ぶ」という一章に関するものです。この「道を志す」というのを家の建築にたとえているもので面白いところです。「道に志す」を家の建築は土地を選択し、材料を集め縄張りの地割りをするといった基礎の部分を固めることを言い、「徳に拠り」を計画どおりのものができ、「仁に依る」はその家に住み続けることで、結論の「芸に遊ぶ」とは家を整え、詩、書、琴、弓などを楽しむことです。これらは全ての「道」を志す者の基本姿勢を示しています。土台がしっかりしていないのに体裁を取り繕うことを批判します。「芸」とは礼・楽・射（弓術のこと）・御（乗馬のこと）・書・数（算術のこと）の六芸を示して、当時の中国人の必修科目であり、「教養」の原点を示します。ここでは詩、書、琴、弓（王陽明の得意分野）を取り上げていて、この「芸」も単に技術的なことに溺れては意味がなく、「道を志す」ことが前提になっていることを教えます。「六芸」も「道を志す」ことの延長上に楽しむことになります。儒学と言えば「道・徳・仁」といったことは良く聞くのですが、「芸に遊ぶ」というはあまり聞くことがありませんが、いかにも楽しそうな徳目です「芸」は「義」であり、「理」にかなうものというのも分かりにくい話ですが、こういった「教養」を楽しむのは「義」であって「理」にかなう人間の行為の一つということなのでしょう。ただ、日本人には「六芸」を親しむと言うことはあまり多くなく、むしろ日本古来の教養としては和歌・俳句・連歌などの文学や茶道・華道などのたしなみなどが沢山ありますが、これらも「道に志す」ことがあって始めて価値を持つのであって、しっかり基礎を作ることが必要です。日本人は色々な「芸」に「道」という字をつけてその精神性を示しています。柔道、剣道、茶道などの多く「道」があります。日本人はそれらの技能に「道」をつけることで単なる技術でなく「心」が重要であることを示そうとするのです。

5 書を読むこと

弟子の**黄勉叔**が「「書物」を読むことは、「心」を調え収めるものですから、欠くべからざるものです。ただ、「書物」を読むときには「科挙試験」が関心となり、これに引き連れられます。これから免れるにはどうしたらよいでしょうか」と質問します。**王陽明**は次のように答えます。「良知」の真に切なるところを求めれば、受験勉強を行ったところでも「心」の妨げになることはありません。たとえこれが妨げになるとしても、また、これを覚り、打ち克ちやすいことになります。また、「書物」を読むときに、「良知」からみてむやみに「暗記」することが正しくないことを知れば、直ちにこれを克服して去らしめます。速く分かろうとすることが「心」に正しくないことを知れば、直ちにこれを克服して去らしめます。知識の多さを誇ったり、派手な議論をしたりすることが「心」に「正しくない」ことを知れば、直ちにこれを克服して去らしめます。このようにすれば、書を読むことはただ終日、「聖人」や「賢人」と「心」を通わせて対座しているようなものです。これは一つの「天理」が「純粋」になったときの「心」であって、「書物」を読むにも「心」を整い収めることだけになります。「書物」を読むことで、何の「心」の妨げになるのですか。何もわずらわしいものもありません。**黄勉叔**は「お教えを示して頂いても、いかんせん私の資質が低いので、実際、「心」の妨げを免れることが難しいのです。ひそかに聞いていますが、人が困難にあたって進まないか、うまくいくかはあらかじめ決まっていると言います。秀才の人は試験(科挙試験)のことなどはたいしたことではないことでしょう。しかし、私のような不肖な者は「名利」に引きずられて、甘んじてこれを行ってしまい、いたずらに自分が苦しむだけです。受験という「名利の念」を捨てようとしても、「親」に束縛されて捨てることもできません。どうすればよいでしょうか」と続いて質問します。**王陽明**は「このことを「親」のせいにする者は多いです。しかし、その実體は「志」がないだけです。「志」が立つときには、「良知」は千の「事」、万の「行為」をただ一つの「事」のこととして守っていけば、「書物」を読み、「文」を作ることがどうして「心」の妨げになるのでしょうか。「心」の妨げになるのは、「書物」を読み「文」を書く際に、その人が損得にとらわれているからです」と言います。そして、**王陽明**は「「良知の学」が明らかでないため、多くの立派な人間を駄目にしてきたことか」と嘆じます。

(黄修易所録 5)

読解

「科挙試験」とは中国の随の時代から清の時代まで行われていた優秀な官僚を広い層から抜擢するための試験の制度です。**王陽明**や**朱子**もこの「科挙試験」に通った者でした。官僚であると共に、学者でもあり、知識人階層でもあります。王朝が変わっても行政を行うのは「科挙試験」を通った官僚が行うのが原則でした。**王陽明**の弟子もこの「科挙試験」を通るために「四書五経」などを学んでいる人が多いわけで、**黄勉叔**も受験のための勉強と学問によって人間のあり方を学ぶという本来の勉強との間で悩むことになります。「科挙試験」のための勉強をしているわけで、試験に受かるという「名利」を捨てて勉強をすることは「親」の事を考えるとそれを捨てるわけにいかないと嘆きます。しかし、**王陽明**は徹頭徹尾、本来の「聖人」をめざすための「学問」を学ぶべきで、単に受験のためといった損得にとらわれる勉強はすべきでないと注意します。ただ「良知」があれば「書」を読み「文」を作ることは「心」の妨げにはならないと言い、妨げになるのは受験に合格したいという「名利」の考えだと言います。「良知」を真に求めるなら、書を読み文を作ることは「心」の妨げになることはないので、それが受験勉強であっても「心」の妨げになるものではないと言います。書を読むことは「聖人」や「賢人」と「心」を通わせれることで楽しいことだと言います。「良知」の妨げになる場合には捨てればよいと言います。問題は実體に「志」がないことです。知識の多さを誇ったり、派手な議論をするためならやめた方が良いとします。「良知」は千の「事」、万の「行為」をただ一つの「事」であると考えれば、受験勉強のためであっても「書」を読み「文」を作ることも「心」の妨げになることはないと言います。筆者も大学を通るためだけの勉強に傾注していた高校三年生と予備校の二年間は、これまでの人生でぽっかり穴があいていたような気がしています。もちろん、基礎的な学力の向上にはなったと思いますが。公務員試験の対策は経済学の勉強を行うことなので特に

「心」の妨げになるものではなく、楽しいものでしたし、その勉強は後に十分に役に立ったように思います。「経世済民の学」である経済学の勉強も「志」を持ってやっていたように思います。大学卒業後も働きながら先端の学問にトライすることは、基本的に楽しいものでした。勉強も**孔子**の言うように「之を知る者は之を好む者にしかず。之を好む者は之を楽しむ者にしかず」であり、本書も楽しんで読んでください。

6　氣もまた性

黄勉叔が「生まれたままが「本性」であるという**告子**の説は正しいのに、**孟子**はどうしてこれを間違っているとしたのですか」と質問します。**王陽明**は次のように答えます。もとより生まれたままが「本性」です。ただ、**告子**は一面だけを認識していますが「根本」が分かっていませんでした。「根本」が分かっておれば、この説もまた正しいのです。**孟子**が言ったように「形色（形や顔色）」は「天性」のものです。このことは、また「氣（米をふかしたときに出る蒸気のようなもので、転じて万物生成の根源的な力を意味します）」を指し示して説いています。また、人々は「口任せ」に言い、「意」のむくままに行うことを、これは自分の「心性」より出てきたものだと言い、これは「生は性である」と勝手なことを言いますが、これは間違いです。もし、「根本」を悟って私の言う「良知」から出てきたものであれば、自ずから妥当するものになります。「良知」によって、「口」が言い、「身」が行うのです。「氣」の「外」に別の言動があるものではありません。故に**程明道**は「「性」を論じても「氣」を論じなければ不完全で、「氣」を論じて「性」を論じなければ明らかになりません」と言います。すなわち、「氣」もまた「性」です。「性」もまた「氣」です。「根本」のところを見据えれば誤ることはありません。

（黄修易所録 6）

読解

孟子の「告子編」では**告子**を批判していることが記されています。その中に「「生」之を「性」という」という**告子**の説があります。**告子**は「人の好悪は自分の「心」にあり「仁」は自然に「心の内」にあるのに対して、正しく生きるという「義」は「心の外」にある」としており、**孟子**はこれを「義外説」であると激しくかみついています。**孟子**は「仁」も「義」とともに「心の内」にあることを主張して、**告子**の説は「義」が「心の外」にあるという「義外説」であると批判しています。

ここでは、弟子が「生まれたままが「本性」である」とする**告子**の説について質問します。**王陽明**は一面は賛成しますが、**告子**は「意」のままをいったもので根本が分かっていないと批判します。**王陽明**にあっては人々は口任せに「生は性である」と勝手に言っているのは間違いです、とします。**王陽明**にあっては「良知」が根本にあるので、まさに**告子**は「義」が「外」にあるとして「良知」を見過ごしていると批判するのです。「性」についてもさらに様々な議論をしていきます。「性」は「天」が与えたものであり、「性を尽くす」ことが肝要であり、「天」から与えられた「善」を尽くすというのが**孟子**の「性善説」です。**孟子**は、「形色」は「天性」であるが、「聖人」だけが、この「形」を十分に発揮できるものとしています。さらに、「志」がもっぱらなれば、則ち「氣」を動かし、「氣」がもっぱらなれば「志」を動かすことになります、と言っています。「氣」は身体に満ちている活動力であり、**孟子**にあっては「浩然の氣」を求めます。「浩然の氣」とは、天地の間に充ち満ちている非常に盛んな精氣であって、自然発生的に人間の持つ生命力やエネルギーであって、これに「仁義」など「徳目」が生まれついて根源的に備わっているものであり、この「氣」を正しい「道」で実践することを求めます。ここで**王陽明**の基本は「心即理」であり、「心」と「性」は同じものです。そして、**程明道**が「性」を論じて「氣」を論ぜざるは備わらず「氣」を論じて「性」を論ぜざるは明らかならず」と言い、「氣」はまた「性」なり、「性」はまた「氣」なりとのことから、「性」は行動を生む「氣」と同じものであるので、その根本には「良知」があると**王陽明**は言います。「良知」を根本に見据えれば、**告子**の過ちは分かると言います。

7　助長を排す

王陽明がおっしゃいます。諸君が修養をするときは、これを「助長」してはいけません。特に優れた秀才は少ないものです。学問をする者がいきなり「聖人」の域に飛び込めるわけはありません。一起一伏、一進一退が自ずから修養の順序です。自分が昨日できた修養を、今日はまだできなかったことを偽って一つの失敗もないという様を作ろうとしてはいけません。これは「助長」であって、以前に行った修養も全て潰れてしまいます。これは小さな過失ではありません。例えば道を行く人が躓いて倒れ、起きて走るようなものです。人を欺いて転倒しなかったように、振る舞うことをしてはいけません。諸君は『易経』にあるように、「いつも世を離れても悶えることがないようにし、人から受け入れられなくとも悶える事のない」ような「心」を持つことが必要です。この「良知」を下に忍耐していけば人から嘲笑やそしりを受けたとしても、また、人からほめられたり侮辱されたりしてもかかわりません。修養の進歩があろうと、また退くことがあろうと自分はただ、「致良知」が支配することをやめないようにすれば、自然と力が生まれてくるのです。一切の「外」のことで自らが動くことはありません。また、人がもし着実に修養を行えば人に謗りを受け、人の欺瞞にあっても、それぞれに自分の役に立つことになります。これはそれぞれ徳を進めるための材料になります。しかし、もし、修養をしないとこれらは魔物となって倒されてしまいます、と警告します。（黄修易所録 7）

読解

先にも述べた様に**孟子**の言葉として、成長を進めようと苗を引っ張ったらみんな枯れてしまったという「助長」の様な無理な修養は有害であることを言います。昨日できた修養が今日できない時、これを偽って失敗であると認めないのは「助長」であり、これまでの修養が無駄になります。人から嘲笑や謗りがあろうと、どの様に言われようと、修養は二歩前進、一歩後退であり、徐々に積み上げていくもので焦ってはいけませんと注意します。そして、自らの「心」に一つの失敗もなかったと偽ることはやめなさいと言います。また、世間から評判が悪くても悶えないようにすべきです、人にどのようなことを言われても「心」を動かしてはいけません。「致良知」にだけ支配させれば、自然と力がわきます。人が嘲笑（ちょうしょう）しても謗（そし）ってもどこかで自分のためになり、「徳」を進めるための材料になるとして、「良知」の修養を絶やさないようにと励まします。早く勉強を仕上げたいというのは人情です。しかし、しっかりと基礎を作ることが重要なのは言うまでもありません。**王陽明**は世間に惑わされず、「良知」を基礎に徐々に修養することを諭します。先にも述べた様に、「致良知」は**王陽明**が五〇歳の時に打ち出した考えであり、**孟子**にある「良知」に「致」をつけることで新しい概念を生んでいます。「致良知」が支配することがやまないようにすれば、人間の「心」に「生命力」が溢れ、これによって自然と力が生まれてくるのです。

8　良知は霊根

王陽明が弟子とともに一日、出かけて禹穴（地名で景勝の地）に遊びに行きました。**王陽明**が、田圃の作物を見て「いつの間に良くここまで育ったものだろう」と話しました。弟子の**范兆期**がそばにいて「これはただ「根」があったからです。学問も「根」が植わっておれば、自ずから成長できないことを憂う必要はないのでしょう」と言います。**王陽明**は「「根」のない人がどうしてあるのでしょうか。「良知」は「天」が植えた「霊根」であり、これによって自ずから生々することをやめることはありません。ただ、「私意」の積み重ねが現れ、その「根」を傷つけ遮蔽してしまい、成長できないでいるのです」と言います。

（黄修易所録 8）

読解

王陽明は「良知」が「霊根」であるという「陽明学」の基礎を論じます。弟子が作物の生育を見て、「根」があるからだと話したのに対して、人にも「良知」という「天」の植えた「霊根」があると言います。「良知」は自然に備わっているものであるが、「私意」が「霊根」を傷つけ、「良知」を遮蔽して、人を成長させないでいるのだという「良知」の基本的認識を話します。ともかく問題なのは「私意」や「人欲」なのです。

9 感化

ある一人の友人に怒りっぽくて人を責める傾向の人がいました。**王陽明**はこれを戒めて、「学問は全て自分を反省しなければなりません。もしいたずらに人を責めることとなれば、人の「不是」を見て、自分の「非」を見ないことになります。よく自ら反省することになれば、自分がまだ多くの至っていない所がよく見えてきます。どうして人を責める暇があるのでしょうか。「聖人」の**舜**が弟の**象**

の傲慢さを感化して是正させることができた秘訣は**象**の「不是」を見なかったことなのです。もし、**舜**がただ**象**の「姦悪」を正そうとするならば、**象**の「不是」を見ようとします。そうなれば、**象**は傲慢な人なので、必ず**舜**に従うことを「是」としなかったでしょう」と話ました。この友人は**王陽明**の言葉に感化されて後悔しました。そこで、**王陽明**は「君は人の「是非」を論じてはいけません。およそ、人を「叱責」しようと思ったときは、それを自分の大きな「私欲」だと思って克服してゆけばよいでしょう」と注意します。

（黄修易所録 9）

読解

王陽明は「寛大」で大きな「心」を持つことを強調します。人を「感化」することも、人の「不是」を責めることではなく、自らに「非」がないか、「反省」することだと言います。**舜**が「不善」を行う**象**を従わせたのも、その「不善」を批判したからではなく、**舜**がただ自ら「反省」をしたからだと言います。「不善」と思える「人」も「心」を通じてつながっているので、自らが「反省」することが他人の「不善」を正すことになると言うのです。「傲慢」な人を責めてその「不善」を直すことはできず、むしろ、人を責めることは、自らの「私欲」であり、これを克服しなければならないと言います。儒学は「反省」の学問であって、ここでの話は重要なことと思います。他人の「是非」を論じ、叱責するのは「私欲」であって、相手を「正す」のは自らが「反省」することだというのです。日頃、気に入らないことがあると、その人を批判します。他人の「不善」を批判するのではなく自らの「反省」で人を「正す」というのはなかなかできることではありませんが、「心」すべきことです。

10　人とともに善を為す

王陽明はおっしゃいます。およそ学友同士で議論するときはたとえ、相手の議論の内容が「浅薄」で「粗末」であったとしても、それを否定して自分の「才能」を現して自分を持ち上げるようなことをするのは、これは全て「病弊」を発しているのです。その症状に応じて薬を調合すべきですが、そのためには相手を軽蔑する「心」を持ってはいけません。**孟子**が言うように「君子は人とともに「善」を為す」という「心」です。

（黄修易所録 10）

読解

王陽明は常に「博学多聞」を批判しています。友人間での学問の議論においても、相手の議論が粗雑であるとしたり、さらに自らを持ち上げるように「知識」を見せびらかすのは「学問の病弊」であって、これは薬を調合して除去するようにしなければなりません。自らが反省してこういった「病弊」を起こさないように対処すべきですと注意します。相手を軽蔑する「心」を持たず、それを「克服」するためには自らが「反省」するとともに、**孟子**の言うように、人とともに学問をして「善」をなす「心」を持つべきですと注意します。

11 卜筮

黄勉叔が「『易経』について**朱子**は「卜筮（ぼくぜい）（占いのこと）」が主であると見て、**程子**は「理」が主であると見ています。これはどういうことなのですか」と質問します。**王陽明**は「「卜筮」は「理」であり、「理」もまた「卜筮」です。天下の「道理」の中で「卜筮」よりも大きなものがありますか。ただ、後世の人は「卜筮」をもっぱら占いと見ているために、「卜筮」を小さな芸と見ているのです。今、師友が問答していることも、博く学んでいることも、つまびらかに問うていることも、慎んで思うことも、明らかに弁じることも、篤く行うことなど全て、学問することは「卜筮」であることを知らないからです。「卜筮」とは疑いを決断し、自らの「心」を「神明」に委ねようとするものです。『易』は物事を「天」に問うているわけであり、人に疑問があって自信がないときに『易』によって「天」に問うのです。人の「心」には、まだまだ雑事に関わり純粋になりきれない所があるので十分に判断できませんが、「天」は偽りを受け入れないのです」と言います。

（黄修易所録 11）

読解

『易経』は「四書五経」の一つで、中国古典の重要な経典です。「占い」は「甲骨文字」にみられるように、中国の古代から政治的な判断をする上でも重要な役割を果たしてきました。『易経』は「八卦」などの「占い」に対して解釈を与え「宇宙観」や「政治思想」を導いています。これを「占い」と見るのか「理」と見るかの論争です。**王陽明**は**朱子**・**程子**の議論を超越して、学問は全て「卜筮」であるとして、全てを「天」に委ねるものだと言い、「私情私心」を排して「天」に委ねるべきと『易経』の重要性を説きます。ここでの学問は『中庸』（第四段第一小段）にある学問思弁行であり、それは

博学之　これをひろく学び、
審問之　これをつまびらかに問い、
慎思之　これをつつしみて思い、
明弁之　これを明らかに弁じ、
篤行之　これをあつく行う

という文章によっています。**王陽明**はこれらのことも全て「卜筮」であるとします。『易経』を理解することは中国古典を理解する上で重要ですが、残念ながら筆者には歯が立ちません。

第五章　黄省曾所録

1　義とはすなわち良知

黄勉叔が『論語』にある「適なきなり、莫なきなり。義にこれとともにしたがう」とあります。万事はこの様にすべきですか、どうですか」と質問します。**王陽明**は答えます。もちろん、万事このようにすべきです。ただ、この「根本」を知らなければなりません。「義」とはすなわち、「良知」です。「良知」がこの「根本」であることを覚ればまさに執着はなくなります。また、人から贈り物を受け取るような時には、今日、まさに受けるべきものと、他の日には受けるべきでないものがあります。また、今日は受けるべきでないが、他の日には受け取るべきとするものがあります。君は今日まさに受け取るべきことに執着して、一切の贈り物を受け取るとしていき、反対に今日受け取ってはいけないものであると執着して、一切を受け取らないとしていけば、それは「適莫（てきばく）（一方に偏することをしないで、その時に応じて適切に処すること）」の姿であり、「良知の本體」ではありません。どうしてこれを「義」とすることができるのでしょうか」と言います。以下、門人の**黄省曾**が記録しました。

（黄省曾所録 1）

読解

黄勉叔は、『論語』の「里仁編」にある「君子の天下におけるや、適なきなり、莫もなし。「義」にこれとともに比ふ」という一条を引いて言います。君子は「心」の好む好まないで区別せず、必ずこうしようと固執する所もなく、断じてこうしないとがんばることもありません。ただ「義」に従うことを宜しとする事を求めています。「適」とは真っ直ぐ一筋にまともに向かうことであり、「莫」とは日が草原の草むらに隠れる様子で、「適莫」とは「可・不可」を意味します。そして、「心」が捉われて一方に偏することなく、良知の命ずる正しい処置によって「可・不可」を判断すべきだと言います。がんばって固執するところがなく、「義」だけによって判断することが重要だと言います。好悪の感情に支配されずに、常に「義」に従うという『論語』の教えを言います。**王陽明**は、偏した見解にとらわれず「良知」の命ずるところに従うべきことが「根本」にあるとします。例として、贈答を挙げていますが、贈り物を受け取るのも今日ならよく、明日では受け取ってはいけないという場合があり、その逆もあることを言います。その贈り物を受け取ることの「是非」について執着すれば、「適莫（先にも述べましたが、「適」はある事に心を向け熱中し、「莫」は反対に嫌って心を向けないことを意味し、時に応じるような態度になること）」となり、そのようにならないように良知に従うべきと注意します。贈り物に関する「礼」は日本人は分かりにくいもので、どの様なものか分かりませんが、儒学が役人の倫理の基礎である所から見て、適当でないときには贈答を受けとらないようにすべきで、『論語』においても「義」にあっていれば贈答を受け取ってもよいと言っています。世話になった人に贈答をすることは一般的に認められているものですが、役人が贈答を受け取るのは日本人なら「賄賂」と見られてしまいます。「賄賂」と批判されないためには贈答を受け取るにしても「良知」に従って行うべきと言う忠告です。日本の役人は金品に関わる贈答は厳禁ですが、昔から「接待」は官民間や会社間での人間関係を作るために寛大でした。しかし、今日では官民間の「接待」も厳禁になっています。

2　思無邪

弟子の**黄省曾**が質問しました。**孔子**が『論語』で「子曰く、詩三百、一言以て之を蔽（おお）ふ。曰く、思（おもい）邪（よこしま）無（な）し」と言ってますが、「思邪無し」の一言で三百編の全体の「義」を覆っているのでしょうか。**王陽明**は「三百編の『詩経』だけではありません。『六経（詩・書・礼・楽・易・春秋）』もこの一言で概括でき、これでもって古今東西の「聖人・賢人」の話も究極すれば「思いに「邪念」がない」の一言で之も概括することができます。この他に、ことさら何の説があるのでしょうか。これは一つのことが分かれば百が分かる修養なのです」と答えます。

（黄省曾所録 2）

読解

『論語』の「爲性第二編」には「子曰く、詩三百、一言を以て之をおおふ。曰く、思邪無しと」という言葉があります。詩経は三〇五編が残っていますが、もともとは三一〇編でした。**司馬遷**の頃には三〇〇〇編もあったようですが、それを**孔子**が整理したという話があります。『詩経』は世界でも最も旧い「詩」ですが、自然、恋愛などに加え政治的な問題も含まれています。**孔子**は息子の**伯魚**に対して「詩を学ばざれば、以て言ふこと無し」といって『詩経』の重要さを言っています。そして、**孔子**はこの『詩経』を全て概括する言葉として、「思いに邪念がない」ことを示す「思無邪」は「誠」であって、心に邪念がなく純粋無垢なことで『詩経』の詩は全て邪念のない、人間の純粋な感情でできていることを示しています。**黄省曾**からの質問に対して**王陽明**は『詩経』だけでなく、「思無邪」を天理に純一な「良知」と考え『六経』、全てに通じて概括する言葉だと言っています。もともと「邪」とは、旁の「牙」はくい違った組木の様で、旁は邑（村のこと）で、陰陽のバランスを失って歪んだ状態を意味しています。思いにこの邪念が無いことは儒学全体に通じる基本だと言います。

3　道心・人心

黄省曾が『書経』の「大禹謨」にある「「人心」これ危うく、「道心」これ微なり」という言葉の「道心、人心」について質問しました。**王陽明**は「『中庸』で「「本性」に従うことを「道」という」

と言っていますが、これが「道心」です。ただ、いささかの「人」の「意思」が入ってくると、これは「人心」です。「道心」は本から「無声無臭」です。故に、これを「微」と言います。「人心」によって行えば多くのことで「安穏」でなくなります。故に危うしと言います」と言います。

（黄省曾所録 3）

読解

『書経』の「大禹謨」にある「人心惟れ危うく、道心惟れ微なり」という言葉にある「人心・道心」の議論です。**王陽明**は『中庸』の文章を引用して「道心」を説明します。前にも出てきましたが、『中庸』の最初に「「天」の命ぜる、これを「性」といふ。「性」にしたがふ、これを「道」といふ。「道」をおさむる、これを「教」といふ」という文章があります。この「道」の「心」が「道心」で、純粋で雑念のないものです。「人心」はそれに人の「意思」が入ったものだとします。「道心」は本より「無声無臭」で「霊妙」なものであり、従って「微」というかすかではっきり見えないものだと言います。「道心」を「微」と言っているのは「良知」が純粋透明で微妙なものであることをいっています。したがって、「人心」が入ってくれば「安穏（おだやか）」でなくなることで、危うくなると警告します。「心」に「私意」が入ってくれば危うくなるというのは**王陽明**の常の警告です。

4　資質の差

黄省曾が「『論語』には「中以下の人は高度な問題を語るべきでありません」とありますが、「愚弄な人」に高度なことを語っても進歩はしないのです。では「聖人」は中以下の人に何も語らなくて良いのでしょうか」と質問します。**王陽明**は答えます。「聖人」は全く共に語らないわけではありません。「聖人の心」は全ての人が「聖人」になれないことを憂いているのです。ただ、人の資質は同じではないので、「教え」を行うのにも段階があり、これを越えることはできません。中以下の人は「天性」の問題や「天命」の問題を話しても悟らせることはできないのです。ゆっくりと磨いていかなければなりません。

（黄省曾所録　4）

読解

『論語』の「擁他第六編」では**孔子**の発言として、「中人以上は、もって上を語るべし。中人以下は、もって上を語るべからざるなりと」と言って、相手によって語る内容を変えるようにとしています。**王陽明**は「**孔子**が憂いているのは中以下の人には理解ができないことではなく、本来、全ての人が聖人になれるのに、多くの人が「聖人」になれないでいることです」と言います。**王陽明**は常に全ての人は「良知」があるので「聖人」になれるのに、人には資質の差があることを認めています。『論語』の「衛霊公編」にも「子曰く、教有りて、類無し」とあり、人は教育によって「資質」が変わるが、元々の区別はないという言葉を意識しています。中以下の人には「天性」や「天命」のことを悟らせるのは無理なので、ゆっくり段階的に教育していくべきと言います。そもそも中人以上と中人以下とに区別することは間違いであることを言います。筆者も二つの大学で教えましたが、同じ事を教えることは適当でないことを痛感し、それぞれの大学の学生にとって有益な方法で教えました。「経世済民の学」である経済学は同じでも教え方を変えることで学生にとって役に立ったかと思います。

5　書の理解

一人の友人が「「書物」を読んでも「記憶」ができないのです」と質問しました。**王陽明**は「ただ「暁(さと)る」ことを求めなさい。どうして「記憶」することを求める必要があるのですか。「暁る」ことを求めても、これも（「理解」するという）「第二義」を求めることに陥ることになります。「自己の本體」を明らかにすることを求めるべきです。もし、いたずらに「記憶」することを求めれば、「暁る」ことはできません。もし、いたずらに「暁る」ことを求めようとするならば、「自己の本體」を明らかにすることができません。（黄省曾所録 5）

読解

書物を読んでもなかなか頭に入らないのは、誰しもの共通した悩みです。特に、一生懸命「記憶」することが「科挙試験」への「道」でもあり、記憶することに必死なのです。**王陽明**は「書」は「記憶する」ものではなく、「暁る」ものだと言います。「暁」という文字は意味を表す「日」と音を表す「堯」からなる形声字で、太陽の光で明白になるという意味で、この延長として心の迷いが解けて「さとる」となったものです。「書」を読むことによって自己の「心の本體」を明らかにすることが「第一義」であり、目的であることを強調します。「書」を読んで理解することは「第二義」で、記憶することは「第三義」であって、記憶することでは「自己の本體」を明らかにすることができず、たいしたことではないと言います。筆者は、経済学のような社会科学の書籍でも、そこにある経済学のテクニックだけを理解して覚えることは「第二義」であって目的でなく、経済社会のあり方を「経世済民の学」として自分のあり方として自らの経済観を身につけ、卒業後に実践していくことが重要であると考えていました。そこで、大学生には理論・哲学・現実の三者を同時に勉強するように教えてきました。大学で教えていたときには、どこまで学生が実行したかは分かりませんが、何人かの卒業生（特に研究者になった者）が「先生の言っていたことが今頃分かる様になりました」と話したのに安堵しています。

6　川上の嘆

黄省曾が質問します。『論語』において**孔子**が「（川のほとりにあって、水の流れを見て）過ぎ去って帰らぬ者は（昼夜を問わず）このようなものか」と言ったのは、これは「自己の心」の「活発発地」であることを説いているのですか、と。**王陽明**は答えます。その通り。必ず常に「良知」を致す修養を行っておれば、まさに「心」は「活発発地」となります。まさにあの川の水のようと同じ様になります。もし、中断するようなことがあれば「天地」の姿と似つかわないものになります。これは学問の「極致」であり、「聖人」とはこのようなものであったのでしょう。（黄省曾所録 6）

読解

この話は『論語』の「子罕編」で**孔子**の言った「川上の嘆」として有名な一句です。**孔子**は「子、川の上にありて曰く、逝く者はかくの如きか。昼夜をやめず」と弟子達に話しています。この解釈として一つ（古注）には、**孫綽**が「川流舎まず、年逝いて停まらず。時已に晏し。而して道なお興らず。以て憂歎するところなり」と言った様に、川の水が不断に流れていく如く、時が過ぎて空しく老いていく我が身を嘆き、いまだ「道」は行われていないと**孔子**が「憂慮」しているというものです。もう一つの解釈の新注（**朱子**や**程子**の解釈）では、「天地の化育、日月の流れが一息も止むことはないのは、川の流れのように昼夜、止まることがないのと同じです、この間「天地」は発展・持続の中の人も絶えず発展していきます。「学者」はこの「理」を悟って「省察」して、少しの間断もなく「努力」しなければならないと解釈します。この「川上の嘆」について**王陽明**は、新注の考えを批判して、川の流れのように「良知を致す修養」を間断なく続けなければならないと解釈して、この修養を続けることで自己の本体が天地自然と一體となり、「心」は生き生きとして「活発発地」となるが、中断すれば「天地」の姿とは似つかわないものになると言います。そして、この「良知の修養」は「学問の極致」であり、「聖人」の姿であると指摘しています。

7 志士仁人

黄省曾が『論語』の「衛霊公編」にある「志士仁人(ししじんじん)」の章について質問します。**王陽明**は答えます。ただ「世間の人」は全て「生命身体」を重視して、まさに死すべきか、まさに死なざるべきかについて問わないで、巧妙に細かい所に回って「生命身体」の保全をすることを求めるために、「天理」を捨ててしまうことになっています。このようにしていて、「心」を求め「理」を損なわないようにしないでいられるのでしょうか。もし、「天理」に背くことになれば、「禽獣」と違わないではないでしょう。たとえこのような方法で千百年生きようが千百年の「禽獣」となるにすぎません。学問を志す者はこれらの点を明白に見ていかねばなりません。**比干**(ひかん)(暴君紂王を諌めたために殺された王子)・**龍逢**(りゅうほう)(暴君桀王を諌めて殺された者)はただこの点を顧みて明らかにしたので、「仁」を成就することができたのです。

（黄省曾所録 7）

読解

ここは**王陽明**らしいラディカリズムの表明です。弟子の質問は次のようです。『論語』の「衛霊公編」に示された文章で、「志士仁人は、生を求めて害するものこと無し。身を殺して仁を成すこと有り」と、やさしく言えば「「志」ある「仁徳」を体した人は生きることを求めて「仁徳」を害するようなことはしない。「身」を殺しても「仁」をなすことがあります」という言葉についての質問です。人々は「身」を殺しても「仁」を為す必要があるという『論語』の内容を受けての話です。人々は巧巧妙に細かい事をうまく立ち回って逃げるだけで、「生命身体」を保全しようとして、「天理」を捨てて人々は本当に「仁」に対処しようとしません。これでは「禽獣」と同じでないですか、千年百年生きたとしても「禽獣」として生きたに過ぎないと厳しく言い、「身」を滅ぼしても「仁」を成就すべき事を言います。学問を志す者はこの点を明白にしなければならないとします。暴君**紂王**を諌めて殺された**比干**や**龍逢**の例をあげて、彼らは「仁」を成就できたことを褒めたたえます。今日でも、いろいろな国には暴君がいます。「仁」を成す者が現れること期待せざるを得ません。日本の様な民主主義国では政治のトップは選挙制度の下にあり、この様な暴君の話は生まれませんが、トップがまともな政治を行うことは今日でも行われるべき事です。形は民主主義でも暴政が行われる国があります。「仁」を実現するためには「死」をもいとわないという覚悟は忘れてはいけないというのです。今日、「自由」・「民主主義」はそれこそ身を挺して固い決意で守らなければなりません。同時に日本の国體も日本人が二千年以上守り通してきたものであり、それこそ身を挺して守らなければなりません。

8　叔孫武叔の孔子批判

黄省曾が、『論語』にある**叔孫武叔**（しゅくそんぶしゅく）が**孔子**を批判したことについて質問します。「大聖人」でもどうしてこのような「非難中傷」を免れることができなかったのですか。**王陽明**は答えます。「誹謗中傷」は「外」から来るものです。「聖人」といっても免れることはできません。人はただ自らを修めることだけが貴いのです。もし、自分が真実に「聖賢」であったならば、たとえ全ての人が彼を批判したとしても、彼を説き伏せることはできません。「浮き雲」が「太陽の光」を覆うようなものです。どうして雲が「太陽の光」を毀損することができるのでしょうか。もし、自分がうわべだけ恭謙で荘重であっても、内実が少しも堅くない不徳な人間であれば、たとえ一人も批判する人がいなくとも、その「悪徳」は必ず一日の内に発露するものです。**孟子**が「自己に完全を求めるのに努力しても批判されることがある。配慮しないでも予想外にほめられることもある」と言ったのはこのことなのです。批判や栄誉は外からくるので、どのようにして避けることができるのですか。要はただ自分を修めることができたかどうかだけなのです。

（黄省曾所録　8）

読解

『論語』には、**叔孫武叔**と大不仲であるとの話として、『論語』の「子張編」に**叔孫武叔**が**孔子**を毀り、**子貢**は**孔子**より賢いと言ったという話があります。これに対して、これを間接的に聞いた**子貢**は、とんでもない話で、先生と私では人物の桁が違います。垣根にたとえると私は壁に届くくらいですので、家の中を少し見ることができます。**孔子**の塀の高さは数丈の高さですので、家の中を見ることはできません。実際、門から入って、そのすごさを見なければ分かりませんと言います。そして「以て成す事なかれ（おやめなさい）。仲尼を謗るべきでない」と言います。**叔孫武叔**がそのようなことを言うのは無理なことだと**子貢**は言います。**孟子**にも「全きをもとめるの毀あり慮らざるの誉れあり」と言う言葉があります。完全なものを求めてもそしられることがあり、思いもよらない誉れを受けることがあると、誉められるか毀られるかは「外」からくる話であり、自らはもっぱら修養だけをすればよいとする淡々とした生き方を示しています。

黄省曾がこの点について質問したのに対して、**王陽明**は言います。「毀損」や「栄誉」といったものは人が行う者で、「外」からくるもので、全く気にすべきでありませんという強い意志を示します。多くの人は表彰されたり、みんなの前で誉められたりすることはうれしいことは間違いのないことですし、毀損されることはいやなことであるのも間違いのないことです。しかし、それらは「外」から来る話で重要な事ではありません。我々の社会でも世間から認められると言うよりも会社の同僚やいろいろな仲間から、また先生から、後輩から褒められると言った「小さなリピュテーション」はうれしいものです。これ自身否定する必要は全くありませんが、それに一喜一憂することはありません。

また、自分で制御できないものですが、「くよくよする」のはまさに「人欲」に他ならないということです。「あれを失敗した」、「これを間違えた」として「くよくよする」のは日常、よくすることです。「くよくよする」のは生産的でないのは分かっていますが、そうなるのも「人欲」によるものなのです（反省を込めて）。「毀損栄誉」は「外」から来るものであり、「天理」と無関係なものであることを強く認識すべきです。自らは「良知」に従いひたすら自らを「修める」ことに専念すべきというのが**王陽明**の教えです。「毀損栄誉」を気にしないで、ひたすら「天理に従う」、「良知を致す」ことの重要性を指摘しています。

9　静坐

弟子の**劉君亮**（りゅうくんりょう）が山にこもって静坐をしようとしたときです。**王陽明**は「君がもし世事を「厭（いと）う心」があって山に行くのでしょうが、世を「厭う心」から「静」を求めようとするのであれば、これはかえって一つの「怠惰の気」を養成するだけになります。君がもし世事を「厭わない」のであれば、また、「静」かなところで「心の涵養」を図る方がよろしい」と言います。

（黄省曾所録　9）

読解

儒学における静坐と仏教における静坐との違いを言います。儒学では「臍下丹田」に力を入れて鼻端を注視することで内省することのようです。そして、「心」を落ち着けて社会・生活・道徳など自分の生き方に関して慎独（反省）することです。仏教では「座禅」をして「瞑想」に至るのが静坐でしょう。また、読経をし、作務など寺の仕事をすることや、生き物を殺さない様にして「輪廻転生」の中にある「業」から「解脱」することが目的です。**王陽明**はこれを自分だけの「解脱」を求めての静坐と儒学の静坐とは違うことを強調します。**王陽明**は、修養は世事との関係を切り離すべきでないとし、むしろ「事上磨錬」として、修養は「事の上」にあって行うことを求めます。弟子が山にこもって静坐をして修養したいとするのが世事を「厭う」ためであれば、それは「怠惰の氣」であると言います。世事を厭うからでないのであれば、静坐で静かに「心の涵養」を図るのは良いことだとします。我々も毎日、世事の喧噪の中にあるが、静坐をせずとも常に「心の涵養」を気に留めるべきことと思います。

10　曾點の志

弟子の**王汝中**と**黄省曾**の二人が**王陽明**のそばに侍座して、（礼を重んじて）扇子を握って持っていました。**王陽明**は彼らに扇子を使うように命じました。**黄省曾**は立ってあえて使いませんと言います。

これに対して、**王陽明**は「「聖人の学問」とはこのような固苦しいものではなく「道学者」のようなことを真似るべきではありません」と言います。これに対して**王汝中**は、「**孔子**が**曾點**の言った「志」に賛成したという『論語』の一章を見ればおおむね分かることです」と言います。**王陽明**は答えます。その通り。この章から見れば**孔子**は何と寛大で包容力のある気性であったことが分かります。そして、**孔子**が弟子にその「志」を聞いたとき、**子路**、**冉有**（ぜんいう）、**公西華**（こうせいか）の三人がそれぞれ整然と答えました。これに対して、**曾點**（そうてん）だけは飄々として、その三人を眼中に置かず、自分から「琴」を弾きはじめました。何という狂態でしょう。「志」を話し始めても先生の質問に答えないのは常軌を逸したことです。もし、（**朱子**の先生である）**伊川**であれば、しかりとばしていたでしょう。ところが**孔子**はこれを誉めて許しているのです。なんと寛容な心でしょうか。「聖人」が人を教えるのには束縛して全体を一つにすることはしません。ただ、熱狂者のような者はその熱狂なところから彼を育成し、潔癖な人はその潔癖な所から育てていくのです。人の才気は同じではありません。

（黄省曾所録 10）

読解

『論語』の「先進編」にある**孔子**の心の広さを示す話です。**孔子**の下に**子路**、**曾皙**（そうせき）（**曾點**のこと）、**冉有**、**公西華**が控えていて、**孔子**がかれらに「君達は何をしたいのか」と尋ねます。**子路**は千乗の国や大国が攻めるかも知れず、しかも飢饉になるかも知れない。そういう艱難のときに私が政治を行えば三年の内には人民に勇気を与え国民の義務をわきまえて正しい道を立て直してみませす、と大きな政策の話をします。これに対して**孔子**はほほえみます。**冉有**は四方六、七十里あるいは五、六十里の小国ならば、政治の任にあれば何とか三年以内に人民の衣食を足らしめまとめますが、ただ、礼楽は立派な人にしてもらわなければなりませんと言います。**公西華**は謙遜して、勉強をして祭典や国交の儀式に際して毅然とした「礼楽」のお手伝いをしたいと思います、とそれぞれ希望を述べます。しかし、**曾點**は**孔子**の質問にまともに答えず、琴を弾いていました。**曾點**は三人の話を無視して、春の季節に青年五、六人、子供六、七人と温泉に行き踊りの舞台の上で涼んで歌でも歌いながら帰ってきますと言います。これに対して**孔子**は深く息をつき「自分も仲間に入れてほしいものだ」と言います。この**曾點**の態度に**孔子**は優しく対応しています。もし**伊川**であったらしかり飛ばしていたでしょう。**王陽明**は、「これから分かる様に**孔子**の寛大さを示して、また、熱狂な者は熱狂な人なりに、潔癖な人はその潔癖なところから教えるべきで、儒学は寛大で人それぞれに応じて教えを説くべきものである」と言います。**孔子**の弟子達はそれぞれ個性的で「志」の高い人達ですが、飄々として自らの楽しみを追求する者もいたわけです。**孔子**は彼らの個性に応じて学問を教えたのです。教育に携わる者は特に心すべきことです。筆者も大学では学生の自由な勉強を助けてきました。京都大学は「自学自習」という「学問の自由」の教育の伝統があります。ゼミナールでも前半は皆で同じテーマで勉強しましたが、後半は学生の自由で闊達な勉強をさせました。卒論や修士論文も自由にテーマを選んで「自学自習」を発揮してもらいました。学生があまり色々な事をするので指導するのは大変でした。

11　聖人の教えは簡易

王陽明が**陸元静**に言います。君は若いのに「五経」を読んで理解し、「志」をもって博く学ぶことを求めているようです。それとは反対に、「聖人」は人を教えるのには、簡単ではないことを恐れていました。しかし、「聖人」の説くものは皆、「簡易」なものばかりです。今の人の様に「博く知識」を求めようとする「心」を見ていると、「聖人」が人々に教えたこととは違っているように思います、と。

（黄省曾所録　11）

読解

王陽明は、**陸原静**が「五経」を読んで「博学」を求めているのを見て、「聖人」は人に教えることは簡単なことでないと言っています。逆に「聖人」の説いているのは簡易なことばかりで、学問は「博学」でなく「心」だと注意します。学問に志す人はどうしてもたくさんの書物を読み、「博学」になりたいと努力しますが、**王陽明**は「博学」ではなく、「聖人」の示すのは「簡易」な「心」だと言います。人に教える立場にある大学人も色々な知識やテクニックを教えることはもちろん必要ですが、それよりもその学問の本質を教えねばならず、心すべきことです。もちろん知識やテクニックを「勉強しなくて良い」という意味ではありません。

12　真血脈路

王陽明は「**孔子**は知らないで行ったことはありません。**顔子**も「不善」があったのに気づかなかったことはありません。これは「聖学」の「真血脈路」です」と言います。

（黄省曾所録 12）

読解

『論語』の「述而篇」に、「蓋し知らずして之を作す者有らん。我は是れ無きなり」とあることを示しています。**孔子**も**顔子**も知らないで行ったり、「不善」を知らずに行った事はなかったと言います。**王陽明**は、これを「聖学」の「真血脈路」であると言って血が命を支えていくために血脈を大きく流れていくものとして、「聖学」の根本精神であると言っています。

13　志

弟子の**可廷仁**（かていじん）、**黄正之**（くわうせいし）、**李侯璧**（りこうへき）、**王汝中**、**銭徳洪**が侍座していました。**王陽明**が皆を顧みて「君たちが学問を進めることができないのは、「志」が立っていないからです」と言います。**李侯璧**が立って答えて「「志」を立てたいと思います」と言います。**王陽明**は「「志」が立っていないとは言い難いが、これは必ず「聖人」になるという「志」を立てなければなりません」と言います。**李侯璧**が

「必ず「聖人」になる「志」を立てたいと思います」と答えます。**王陽明**は「君が必ず「聖人」になる「志」があるのであれば、さらに「良知」の上に尽さねばなりません。「良知」の上にわずかでも別の「念」が留まり、離れないでいるのは、必ず「聖人」になろうという「志」ではありません」と言います。**銭徳洪**が始め聞いたときには「心」から服しがたい所がありましたが、**王陽明**の説を聞き、思わず冷や汗をかきました。

（黄省曾所録　13）

読解

弟子達が「聖人」になる「志」を立てたいと言うのに対して、**王陽明**はその「志」を立てなければならないが、さらに「良知」の上に尽くさなければならず、わずかな「雑念」をも残してはならないと厳しく「志」のあり方を諭します。我々も今日の複雑な社会において、政治家や官僚、会社やNPOなどの社会の組織の上に立つべき人格者がたくさん必要とされているわけであり、多くの人が**堯・舜**、**孔子・孟子**とまでいかなくとも多くの優れた人が「聖人」を目指して修養すべきことが必要なのです。**王陽明**は万人が「聖人」というので可能な限り純度の高い「聖人」になる「志」を持つ事を求めていると思います。「志」を立てれば日頃から「良知」の上に立って「雑念」を及ぼさないようにすることがキーポイントなのです。

14　造化の精霊

王陽明は「「良知」は「造化の精霊」です。少しの「精霊」が「天」を生じ、「地」を生じます。「鬼」をなして「帝（天帝）」をなします。皆これから出てくるのです。人がもし、これに服して完全に少しの欠陥がなければ自ずから「手の舞い足を踏む」を覚えなくなります。「天地」の間にこれ以上の楽しみがあるのでしょうか」と言います。

（黄省曾所録 14）

読解

「良知」をあらゆるものの「生成」をする「精霊」と見なす**王陽明**の議論です。「良知」は「宇宙の精霊」なので「天地」を生み、「鬼神」を作り、「天帝」も作る根本なのであり、全てがここから生まれてきます。「鬼」は日本では化け者という様に理解されていますが、超人的な能力を持ち不思議な能力を持つ者を言います。「良知」に従うことになれば、思うように「心」が踊っても自然に自ら動いて「手の舞ひ足の踏むことを覚えず」というような境地になります。自分でどうしようと考える必要もなく、知らない内に「天地」の与えた境地に入ることができ、これ以上の何か楽しみはないと言うのです。「良知」が全ての優れたものを生み出すというのはこれまではあまり出てきていなく、「良知」に従えというのが多くの発言と思いますが、ここでは「良知」は「造化の精霊」だと言っています。**王陽明**の突き詰めた心境なのでしょう。我々は複雑な社会で生きていて、どの様に振る舞えばよいか常に迷うところですが、「良知」に従えば、手を自由に振り舞って足を踏むことを覚えないような心境、すなわち「心」の動くまま自由に振る舞っても「道」を外すことはないという境地になります。

15 致良知

一人の友達が静坐していて急に悟るところがありました。そこで**王陽明**のところに急いで行って、そのことについて質問しました。**王陽明**は答えます。私は昔、滁州にいたときに多くの弟子たちが知識を得て、理解に努力していたときに、「口耳の学」の異同が自分にとって何の利益を生まないことがわかって、しばらく静坐をすることを教えました。静坐によって一時的に「道」の姿を窺うことができ、ちょっとした効果をあげたのです。そして、これを続けると、ようやく「静」を得たとして喜び、「動」を厭(いと)うようになり、このような方向に流されて、「枯れ木」のような境地に入るという病になったのです。また、「仏教」や「道教」のような「玄解妙覚(げんかいみょうかく)(道仏の悟り)」を悟るようになり、その発言で人の耳目を驚かすようなことがありました。ゆえに、それの弊害に気がついて以来、ただ「致良知」を説くようになったのです。「良知」は明白なので、君が静かなところでそれを体得してもよく、また仕事の上で修養する「事上磨錬」でもよいのです。「良知の本體」は「動」なく「静」なきものです。これが学問の真髄です。私はこの話を滁州にいたときから今までいく度か経験してきたことです。「致良知」の三文字には欠点がありません。医者は肱を何度か折って（その体験から）人の病気をよく診察できるのです。

（黄省曾所録 15）

読解

王陽明が一五一三年の一〇月から翌年の九月まで安徽省の滁州に赴任していたときの話で、四二、三歳のころです。龍場への左遷から復活して四年ほど経っての役職で、閑職であった所から本格的に官僚の道に復帰して、同時に弟子に学問を講じます。弟子達が「口耳の学」に努力していたのを見て何の意味もないことに気づきます。そこで、儒学の伝統的な修養方法である静坐の修養を行わせます。これによって一時的な「悟り」を得たものもいましたが、これによる方法としてメリットはあるものの「仏教」や「道教」と同じ様に「枯れ木」になってしまう危険性に気づきます。そこで、「動」を避けて「枯れ木」になるのでなく、「良知を致す」を軸にして修養すべきことを主張することになります。静坐で修養するのも良いが、基本は「事上磨錬」で修養するのが良いことだ言います。「良知の本体」には「動」も「静」もなく「致良知」こそ学問の根本だとします。「致良知」の三文字には欠点がないものだと主張するようになります。医者も何度も肱を折る様な苦難を受けながらその経験から人を治療し、診察できるように上達していくのだと言います。考えてみれば全ての人は実際の仕事を行いながら自らの技量を引き上げています。経験を通じて仕事の本質が分かり、成果を上げられるもので、ここで仕事を行う中に「天理」を見いだす「致良知」を意識するかどうかで大きく異なってきます。我々も日頃の仕事の中で、常に「致良知」を念頭に置くことで「事上磨錬」を実践することが悟るための修養なのです。筆者自身どこまで、「致良知」になっているか、「事上磨錬」を行っているかは分かりませんが、ひろく多くの人にこの「致良知」「事上磨錬」を実践することの重要性が広がることを期待しています。「致良知」を常に念頭に置いて「事物」に当たることで「天理」を見いだすことになることが「陽明学」の中心的な生き方であることを示します。今日の社会でもこの「致良知」を実践することが求められるのです。

16　地道な修養

一人の友達が質問します。「良知」の修養をしていて、この「知」を万事に常に続けてゆきたいと思うのですが、一つ分かったとしても、かえって全体を知ることに及んでいないことで、よく分からないでいます。もし「事」の上に当たって立ち回っていると、「知」について分からなくなるように思います。どうすればよろしいでしょうか。**王陽明**は答えます。これはただ「良知」を求めることが、まだまだ真剣でないからです。「内」にある「知」と「外」に対する「行」が異なると考えているからです。私のいう修養は効果を急いで焦らないことです。「良知」の「真髄（しんずい）」を認識して地道なところから修養してゆけば、自ずから「知」は透徹して思うところに到達するでしょう。これは「知る」かどうかではなく「内外」の両方を忘れているのです。どうして、「心」と「事」が合一しないことがあるのでしょうか。

（黄省曾所録 16）

読解

「良知」の修養によって「知」を得ようと焦り、仕事をしておれば「知」がますます分からなくなると言う弟子に、**王陽明**は、一つ一つの「知」ではなく「良知」という根本に「心」を置いて、地道に修養を進めれば自ずから「知」に到達すると教えます。「良知」があれば、「内ある知」と「外に対する行」という区別すること自体が間違いで「心」と「事に対する行」はもともと合一するものですと言い、「知行合一」を示します。弟子は「事」の上に立って考えると、さらに分からなくなると言いますが、**王陽明**は「事」の上に立って修養すれば「事上磨錬」によって「知」が分かるようになることを示します。修養は急いではいけません、ゆっくり「事」の上に立って修養して行けばいいと言います。実際、我々もそのような場面がよくあることです。今日、社会は専門化し、同じ会社の中でも特定の部署を担当する者にとって、会社の全体が分からない状況にあります。まして、社会全体のこととなるとそれぞれの専門家がいて、全体が分かることは難しいのが実情です。その様に「知」は様々な専門分野に分断されているのが現状です。「致良知」を念頭に仕事をすれば、自ずから「知」は浸透し、全体がよく分かってくるといいます。世の中のことはなかなか全体を知るところまでに至ることは難しいのが現実ですが、「良知を致す」ことで全体の「知」に近づきたいものです。

17　良知の真髄

王陽明は「修養はこの「良知」の「真髄」に透徹していかなければ「充実・光輝」することはできません。もし、この「良知」についてよく「透徹」できたとしても、それは君の聡明さや知識・理解によってできたものではありません。かならず胸の中の雑物を浄化して、わずかの汚れも残っていなくなって始めてできるのです」と言います。

（黄省曾所録　17）

読解

王陽明は言います。「良知」の真髄に透徹しなければ**孟子**の「盡心下篇」に言う「充実すること之を美という。充実して光輝ある之を大という」の境地に達することはできません。これは単なる知識や理解とは違って、聡明さによって得られるのではなく日頃の「実践」を通じて「心」を浄化することなのです。全ての「雑念」を排除することによって得られるものであるという「事上磨錬」という独特の学問になります。「雑物」を浄化するのは、「良知」は日頃の実践にあたってもっとも「心」すべき修養なのです。

18　道は教

王陽明はおっしゃいます。『中庸』は「天の命じるところこれを「性」といいます。従って「命」は「性」です。また、「性」に従うことを「道」といいます。従って「性」はまた「道」なのです。「道」を修めるものはこれを「教」といいます」と言っています。これに対して弟子が「「道」はなぜ「教」なのですか」と質問します。**王陽明**は「「道」は「良知」です。「良知」はもともと完全なものです。これが「是」とするものは「是」に帰し、「非」となるものは「非」に帰します。「是非」はただ「良知」によればさらに「不是」となることはありません。この「良知」はまた君の「明師」なのです」と言います。

（黄省曾所録　18）

読解

『中庸』には、「天命、性、道、教」の関係について議論があります。「天」が命じるのが「性」で、「性」とは「心」と「生」の形声文字で生まれながらに持っている「心」をいいます。その「天」に命じられた「性」に従うべきものが人の「道」であり、「道」とは「一直線に通った道」のことであり、この「天」から命じられた「性」を一直線に向かうことになります。「道」を修めるのが「教」だと示します。弟子がこの「道」と「教」の関係を同一視することに疑問を投げかけます。確かに両者の続きは明確ではありません。しかし、**王陽明**は、これらは一つのことであることを強調します。

「道」は「良知」であって、「良知」は「是非」の判断を導く「明師（立派な先生）」であり、従って「是非」を「教」えるものであるとします。「善悪」の全ての判断は全て「良知」に拠るべきことを強調します。天命、性、道、教は儒学の中核的な議論ですが、日本人にはやや分かりにくい話です。中国大陸でよく見られるように大草原を真っ直ぐな道が走り、それが大きな丘の上で「天」と重なっている様な状況を考えればわかりやすいと思います。

19 戒慎恐懼

弟子から質問がありました。『中庸』に「君子は見ないところで戒慎（自分の非を悟る）し、聞かないところで恐懼（恐れかしこまる）する」とありますが、「見ない聞かない」は「本體」を説き、「戒慎恐懼」は修養のあり方を説いているのですか。**王陽明**は答えます。ここのところは、こう信じたらよいでしょう。「本體」はもとより「見ない聞かない」であるが、これもまた「戒慎恐懼」すべきものです。「戒慎恐懼」は「見ない聞かない」の上にあって、これにわずかなものでも加えるべきではありません。真実を悟ったときには「戒慎恐懼」は「本體」であり、「見ない聞かない」は修養の方法と言うのでしょう。

（黄省曾所録 19）

読解

「君子は見ないところに戒慎し、聞かないところに恐懼する」ことは有名な『中庸』の言葉ですが、人に見られていないところ、聞かれないところで「心」を引き締めて「戒慎恐懼」するのは儒学の修養法の基本です。そこで、「見ず聞かざる」は「寂然不動の本體」であり、「戒慎恐懼」を「修養の用」であるという議論があります。そこで「見ない聞かない」という現実の状況で「戒慎恐懼」するという修養を行うべきなのですかという弟子からの質問です。これに対して**王陽明**は両者を分離して考えるべきでないと言います。これで「良知」を悟ったときには逆に、「戒慎恐懼」は「本體」になっており、「見ず聞かず」は「修養の方法」であるといえるのです。これにわずかなものも加えるべきでないと言います。先にも出てきた様に「戒慎恐懼」は「生命生成」の源であると言っていますので、単に反省するだけでなく生命活動の根元だとするのです。我々今日の日本人にとっても「見ない聞かない」ところで「戒慎恐懼」することから学ぶことは少なくない様に思います。「見られていない」「聴かれていない」といって「ずるいこと」をしがちなのは悪人だけでなく、普通の人もやりがちなことです。我々も「戒慎恐懼」の修養をどれほど深く行うかは必ずしも必要性はよく分かりませんが、日頃から気をつけて、人に見られていない聞かれていないところで、日々自らを「良知」に照らして「反省」することで活力ある生活をすることは重要なことです。

20　夜間の良知

弟子が質問します。『易経』の「繫辞伝」には「「聖人」は昼夜にかかわりなく、常に知らないときはない」とありますが、どういう意味でしょうか。**王陽明**は「「良知」はもともと昼も夜も知っているからです」と答えます。弟子は「人が熟睡しているときに「良知」を知りようがありません」と突っ込みます。**王陽明**は「「良知」が知ることができないのなら、そうして一度叫んだだけで返事をするのですか」と答えます。弟子はさらに「「良知」が常に「知」として働いているのであれば、どうして熟睡できるのでしょうか」とさらに突っ込みます。**王陽明**は「夜になって休息するのは、これは自然の変化の常理です。夜になると天地は混沌とした形や色は消え、人の耳や目は見たり聞いたりすることを止め体の全ての感覚器官を閉ざします。このとき「良知」が「収斂凝一（収縮し凝集する）」するときなのです。朝になって天地が開けたらいろいろな物が姿を現し、人はまた耳や目で見たり聞いたりすることとなり、いろいろな器官が動き出します。これが「良知」の微妙な作用が発生するときなのです。「人心」は「天地」と一體となっていることを見なければなりません。それ故に、**孟子**は「人心と天地には上下があるものの、流れを同じくするものである」と言うのです。しかし、今日の人は休息することの意味を知らないので、夜に眠らなければ「妄思」するか、うなされることになります」と言います。弟子が「では睡眠の心得はどのようにすればよいのですか」と質問します。**王陽明**は「昼を知れば夜を知ることができます。昼間の「良知」は諸事に順応して滞ることなく働きますが、夜間の「良知」はこれを「収斂凝一（しゅうれんぎょういつ）」するものです。夢を見るのは後日起ることの前兆なのです」と答えます。

（黄省曾所録 20）

読解

次にも出てきます「夜氣」に関連する議論です。弟子が『易経』の「聖人は昼も夜も知らないことがない」と言う言葉について質問します。**王陽明**は、これを夜の「良知」の作用と見ています。昼の「動」の中にあっても「良知」は諸事の上にあって働き、夜は「静寂」の中にあって「良知」は「収斂凝一」して働いていると考えます。そこで、『易経』の「昼夜にかかわらず」という言葉のように昼も夜も「良知」の発揮の場として理解します。要するに「良知」は昼夜関係なく存在し、夜はよく寝ることとで「収斂凝一」して昼間に備えることと理解して良いと思います。夢を見るのは後日起ることの前兆というのは面白い話です。夜は深く寝ることが「良知」なので、今日の様にテレビの深夜番組や深夜の夜遊びで夜更かしが多くなっていることは、この考えからは避けるべきことになります。筆者の様に「不眠症」の場合は夜間の「良知」が発揮されていないことになるのでしょう。

21　夜　氣

王陽明はおっしゃいます。「良知」は「夜氣」が発するところでは、まさにこれは「本體」になります。「物欲」の「雑念」がないからです。学問に志す者は昼間の諸事に紛擾（ふんじょう）するときも「夜氣」のときと同じような心境にいることが必要です。これは昼夜も一貫した「道」に良知があることを知らねばなりません。

（黄省曾所録 21）

読解

「夜氣」とは、**孟子**は、「夜明けの清らかな氣分を言い、邪悪にくらませられない清明の氣であり、良心の萌芽である」と言い、「夜中には欲望が抑えられ「心」が落ち着き朝のすがすがしい「平旦な氣」を迎えられるのは「夜氣」によるのであり、これが「良心の発する」ところとなる」と言います。さらに、「「夜氣」を以て存するに足らざれば、則ち禽獣を違（さ）ること遠からず」と言って「夜氣」の重要性を強調します。**王陽明**は「良知」が発するところは「雑念」のない「夜氣」だけでなく、先にも出てきた様に昼も夜も同じように「良知」は働いていると言います。昼間に諸事に紛糾することがあってもこの「夜氣」と同じ心境でいることが必要であるとします。ただ、今日では夜のほうが「心」を惑わせるものでいっぱいで「夜氣」が発揮されることが少ないようです。

22　道教と仏教

王陽明が「道家」と「佛家」について話します。「道家」は「虚」を説いてきました。もし「虚」

が根本であるのなら、儒家の「聖人」は「虚」の上にわずかの「実」も加えることができません。「佛家」は「無」を説いてきました。「無」が根本であるなら「聖人」は「無」の上にわずかの「有」も加えることはできません。「道家」が「虚」を説いているのは「養生」の上にありますが、「佛家」が「無」を説くのは「生死の苦難」から脱出することからきています。これらはかえって「本體」の上にいささかの「意思」が加わったものです。すなわち、「虚無」の「本来の姿」ではありません。さらに、「本體」にも障害があるのです。「聖人」はこれをただ「良知の本體」の姿に戻してわずかな「意思」も付け加えないのです。「良知の虚」は「天の太虚」です。「良知の無」は「太虚の無形」なのです。日月風雷、山川民物などおよそ形や色のあるものはみな「太虚無形」の中にあって「作用」を発揮し流動してゆくもので、「天の障害」になるものはありません。「聖人」はただ「良知の発用」に従い、「天地万物」とともにわが「良知」の「発揚流行」の中にあります。どうして一つとして「良知の外」に超えて障害をなすことがあるのでしょうか。

（黄省曾所録 22）

読解

「道教」は「虚」という言葉で人間の「根本」を説いています。「虚」という字は丘が大きいという意味で「聖霊」の宿る大きな丘というのがその字義です。「心」をむなしくすれば「神霊」が大きな丘に降りてくることになります。従って「道教」では修養によって欲望を排除し、人々を救い「天人合一」になって、「仙人」となることを理想とします。そして、この「心」が「虚」であり、「無為自然」になることです。しかし、**王陽明**は「道教」を「不老長寿」を願う「私意」によっているものだと批判します。「聖人」が「虚」の上に「実」をどうして実現できるのかと「虚」の考えを批判します。一方、「佛教」も修養によって「無」を求め、「輪廻転生」の「業」の中からの「解脱」しようとするもので、生きることの「真理」を求めようとするものです。しかし、**王陽明**は、これも「生死の苦難」を越えようという「私意」によったものだと批判します。「無」についても「虚」と同様に批判し、「虚無」は「本體」になりえないと言います。「良知の虚」は「道家」の「虚」を超える「太虚」であり、また、「良知」の「無」は「佛家の無」を超える「太虚の無形」であることを主張します。

そして、「道教」や「佛教」との比較において、「良知」を中心的位置に置き、「良知」の「虚」は、すなわち、「これ「天の太虚」なり。「良知」の「無」は、すなわちこれ「太虚の無形」なり」として、日月風来、山川民物などおよそ貌象形色あるものは、みな「太虚無形」の中にあって「作用」を発揮し流動してゆき、「天の障碍」とはなりません。「聖人」はただその「良知の発用」に従い、「天地万物」ともに、「良知」が自由に活動する「発用流行」の中にあるのです。「道家」の説く「虚」、「佛家」の説く「無」は本来の「虚無」ではないとします。「聖人」の説く「虚無」は「良知」であり、「良知」は「太虚」、「太虚の無」であるので、「天地」にある物の全ては「天の太虚無形」の中にあって、自由に活動し流動していくことをいっさい妨げないものです。「聖人」はただ「良知の本體」に帰って少しも「意念」を付けることなく、自由な動きに順応するだけなのです。「良知」に従っていれば一つとしてできないことはないと断言します。

これは宗教的な議論であり、わかりにくいところがありますが、もともと**王陽明**が若い頃に「道教」にも「佛教」にも関心が強かったことから、これらを超えようとする**王陽明**の思想は両者の極みとしているように思います。

23　仏教と天下

ある人が質問しました。「佛教徒」も「心」を養うことに努めます。しかしながら、これを到達しても、これで天下を治めることができないのはどうしてでしょうか。**王陽明**は答えます。私が儒学の「心」を養うというのは、「事物」を離れずに、ただ「天理の法則」の「自然」に従うことです。すなわち、これが修養です。「佛教」では、ことごとく「事物」との関係を絶つことを求め、「心」を「幻」の姿と見て、「虚寂」に入って行き、世間と全く交渉を持たないのです。これが天下を治めることができない所以です。

（黄省曾所録　23）

読解

先の条文でも述べられた「佛教」の「心の涵養」と儒学の「心の涵養」の違いです。前者が「事物」と離れて修養するのに対して、儒学は「事物」と離れずに「心」を養うので、天下を治めることができるという考えです。「心の涵養」を「事物」と出会って実践を続けていけば「格物・致知・正心・誠意・修身・斉家・治国・平天下・明明徳」へと自ずから繋がってゆくことが、「天理の自然」に従うことであることを強調するのが**王陽明**です。この様に**王陽明**は「事」・「物」の上にあって修養を行う「事上磨錬」をして「心の涵養」を高めていくことで究極は「平天下・明明徳」に至るのです。これに対し、仏教では心を養うとしても「虚寂」に入っていって、世間と交渉を持たないので、天下を治めることができないのだと言います。

24　異端とは

ある人が「異端」とは何かを質問しました。**王陽明**は「「愚夫愚婦（一般人）」と同じものを「同徳」と言い、「愚夫愚婦」と異なるものを「異端」というのです」と答えます。

（黄省曾所録　24）

読解

「異端」は通常、「聖人」の議論と異なるものを言うが、**王陽明**はむしろ一般の人と「徳」を同じくするものを「正統」として、一般の人と異なるものを「異端」とします。一般の人と「聖人」の考えは対立するものではないという**王陽明**の基本的考えを示しています。「良知」を持つ全ての人が「聖人」であるという**王陽明**の主張の表れです。

25 不動心

王陽明はおっしゃいます。**孟子**の言う「不動心」と**告子**の言う「不動心」が異なる所は、わずかなものに過ぎません。**告子**は「不動心」の上にあって修養を積むべきといっています。しかし、**孟子**にあっては「心」というものは元々動かないものであるとの考えからはじめます。「心の本體」は元から動かないものであるとしても、行動が「義」にあわないことがあると「心」が動くことを明らかにします。**孟子**は「心」の「動・不動」を議論したのではなく、ただ「義」を集めることだけを問題にしたのです。このことは行動が全て「義」であれば「心」が「自然」に動くことはないと言うのです。そして、**告子**はただ「心」が動かないことを望んだのです。すなわち、「心」を動かないように取り押さえて、「生命の息のやまない」活動の根源を抑えようとしたのです。これはかえって「心」を阻害するのです。これは「益」がないだけではなく、「心の害」になります。これに対して、**孟子**の言うように「義」を集めるという修養を行えば、「心」は自ら養われて充満していき、「心」が飢えたり不足したりすることはなくなります。自ずから縦横に自由自在に活動して、活発にして「生氣」の発するところとなるのです。これを「浩然の氣」というのです。

（黄省曾所録 25）

読解

先にも出てきたような**告子**と**孟子**との論争です。「性善説」の**孟子**は、**告子**が「性に善悪なし」としていることで対立し、**告子**を「義外説」であると批判します。**王陽明**は言います。両者は出発点では差がないが、**告子**は本質的に誤っていると批判します。**告子**は「「心」を動かさざると、聞くことを得るべきか、と。「言」に得ざれば、「心」に求むるなかれ、「心」に得ざれば、「氣」に求むことなかれ」と言います。これは「心」を抑え込んで「生命の息」むことを「不動心」としており、活動の根源を抑えようとするもので、「益」がないだけでなく「心」を阻害するものだ、と言います。**孟子**は「「志」は「氣」の帥なり。「氣」は體の充なり。それ「志」にいたり、「氣」次ぐ。ゆえに曰く、その「志」を持し、その「氣」を暴することなかれ」と言い、「氣」を動かすものはかえってその「心」を動かすと「不動心」から外れることを言います。そして、**孟子**にあっては「集義（義を集めること）」によって、自由闊達になり、これは広大にしてし天地の間に充ち満ちている非常に盛んな精氣であって、自然発生的に人間の持つ生命力やエネルギーであり、これは「仁義」など「徳目」が生まれついて根源的に備わっている「浩然の氣」になります。これは生命を活発に活動させるから「不動心」なのだと**王陽明**は言います。

26　内外に分ける過ち

王陽明がおっしゃいます。**告子**の間違いは「性は善なし不善なし」という考えからものを見ているところにあります。「性の善なく不善なき」という説を議論してもまた大差はありません。ただ、**告**

子が執着してそれを見ているところに問題があります。このため、「善なき不善なし」の「性」の「内」があるとして、「善があり悪がある」のは、「物」に出会った時に「外」から感性上にあって生まれると見ていることです。このように「物」が「外」にあるとするのは、「内の性」と「外の物」という両方に分けて考えることになって、そこに間違いがあるのです。「善なく不善なし」というのは、「性」の元々の姿なのです。このことを悟れば、この一句だけで十分なのです。さらに「内外」に分けて考えることはありません。**告子**が「一つの性が内にある」と見て、「一つの物が外にある」と見ているために、「性」の本質を透徹していないのです。（黄省曾所録 26）

読解

王陽明は**告子**を次の様に批判します。**告子**が「性」は「生」まれたときは純粋で「善なし不善なし」だが「物」に出会って「善悪」が生まれるとしていることが問題とします。そして、「善もなく不善もない」というのは「性」の元々の姿なので、それは「性の内」であり、「物」に出会ったとき「善悪」が生じるという「外の物」とすることで「内外」に分けることが間違いの出発点なのだと言います。**王陽明**は、「性」は「良知」なのでこれを内外に分けられないもので、「天」から与えられる「性」には「善悪」はないが、「人欲」が弊害をもたらしているという**王陽明**の基本姿勢から**告子**を批判します。

27 万物一體

朱本思が質問します。「人」には「虚」で「霊妙」なところがあり、それゆえ人には「良知」があるのです。「草木瓦石」の類にもまた「良知」があるのでしょうか。**王陽明**は答えます。人の「良知」は「草木瓦石」の「良知」にほかなりません。もし、「草木瓦石」に人の「良知」がなければ、これをもって「草木瓦石」とすることができません。ただ、「草木瓦石」だけが「良知」なのではありません。「天地」もまた「人」の「良知」がなければ「天地」とすることができません。「天地万物」は「人」ともともと「一體」なのです。その「心」が感じることがもっとも「精妙」なところは、「人」の「心」が一つの「妙霊」なものであるからです。風雨露雷・日月星辰・禽獣草木・山川土石といった自然はもともと「人」と「一體」なのです。それ故に、五穀禽獣は「人」を養うことができ、薬石の類は病気を治すことができるのです。ただ一つの「氣」を共有しているからこそお互いに通じ合えるのです。

（黄省曾所録 27）

読解

王陽明の基本思想である「万物一體の仁」を主張する文章で、「良知」があるから「万物は一體」であるという独特の世界観を展開します。「草木瓦石」にも「良知」があるのかとの質問に対して、「人」の「良知」は「草木瓦石」の「良知」に他ならないと言います。「人」に「良知」がなければ

「草木瓦石」もありません。「心」が感じるものが「妙霊」なのは、全ての自然のあらゆるものが元々「人」と「一體」だからだと言います。「天地万物」のあらゆるものは「良知」を通じて「人」と「一體」なのです。五穀禽獣を食べて人を養い、薬石が病気を治すというのは、面白い例示です。人々が「博愛」を通じて結びついているという議論をする宗教は多くありますが、「草木瓦石」そして「天地万物」にまで人と「良知」によって結びついているというのは**王陽明**に独特なものがあります。

28　心と花

王陽明が南鎮（地名）に遊びに行かれた時、一人の友人が岩の中に咲いている花を指して質問しました。天下に「心の外」にあるものはありませんとおっしゃられますが、この花は深い山の中にあって自ら開き自ら散ってゆきます。私の「心」とどう相関しているのですか、と。**王陽明**は答えます。君がまだこの花を見ていないときは、この花は君の「心」と同じように「静寂」の中にあったが、君がこの花を見たときは、この「花の色」は一氣に明白に「心」に起こってきたのです。すなわち、この花は君の「心の外」にあるのではないことが分かるでしょう。

（黄省曾所録　28）

読解

「花を観察」している「人」と「花の存在」はどのような関係かという哲学的な話です。両者は

「一體」であるからこそ「美しい花」であると認識されるのであると、「万物一體」の例を示します。「良知」があるから「美しい花」があるのだと言い、「花」と「心」は「良知」でつながっているから存在していることになります。

現代人は「外」にある「事事物物」を自分はそれを観察対象とした別のものとして、単に「花」を客観的に鑑賞しているに過ぎないと考えがちですが、**王陽明**が言う様に、「美しい花」は「心」の中にあるとして、客観的な実物そのものではなく「心」の中にある存在として現実を認識して「存在」していると考えるのです。すなわち、観察者と被観察者を分けることは近代科学で基本となる「分析」の始まりですが、**王陽明**は、この様に分けることが間違いだというのです。我々は美しい物を見て感動するのですが、それこそ「良知」によって「一體」となっているからなのです。「美しい花」が観察される前と後で何が違うかと言われればそれまでかもしれません。しかし、現代の人々は「分ける」ことで観察対象の存在を大きく見過ぎることになり、被観察物と結びついている観察している人の「心」の存在を忘れているのではないかと思います。

29 厚 薄

弟子が質問します。「大人」は「物」と「體」を同じとして、「万物一體」を説きます。では、どうして『大学』は、「仁」には「厚薄」があると説いているのですか。**王陽明**は答えます。これは「道理」には、自ずから「厚薄」があるのです。身體は「一體」であっても、手足を使って頭や目を守ります。これを簡単に手足を薄くしていると言うのでしょうか。「道理」に従っているからそうなるのです。「禽獣」と「草木」は同じように愛する対象です。しかし、「草木」を採って「禽獣」を養うのは、これを忍ぶことができるのです。「禽獣」を殺して「親」を養い、「祭祀」に提供し、「賓客」をもてなすことを「心」は忍ぶことができるのです。「近親者」と「路上の人」とは、これらは同じように愛する対象です。しかし、もしわずかの飯と汁があって、それを食べれば生き残り、食べれなければ死ぬといったときで、両者を満足させることができないときに、「近親者」を救って「路上の人」を救わないことも「心」にまた忍ぶことができるのです。「道理」に合うものがそうなっているからです。自分の身体と近親者との間にまで至ったときには、さらに「厚薄」を分けることはできません。これは「人」を愛し、「物」を愛する全てこのことから出てきているものなのです。これを忍ぶことができないようでは、他に忍ぶことができるものはありません。『大学』で言ういわゆる「厚薄」は、「良知」の上にある「自然の条理」であって、これを越えることはできません。そこで、これを「義」と言い、この「義」に従うことを「礼」と言い、この「条理」を知ることを「智」と言い、この「条理」に終始することを「信」と言います。

（黄省曾所録　29）

読解

弟子が、大人（聖人）は「物」と「體」は同じもので「万物一體」とするとおっしゃいますが、『大学』は「仁」には「厚薄」があることを示しており、**王陽明**の「万物一體の仁」と矛盾するのではないかと質問します。**王陽明**は答えます。全てが「一體」であれば、全ての物に同じ姿勢であるかと言えば、そうではなく「厚薄」があるのです。『大学』には「その厚くする所のもの薄くして、その薄くする所のもの厚きは、未だ是れ有らざるなり」とあります。身体が一體なのに頭や眼を守るために手足を使います。これは手足を「薄く」しているわけではありません。これは「道理」に従っているのです。草木を禽獣に食べさせ、その禽獣の肉を親に食べさせ、祭祀に使い、また賓客をもてなすのは忍ぶことができるのです。同じ食料しかないときに、「近親者」と「路上の人」では「近親者」を優先します。そこで、「厚薄」についての議論になります。**王陽明**は、「万物一體の仁」については、「天理」に「純粋」でいられるのは、全てのものが「一體」だからであると言っています。「惻隠の情」は井戸にあるのではなく「子供」にあるといって、「子供」と「一體」だから「惻隠の情」が生まれるものだと言います。しかし、「厚薄」は「良知」の上にある「自然の条理」だから「是」とします。**王陽明**は、全ての人々を平等に愛すべきと言う**墨子**の「兼愛説」を批判しています。「人倫」は「孝弟」という根本の上に「仁」があるので、親に孝行し、兄に従うのは「仁」にも「厚薄」があることを強調しています。人々の従わなくてはならない『大学』で言うような「仁義礼智信」は「万物一體」の中で「良知」の上にある「自然の条理」である「厚薄」にあると言います。自分の親を他人の親より大事にするのは「孝」であり、自分の兄を他人の兄より敬うのは「弟」であると、「孝弟」があるのは「良知」の上の「自然の条理」なのです。「人倫」とは万物に「仁」を及ばせるだけでなく、「厚薄」をつけることでもあるのだと言います。

30　万物一體は実體

王陽明がおっしゃいます。「目」にはその働きを示す「実體」というのはありません。「万物の色」があってそれが「実體」となります。「耳」も「実體」はありません。「万物の声」があって「実體」になります。「鼻」にも「実體」というものはありません。「万物の臭い」が「実體」なのです。「口」にも「実體」がなく、「万物の味」をもって「実體」とします。「心」も「実體」がありません。「天地万物」の感応についての「是非」をもって「実體」となります。

（黄省曾所録 30）

読解

「目耳鼻口」は感官ではあるが、それぞれは具体的な姿である「実體」のあるものではなく、「色声臭味」があって始めてそれぞれの機能が働き「実體」になります。「目耳鼻口」そのものは「実體」でなく、それぞれ「色声臭味」と一體になって始めて「実體」になると言うのです。「心」も「天地万物」の「感応」が「是非」となって、これらと「一體」となって「実體」になると言って、「心」と「物」の「内外」の区別はなく「天地万物一體」であるのは、この「実體」を通じて発揮されることを示します。「心」は「目耳鼻口」のような感官はないが、「万物」について「是非」を感応するところであり、「天地万物」と「一體」となるのは「心」の「感応」を通じてであり、それによって「実體」となっているのだとします。「万物」は「目耳鼻口」による「色声臭味」という「感応」を通じて対象と「一體」となって初めて「実體」になるものだと言います。同様に、「心」も「万物」についての「是非」という「良知」によって「万物」と「一體」になり「実體」になるのだと言います。

31　夭寿たがわず

孟子が言う「早く死ぬか長生きするかを別のこととしない」という言葉について質問がありました。**王陽明**は答えます。学問における修養は一切の名誉・利益・趣味といったものを超越することができても、いくらかでも生死についての執着がわずかにでもあれば、全体について分かっておらず悟ることができないことになります。人の「生死」に関する執着というのは、本来の「身体生命」の根本からきているものです。それ故、これを除去することは難しいものです。もし、このところを達観し、透徹することができれば、この全体はまさに自由に活動することができ、これを妨げることはありません。まさに、これが「性を尽くし命に至る」学問なのです。

（黄省曾所録　31）

読解

前にも出てきましたが、**孟子**の「盡心章句」には「その「心」を尽くす者はその「性」を知るなり。その「性」を知れば、すなわち「天」を知る。その「心」を存し、その「性」を養うは、「天」に事うる所以なり。「殀寿」たがわず、身を修めてもってこれをまつは、「命」を立つる所以なり」という一文があり、人間にとって長生きするかどうかが問題でなく、身を修めて「天命」を立てることが基本で、長生きするかどうかが重要でないことが分かれば、「心」が自由になるという「達観」になることを示します。**王陽明**が言うのに、「名誉・利益・趣味」といったものは修養で排除できるが、「生死」についての執着はどうしても残るものです。この執着を乗り越えれば、自由闊達に活動できると、「殀寿たがわず」を強調します。かつての歴史上の偉人は皆、「殀寿たがわず」を実行して、今日までの歴史を作ってきました。**西郷隆盛**の『西郷南州遺訓』における「殀寿とは命の短きと、命の長きをいうなり」という言葉を思い出します。今日、武力が支配する時代でないので、直ちに「殀寿たがわず」に直面することはありませんが、しかし、「事」に当たっての「心構え」としてもっていることが「命」を「立」つ基本であることは今も昔も変わりません。今の時代は、長生きをするために巨額の資金を使って医療技術の発展を遂げてきました。やがて多くの人の寿命が百歳となるのが普通の時代を迎えることになります。この長寿社会においてこそ常に「天命」を立てることが重要な事なのです。長生きすることの意味を真剣に考えるべき時代になっています。

32　病根を去る大本

一人の友人が質問しました。静坐をしているときに、「名声」を好み、「色欲」を好み、「財貨」を好むなどの雑念を根本から一掃し、掃き清めようと望むのであれば、これは自分で肉をえぐって傷を作るようなものではありませんか。**王陽明**は顔色を変えて姿勢を正しくしておっしゃいました。これは、私が「人」に対する「治療法」であり、真に「人」の「病根」を去るための「大本」になるものです。「人」は十数年も過ぎてもまだまだ使えるものです。君がもし使いたくないのであればしばらくの間、放しておきなさい。私の「治療法」を壊す必要はありません。この友人は恥じ入って詫びました。しばらくして、**王陽明**は「この質問をする力量は君にはないでしょう。必ずや私の一門の中の相当考えのある者がこの説を作って君を誤らせたのでしょう」と言ったので、その座に居合わせた一同は恐れ入りました。

（黄省曾所録　32）

読解

人が「名声、色欲、財貨」に対する「人欲」を絶つというのは、かえって自らの肉をえぐって傷つけることになるのではないかとの質問に、**王陽明**は「自分はこの方法で人々を治療してきたのだ」といって怒ります。そして、この「人欲」を排除するという「大本」の「治療法」が気に入らないなら放しておきなさい、しかし、「治療法」を変える必要はありませんと言います。そして、弟子の中の誰かが間違った議論をしたからではないかととがめます。**王陽明**は一貫して「抜本塞源論」の立場であり、「人欲」の根本を絶たねばならないと言います。「人欲」を排すというのは、人の「心」を「治療」して「病根」を去る「大本」だと一貫した考えです。日頃の生活の中で「人欲」を少しでも排していくことは、難しいことですが、日々絶え間なく行うことが基本です。同時に、これは「良知」を見い出してそれに従うことなのです。

33　払子より実践

一人の友人が「先生に従って修養をしていますが「本氣」になれないでいます。どうすればよいでしょうか」と質問します。**王陽明**は「学問・修養のことは私が既に「良知を致す」という一つの句で言い尽くしています。今日また再び説けばまた再び遠くなり、全て根付きません。どうしようにもありません」と言います。そして友人は、「「良知を致す」との教えを受けてきました。しかし、これをもっと詳しく研究すべきと思います」と言います。**王陽明**はこれに対して「すでに「良知を致す」ことを知っているのであれば、もうそれ以上、研究すべきことはありません。「良知」はもともと明白なものなので、現実の中で「実践」の上で努力を行えばよいことです。あえて「実践」を行わず、ただ言葉の上だけで研究して、繰り返して議論しても曖昧なまま、ごまかしを繰り返すことになります」と忠告します。友人は、さらに「まさにこの「良知を致すの実践」を研究したいのです」と言います。**王陽明**は答えます。それは自分自身で求めることです。私は別の方法で言うことはできません。むかし、禅の老師がいました。人が来て仏法について質問すると、ただ「払子（ハエなどを追うための鹿の尾で作られた仏具の一種でハエたたき）」を差し出して説いていました。ある日、その弟子が「払子」を隠してどのように「仏法」を説くのかを試しました。老師は「払子」を探しましたが見つかりません。そこで、空の手で説いたと言います。私の「良知」とは、仏法を説く「払子」です。これを捨てて何を説くことがありましょうか、と。また、少ししてその友人が修養の最も大事な点は何かと質問しました。**王陽明**は、傍らを見て「私の「払子」はどこにありますか」と聞きました。座にあった者は皆、「心」に飛躍した感動を得ました。

（黄省曾所録 33）

読解

友人が「良知を致す」の修養をしてきたが、さらに詳しく研究したいという質問に対して、**王陽明**は、「良知」は「明白簡易」なので、すでに「良知を致す」を知っているのであれば、それ以上説明する必要はないとだけ答えます。そして繰り返し議論することは意味がなく「実践」で修養を行う事ですと諭します。さらに良知を致す実践を研究したいという友人には「自分で求めなさい」と言います。比喩をあげて、老仏師が仏法についての質問に対して、いつもハエたたきを使って教えたと話しましたが、弟子がそれを隠してハエたたきが見つからないときは、空の手だけで説いたという話をして、ハエたたきで何ができるのかと言います。「良知を致す」は単なる研究の対象ではなく、「実践」

すべきものであるとの主張です。さらに、友人が「修養の肝心なところを教えてください」と言ったのに対して、**王陽明**は「私のハエたたきはどこにあるか」と、意味のない質問することを諫めます。ハエたたきで教えるのは無駄なことで、「良知」は「実践」による「事上磨錬」の修養であるというのが**王陽明**の教えです。無駄な教えのことをハエたたきに譬えて表現する所に面白さがあります。

34　良知は幾

ある人が、『中庸』にある「「至誠」ということは、予め全てを知ることができる」との言葉の意味を問いました。**王陽明**は答えます。「誠」は「実理」に関する「理」であって、これは一つの「良知」なのです。「実理」の不思議な作用や流れは「神」なのです。その始動となって動き出す所は、これは「幾（きざし）」なのです。**周子**は「誠・神・幾のある人が聖人である」と言っていますが、「聖人」は未来を予知することを尊いこととしないのです。「禍福」に遭遇することは、「聖人」でも免れることはできません。ただ、「聖人」はその兆候を知っています。したがって、「事変」に遭遇してもよく分かっているので困らないのです。「良知」に未来も過去もありません。現在の「幾」を知っておれば一事から百事を知ることができるのです。もしこの予め知ろうという「心」があれば、すなわち、これは「私心」なのです。それが利害に対応しようとする意識があるのです。**邵子**（未来は予言できるとした儒学者）が未来をあらかじめ分かる事を確信していたのは利害の「心」がいまだ尽きていなかったのです。

（黄省曾所録 34）

読解

『中庸』は「「至誠の道」は以って前知すべし。……「禍福」の将に至たらんとするや「善」も必ず先づこれを知り、「不善」も必ず先づこれを知る。ゆえに「至誠」は「神」の如し」と言っています。これについての**王陽明**の解釈です。「良知」が「至誠」であることは常に言っていることですが、ここで、「良知」は「前知（あらかじめ知ること）」とは微妙な差があることを示します。ここでは「良知」であらかじめ全てを知ることはできず、「聖人」であっても「禍福」を免れることはできないと言います。「良知」は「幾」を知ることがきることを強調します。「幾」とは「きざし」のことですので、そこから一事百事を推察できるという考えです。将来に起こることをあらかじめ知ることができると考えるのは、まさに「私心」の表れであると批判します。**邵子**が未来を確信するのは利害の「心」なのです。「良知」によれば、実践を行っていく「事上」にあって正しく判断できるということを教えます。たしかに、我々もいつも将来どうなるかを何とかして知ろうとやっきになります。しかし、それは「私心」であって、これからどうなるかについて「心」を痛めるより、何が「至誠」かを考えれば良いというのは、心すべきことと思います。株取引や競馬で未来が分かれば、大もうけができます。そのための予想屋も繁盛しています。それだけでなく、現実の多くの経済活動においても、人々は将来を予知しながらそのリスクを最小限にしようとすることが行われているのです。これらのことが過度に行われることは「私心」による未来予知になりますが、しかし、逆に「私心」を排除すれば、「良知」によっていろいろなことが「幾」として見えてくると言うのです。

35　知ることはないが、知らないことはない

王陽明がおっしゃいます。「知ることはないが、知らないことはない」、これが「良知の本體」の姿です。例えば、太陽が物を照らそうという「心」がないのに、自然に全てを照らしているようなものです。照らそうとしないのに、照らさざるを得ないのが太陽の本體なのです。「良知」は本来、知ることはできないが、これまで知ることを求めたり、知らないでいるはずがないのに、いまだ知らないでいるのではないかと疑うのは、「良知」を信じていないからです。

（黄省曾所録 35）

読解

人々は予め知ろうとして惑いますが、「良知」は、知ろうとしてはいないのに、全てを知っているのです。このことを太陽にたとえて「太陽はものを照らそうとする意図はないが、全てを自然に照らしている」というものだと言います。「良知」を知ることを求めても本来は知るはずはないのに、知ることを常に照らしてくれるのだと信じるようにと話します。前句にあったように、あらかじめ全てを知りたいと考えるのは「私心」ですが、「良知」が全てを知らないでいることはないと言います。

強い「良知」への信頼を示します。「良知」に「心」をゆだねることで「心」の大きさを説いているように思います。我々はともすれば将来のことを知ろうとしますが、これは「私心」であり、「良知」を信ずれば「心」が広がって自然と本来の姿を知ることができるのです。

36 聡明叡智

王陽明がおっしゃいます。『中庸』に「天下の「聖人」だけが「聡明叡智（そうめいえいち）（道理に通じていて深い智慧）」である」と言っています。昔はなんと意味の深いものであるかと思っていましたが、今にして思えばこれは元々人々の自然に備わったものだと思います。「耳」はもとよりよく聞こえて「聡」であって、「目」はもとよりよく見えて「明」であり、「心」の思いはもとよりよく考えることができ「叡智（えいち）（優れた知恵）」なのです。「聖人」はただこれらを完全によく実践したにすぎないのです。「聖人」がよくしたところはまさに「良知」なのです。一般の人ができないのはただ一つの「良知」を致せないからなのです。なんと「明白簡易」なことでしょうか。

（黄省曾所録 36）

読解

『中庸』には「聖人」だけが「聡明叡智」であるとされていましたが、よく考えれば、全ての人々の目や耳が働いているように、「心」にすでに備わっているものが「聡明叡智」なのです。「聖人」にはできて、それが凡人にはできないのは「良知」が発揮されていないのだと嘆きます。本来全ての人は、「耳」はもとより聞くことができ、「聡」であり、「目」はもとからよく見えて「明」であり、「心」で思うことはもとより考えることができる「叡智」なのです。「聖人」が「聡明叡智」なのはこれらを実践したにすぎず、「聖人」ができたことを一般の人ができないのは「良知」を致さないためにできていないのだと言い、それはなんと「明白簡易」なことだと言います。「聖人」の「聡明叡智」にまで至らなくとも、「良知」はもともと持っているものなので、「心」して「良知の実践」をしていきたいものです。

37　遠慮と将迎

弟子の一人が問いました。**孔子**は、「遠慮」といわれました。**周公**は夜も昼と同じように考え続けていたといいます。これらの考えは**程明道**のいう「将迎（「心」が「外」に惹かれて送り迎えをすること、ここではあってはならないこと）」とどう違うのですか、と。**王陽明**は答えます。**孔子**がおっしゃった「遠慮」は単に茫茫蕩蕩（ぼうぼうとうとう）（果てもなく広く）と、はてのないことを考えるものではなく、ただ「天理」を保持していることを求めているのです。「天理」が人々の「心」にあるのは、古から今にわたり悠久の中に至っており、始まりも終わることもありません。「天理」はそのまま「良知」ですので、「千思萬慮（せんしばんりょ）（千や万ものいろいろなことに考えをめぐらす）」しても、これはただ「良知を致す」ことを求めることにすぎません。「良知」は考えれば考えるほど「精明」になります。もし、詳しく考えずに漫然として「事」の成り行きに応じて従ってゆけば、「良知」は粗雑に鈍ってきます。もし、「事上」にあって茫茫蕩蕩としていくことを孔子の言う「遠慮」と考えれば、そこには名誉や打算という「人欲」が中に入ってくることを免れません。これはまさに**程明道**のいう「将迎」になってしまうのです。**周公**が終夜をもって思ったのは、これは見ざるに「戒慎」、聞かざるに「恐懼」の儒学の修養なのです。それが分かれば**孔子**や**周公**の思いと「将迎」との違いは自ずから分かることでしょう。（黄省曾所録 37）

読解

孔子の「遠慮」や**周公**の「戒慎恐懼」と**程明道**の「将迎」とも違うのでしょうかとの質問に**王陽明**は答えます。『論語』では「子曰く、人、「遠慮」なければ、必ず近憂あり」と、人は遠いところを考えていないと必ず身近なことに心配が起こるのだ、と言っています。また、**周公**は昼間だけでなく、深夜にも「戒慎恐懼」していたと言われます。これらは「天理」を保持しようとしていたのであり、「良知を致そう」としているのです。**孔子**や**周公**の両者は、悠久の中で始まりも終わりもなく、ただ果てもなく広くを考えているのではなく、「良知」を考えているに外ならないのです。これに対して、**程明道**は「動にも亦定あり、静にも亦定あり、将迎無く、内外無し」と言っており、「心」が「外」に惹かれて将迎してはならないとしています。この「将迎」は自身の安寧だけを求めているので、両者の趣は全く異なるものだと言います。茫茫蕩蕩と「遠慮」を考えていると、「遠慮」でなくなり**程**

明道の言う「将迎」と同じになってしまいます。「遠慮」は、**周公**が昼夜行っていた「戒慎恐懼」の修養と同じです。修養を行う際の心構えを示します。「物」を考えるのに茫茫蕩蕩となりやすいことに注意が必要です。

38　天を怨みず、人を尤めず

『論語』にある「一日「己」に克ちて「礼」に復るなら、天下は「仁」に帰する」という言葉は、**朱子**が解釈したように「自己の修養が天下に及ぼした」という説でよいのでしょうかとの質問がありました。**王陽明**は答えます。「聖賢の学」はただ自分の修養のためにするのであって、修養は重視するが、他に及ぼす効果を重んじているわけではありません。「仁」のある者は「万物一體」とします。それができず「一體」とならないのは、自己・私といったものを未だ忘れていないからです。「仁の本體」を完全なものとするならば、「天下」の皆の者は私の言う「仁」に帰服するのです。すなわち、これは**呂与叔**の言う「八方の遠い所にいる人も皆、私の敷居地の内にある」ことを意味しています。『論語』にある「国にありても怨むことなく、家にありても怨むことがない」ということは、ただ「自分自身が人を尤めない」ということなのです。これもまた『論語』にあるように「天を怨みず、人を尤めず」ということなのです。家や国がこちらを怨まないことも含まれます。ただ重視することはここにはありません。

（黄省曾所録 33）

読解

弟子が**孔子**の話について質問します。これは『論語』における**孔子**と一番弟子である**顔淵**（顔回のこと）との対話のことです。**顔淵**が「仁」とはどういうものかと質問したのに対して、**孔子**は「己に克ちて「礼」を復むを「仁」となす。一日「己」に克ちて「礼」を復めば、「天下仁」に帰す」と答えます。さらに**孔子**が「「仁」をなすは己によりて、人に由らんや」と言ったのに対して、**顔淵**がもう少し詳しい話を請うと、**孔子**は「「非礼」を見ることなかれ、「非礼」を聞くことなかれ、「非礼」を言うことなかれ、「非礼」に動くことなかれ」と言います。「克己復礼（おのれにかちて礼にふくす）」という有名な句です。自分の私意・欲望に克ちて、先王の定めた「礼」を実践することが「仁」であると言います。そして、この「礼」に復帰すれば、天下の人々は皆「仁徳」に向かい、「仁」に心を寄せることになります。さらに「礼」に外れたことを見聞きし、言ってはならず行動してはいけませんと言います。**顔淵**は自分はふつつか者ですがその言葉を一生の仕事としたいと返事します。さらに、『論語』において、**孔子**が**仲弓**から「仁」について問われたときに、「己の欲せざるところは、「人」に施すことなかれ」という有名な言葉を言っています。この説の**朱子**の解釈は「自らの修養が天下に及ぼした」という自らの修養の効用が天下に広まり、「民」は「礼」に復って「天下」は「仁」に帰すのだという「新民」の見方であり、これに対しての弟子の質問です。**王陽明**は答えます。修養は自分のためにするもので、他に及ぼす効果は重要でないと言います。「私欲」を排して「万物一體」になれば、天下の人々は私の「仁」に心を寄せてくると、**朱子**とは修養の道が異なることを言います。そして、「万物一體」となれば、八方にいる遠い人も自分の家にいる様なもので、人々は「天を怨みず、人を尤めず」となります。この様にして、「良知」を致して「万物一體」となせば「国にありても怨みなく、家にありても怨みなし」となって、「天下」は治まると言うのです。**王陽明**にあっては**孔子**の議論は自らが「良知」を致すことで、この結果、「万物一體の仁」が及ぶことで「天下は仁に帰す」という考えです。**朱子**が「自己の修養が天下に及ぼす」と言うのは『大学』に出てくる「親民」を「新民」と読むことであり、**王陽明**は、これは「私欲」によっていると批判しています。

39　巧力聖智の説

孟子の「巧力聖智の説（「技巧」（てわざ）が巧みなことを「智」に、「実力」を「聖」に喩えた説）」を**朱子**は、「三子（**伯夷**、**伊尹**、**柳下恵**）は、「実力」は余りあれど「技巧」が足りないのだ」と解釈していますが、どうでしょうかとの質問があります。**王陽明**は答えます。この三者は元々「実力」のある人であり、「技巧」もあります。実は「技巧」と「実力」は別のことではなく、「技巧」もただ「実力」の使い方にあります。「実力」があっても「技巧」がないのは無駄な力なのです。三人はたとえれば弓を射るようなものです。一人は「歩射」がよく、一人は「騎射」がよく、一人は「遠射」がうまいというようなものです。彼らが「弓」を射て「矢」を届かせれば皆、「実力」があると言うことになり、「的」に当たれば「技巧」があるといいます。ただ、「歩射」はするものが「騎射」ができず、「騎射」

ができても「遠射」ができないのは、それぞれ優れた所があるのです。これは才能の限りが同じでないことの所以です。しかし、**孔子**は三種の射法にすべて優れていました。しかしながら**孔子**の「和」は**柳下恵**に至って極まり、**孔子**の「清」なるところは**伯夷**に至って極まり、**孔子**の「任」は**伊尹**によって極まっています。それ以上加えようのないものです。もし、三者が実力はあるが「技巧」が足りないというのであれば、かえって、その「実力」はかえって**孔子**を越えてしまいます。**孟子**の「技巧」と「実力」の喩えは、ただ「聖智」の「義」を明らかにする所だけです。もし「聖智の本體」が何であるかを知っておれば、自然と分かることです。（黄省曾所録 39）

読解

孟子は「『智』は譬(たと)へば則ち「巧」なり。「聖」は譬へば則ち「力」なり。由(なお)は百歩の外に射るがごとし。其の至は爾(なんじ)の力なり。其の中るは爾の力に非ざるなり」と言い、「智」を「巧」として「聖」を「力」であるとします。そして、偉人とされている**伯夷**、**伊尹**、**柳下恵**の三人に関して論評しています。**伯夷**は「聖の清（清廉潔白である）」、**伊尹**は「聖の任（天下を以て責任をとる）」、**柳下恵**は「聖の和（誰とでも調和をしていく）」であると評価しています。その優れたところを全て集めて大成したのが**孔子**であり、全てを備えていると言います。**孟子**は彼ら三人を評価するについて音楽の例をあげて、合奏が乱れずに行われるには「智」の働きであり、乱れずにきちんと終わるのは「聖」の力であり、従って、その集大成には「智」の働きと「聖」の力の両方が必要だとします。また、弓術に喩えると

「聖」は弓を引く「力」であり、「的」に達するためには「力」ではなく技巧であるとします。この議論に対して、**朱子**は、**孔子**は「巧力」、「聖智」を兼備えているが「三氏は則ち「力」余ありて「巧」足らず。是を以て一節「聖」に至ると雖も、而も「智」は以て時中に及ぶに足りず」と言っており、「実力」はあるが、「技巧」が足りないのだと評しています。

弟子がこの**孟子**の「巧力聖智の説」について質問します。**王陽明**は答えます。**朱子**の説は間違いで、「技巧」も「実力」も別のことではなく、三者は優れているところの種類が違うのだと言います。これを弓術の例で説明します。三者はそれぞれ「歩射」に、あるいは「騎射」に、あるいは「遠射」に優れています。「歩射」ができても「騎射」ができず、「騎射」ができても「遠射」ができないというように、それぞれに優劣の所があると言います。これは才能の限りが同じでないことの所以なのです。**孔子**は三つの射法に全てに優れており、「聖人」として全てを備えているのです。そして、**孔子**の「温和」さは**柳下恵**の「温和」さが頂上であり、**孔子**の「清廉」なるところは**伯夷**の「清廉」さに極まっており、**孔子**の「実務能力」は**伊尹**の「実務能力」において極まったものであると評価します。従って、それ以上加えようのないものなのです。もし、**朱子**の言う様に、三者が「実力」はあるが「技巧」が足りないというのであれば、その「実力」はかえって**孔子**を越えてしまうことになります。三者はそれぞれ「実力」はあり、「巧力」といったのはただ「聖智の義」を明らかにしただけなのです。「聖智の本體」が何であるか分れ知れば、自然と分かることです、と。

40 天運

王陽明はおっしゃった。『易経』にある「『聖人』は「天運」がまだ来ない前に先立って行っても「天」は聖人の行ったようになるものだ」という話は、「天」はすなわち「良知」だからです。また、「聖人」は「天運」が過ぎ行くに遅れても「天」の時を受けるのと違うことがないというのは、「良知」は「天」だからです。

（黄省曾所録 40）

読解

王陽明は、「聖人」は常に「良知」によっているので、「天運」に先立って行っても、遅れて行っても「天」のあるべきところと違わないと言うのです。常に「良知」を致す「聖人」は何時、行っても「天」のあるところと違わないのです。「良知」の作用によって「聖人」が常に「天」のある所にいるのは、「良知」が「天理」そのものだからだと言います。「良知」に従っておれば後先があっても「天運」はやってくるのだと言います。我々も「人欲」を排して「良知」に従っておれば「天運」に見捨てられることはないのです。「天運」がないと嘆くより、「良知」に従うことを心すべきこととなります。

41　是非の心

「良知」はこれは一つの「是非の心」です。「是非」はただこれは一つの「好悪」なのです。したがって、「好悪」は単なる感情ではなく、「是非」を尽くしたものなのです。そして「是非」の判断は万事万変に「理」を尽くすことになります。また「是非」の両字こそ一つの大きな基準です。それにどう対応するかは、その人如何によります。

（黄省曾所録　41）

読解

孟子は「是非の心」を言い、これを「正を是とし不正を非とする「心」のない者はいない」と言い、「是非の心は智の端なり」と言って人には必ずあるものだと言います。これは**王陽明**の言う「良知」なのです。そして、「良知」は「是非の心」で「好悪」であるとし、自然と「是を是」とし「是を好み」、「非を非」とし「非を悪む」ことになるのが「良知」だと言います。「是非の心」は単なる「好悪」ではなく、万事万変について「理」を究めたものであり、「是非の心」は全ての大規矩（きく）（大きな基準）なのです。それをどの様に処するかはその人如何によるのです。ここでは「良知」と同じであるといいます。「是非」とは「好悪」という人の持つ感情に依存する自然なものであると言いますが、**王陽明**にしては珍しく万事万変に「理」を尽くしたものであると言っています。

42　聖人の知は太陽

「聖人」の「知」は晴天の「太陽」の様です。「賢人」にとっては空に雲が浮かんでいるような「天」における「太陽」のようなものです。「愚人」にあっては黄塵が覆っている中にある「天の太陽」のようです。明るさの程度は同じではないが、それが黒白をはっきり示しているのは同じです。真っ暗な夜でも他の白黒が分かるのは、「太陽」の余光がまだ尽きてしまっていないからです。「困知勉行」の「愚人」が努力すべきは、ただこのわずかな明かりを手がかりにしっかりと見て精進していかなければならないことです。

（黄省曾所録　42）

読解

「聖人」の「知」は晴天の日の「太陽」であり、「賢人」にとっては雲が浮んでいる空の太陽で、「愚人」は黄塵の中の「太陽」であると表現します。明るさに差があるが「太陽」であることには変わりがないので、「困知勉行」の「愚人」にとっては黄砂で隠れたわずかな明かりを頼りにしっかり努力してゆくべきと言います。**王陽明**は人々は等しく「聖人」と同じ太陽の下にあるが、明るさの程度に差があると言っています。我々愚人は隠れた「太陽」を懸命に探さなければならないことになります。

43 七情

弟子が「先生は「良知」を「太陽」にたとえ、「欲」を「雲」にたとえる事をされています。「雲」は「太陽」を覆うといえども、これもまた「天」の一つの「氣」に合致したものですから「欲」もまた「人心」に合致したものといえるのでしょうか」と質問します。**王陽明**は答えます。「喜怒哀懼愛悪欲」、これを「七情」と言います。「七情」は全て「人心」に合致したものです。ただ、「良知」を認めることを明白にしなければなりません。例えば「日光」のようなものです。それは四方を照らすが、その方向を指さし示すことはできません。これに対して、扉の隙間から通る「日光」もあります。「雲」や「霧」で四方がふさがれたときでさえ広い空間で色や形を見分けられるのも「日光」がなくなっていないからです。「雲」は「太陽」の光を覆ってしまうからといって「天」には「雲」を生じさせる必要がないとはいえません。「七情」もその自然の流れに従えば、これらも全て「良知」の作用であり、「善悪」の区別をすべきではありません。しかし、「七情」は何かに付着することとなると、これを「人欲」と言い、「良知」を覆い妨げることになります。しかし、それが何かに付着したときに、「良知」はまた自ずから覚ることができます。それが分かれば、その遮蔽しているものを取り去れば、その「本来の體」に復帰します。このところをよく見破れば、「良知を致す」ことは「簡易透徹」の修養です。

（黄省曾所録 43）

読解

弟子が難しい質問をします。「良知」である「太陽の光」を遮蔽する「雲」を「人欲」にたとえており、「雲」が「良知」である「太陽」を覆うといいますが、「雲」も自然の一つではないですか、「欲」もまた自然な「人心」ではないかと質問します。**王陽明**はこれを認めて、確かに「人欲」を生み出す「喜怒哀懼愛悪欲」といった「七情」も「人心」ですが、自然の流れに従えば「良知」の作用で、「七情」自身について「善悪」の判断をする必要はないと言います。「七情」に何かが付着すれば「欲」になります。しかし、「欲」もまた「人心」であるというのを認めた上で、自然に従うことが「良知」であるという考えを示します。「良知」を覆い被せているものを取り去れば「本来の體」になり、これが分かれば、「良知を致す」ことは簡単で明らかなものになります。いつもの「人欲」を根本から排除せよと言う**王陽明**の言葉にしては優しい感じがします。

44　孝　行

弟子が質問をします。「聖人」が生まれた時から「生知安行」なのは自然のものであるとすれば、どうして修養が必要なのでしょうか。**王陽明**は答えます。「知行」の二字はそもそも修養のことを示しています。ただ、人によってそれを行うのに浅いか深いか、難しいか易しいのかといった違いがあります。「良知」はもともと「精精明明（純粋に明白なもの）」なのです。「親」に「孝行」をしたいと思うように「生知安行」の人は、ただ、「良知」に従って行い実際に「孝行」を尽くすだけです。「学知利行」の人は、これを時々、反省して自覚し努力して「良知」によって「孝行」を尽くすことを求めるのです。「困知勉行」の人にいたっては、自らを蔽う壁が厚いので、「良知」に従って「孝行」しようとしても「私欲」が阻むところとなり、実現ができません。必ずや人が一回するときには自分は百回し、人が十回する時には自分は千回するという修養を加えて、よく「良知」に従って「孝行」を尽くすことになります。「聖人」は「生知安行」であるといっても、その「心」をあえて「是」としないで、あえて「困知勉行」の者と同じ修養を行います。もし、「困知勉行」の者が「生知安行」の者と同じようなことをしようと考えても、どうしてそれができるのでしょうか。

（黄省曾所録　44）

読解

「生知安行」の「聖人」でも修養が必要なのはなぜですかとの問いです。**王陽明**は、「孝行」の例をあげて説明します。「生知安行」の「聖人」は、「良知」に従って「孝行」を尽くすだけで、「学知利行」の「賢人」は努力して「孝行」しますが、「困知勉行」の「凡人」は「私欲」によってなかなか実行できないでいると、それぞれにレベルがあります。修養はいくらしても良いので、「聖人」も修養をするのです。「凡人」は、人が一回するのであれば、自分は百回し、人が十回するのであれば千回すればよいのです。「聖人」はあえて「凡人」と同じ修養を行うのであり、「凡人」が「聖人」のように考えたら「孝行」もできないのです。当時の「孝行」は例えば、「温清の礼」の様に老齢化した両親に暖かい服を着せ、肉を食べさせて良い生活をさせることが「孝行」になります。今日の様な年金制度の下の高齢の親の生活とは大きく異なります。高齢の親の扶養を行うのは子供の責任でなく政府の責任になっています。今では要介護者になった親の世話をして安寧に生活させることが最も大きな「孝行」になるでしょう。しかし、介護は容易ではありません。政府の支援や介護施設などのサービスが必要になります。筆者の場合を考えると、京都大学入学、大蔵省入省、工学博士、京都大学教授になったことなどを非常に喜んでもらえたのは親孝行になったでしょう。しかし、三回の大病をし心配をかけ、親の会社を嗣がなかったこと、また、父親の引退後また要介護時に、忙しくしていてあまり相手をできなかったことなどは大きな親不幸のように思い反省しています。

45　楽しみは心の本體

弟子が質問をします。「楽しむ」のが「心の本體」だと言われますが、親が亡くなったとき嘆き悲しんでいるときでも「楽しみ」は、なおあるのでしょうか。**王陽明**は言います。必ず一度、大泣きしてしまうと、「心」はまさに「楽しく」なります。泣かなければ「楽しみ」ではなくなります。泣くといっても「心」が安らかになるところは「楽しみ」なのです。「心の本體」は未だかつて動いてはいないのです。

（黄省曾所録　45）

読解

王陽明は常に楽天的で、人間の「心」は常に「楽しい」と言っており、「良知」によっておれば「心」はいつも満足していて安らかであると言っています。そこで、弟子は、親が死ぬという人生で最も悲しいことについて聞きます。弟子は「楽しみ」は「心の本體」だとおっしゃるが、親の死に目であっても「楽しみ」はあるのですかと厳しい質問をします。これに対して、**王陽明**は、「一度大泣き」をすれば「心」が安らかになって「楽しみ」が戻ってくると言います。どんなに悲しいことが起こっても「心の本體」は不動のものだから「楽しみ」はかならずあると言います。

46　枝節

弟子が質問します。「良知」は「一」であるだけです。しかし、**文王**は「彖（たん）（卦辞のこと）」を作り、**周公**は「爻辞（こうじ）」を作りました。**孔子**は『易』の十翼を作りました。何が理由で、それぞれの「聖人」が「理」と見ることが同じでないのでしょうか。**王陽明**は答えます。どうして「聖人」の死んだ形にとらわれるのでしょうか。根本においては「良知」と同じところから出ておれば、おのおのが自説を作っても何の妨げにはなりません。竹園の一つの竹のようなものです。この枝や節が大体において同じとすることができても同じではありません。一つ一つの枝、一つ一つの節を同じものにすべきと拘泥し、全ての高さや大きさを同じにしなければならないとすると、「造化の妙手」が「生命」を生むところではなくなります。君たちは、ただ「良知」を培養すべきであって、「良知」が同じであれば、いろいろ異なるところがあることを妨げません。君たちがそこに修養しなければ、「筍（たけのこ）」さえ生まれてこないでしょう。何をもって「枝節」の議論をするのですか。

（黄省曾所録 46）

読解

弟子が、「良知」は一つであるのに、**文王**、**周公**、**孔子**などの「聖人」はそれぞれの卦を作っており、それぞれの理論が同じでないのはどうしてですかと質問します。**王陽明**は「形は問題ありません。根本が「良知」であれば、それぞれの「聖人」が自説を作ることに問題はありません」と答えます。竹林の例を出して、竹園の竹も枝や節が同じでなく色々あります。高さや大きさも同じにしなければならないとすると「造化の妙手」は「筍」さえも作れなくなるといって、根本の議論に集中する様にと言います。「良知」の修養においては、枝や節の様な細かいことを話する必要はないと言います。「聖人・賢人」の議論がどう違うかは気になるところですが、「良知」の修養さえ行っておれば、おのおの異なっている彼らの言葉も自ずから分かることでしょう、と諭します。

47 親孝行

村民の中に親子でありながら訴訟を行おうとするものがあり、**王陽明**に直接、訴えることを望みました。しかし、部下の侍はこれを阻もうとしました。**王陽明**はこれを聞いて、彼らに話をされました。その話が終わらないうちに、その親子は抱き合って「慟哭（どうこく）」して帰りました。**柴鳴治**（さいめいち）が質問しました。先生は何を言って彼らにあのように早く、しかもあのような感動と後悔をさせたのでしょうか、と。**王陽明**は「**舜**は自分を大の「親不幸」な子であって、**舜**を殺そうとした親の**瞽瞍**（こそう）はもっとも慈悲深い父親であった」と言ったのです。**柴鳴治**は愕然（がくぜん）としてさらに質問をしました。**王陽明**が言ったのは次の様なことでした。**舜**は自らを大の「親不孝」としていたので、「親孝行」ができたのです。**瞽瞍**は自分の子供に対し大きな慈悲深いものと見ていたので、慈悲を及ぼすことができなかったのです。**瞽瞍**はただ**舜**について自分が抱きかかえて育てたことだけを記憶しており、その**舜**が今はどうして自分を喜ばせないのかと考えていました。自分の「心」がすでに後妻に移っていることが分からなかったのです。それでもなお、自分は慈悲深いと思っていたのです。故に、ますます慈愛することができなくなったのです。**舜**はただ父が自分を抱いて育てた時に、いかに自分を愛したのに、今日、愛してもらえないのはただ自分が「親孝行」を尽くしていないからだと思い、日々に「孝行」を尽くしていないところを考えていたのです。故に、さらに孝行に励んだのです。**瞽瞍**がついに「孝行」を喜んだときにいたったのは、この「心」の原慈（もとじ）にある「慈悲の本體」に立ち帰ったのにすぎません。故に、後世の人は**舜**を「大孝行」の子と称し、**瞽瞍**もまた慈父になったのです。

（黄省曾所録 47）

読解

親子で争って訴訟に訴えてきた者に、**王陽明**が**孟子**にある**舜**と**瞽瞍**の親子関係の問題を示して、親子のあり方を説いたところ、その親子は涙して抱き合って帰って行ったと言います。**王陽明**は次の様に話しました。父親である**瞽瞍**は後妻と弟と共謀して「聖人」である**舜**を殺そうとしたのに、**舜**が自分は「親不孝」で、**瞽瞍**は慈悲深い親であったと、**王陽明**が言ったので、**柴鳴治**はビックリしたのです。**王陽明**は、**舜**が日頃から自らを「親不孝」と思い「孝行」を尽くすのに励んだと言い、**瞽瞍**も「心」のもとでは「慈父」であったことを述べたのです。**王陽明**が、**舜**の親子の話をしたところ、訴訟を起こした親子に「孝行」、「慈悲」の「心」が戻り抱き合って帰って行ったのです。「親孝行」は「人倫」の基礎であるのに、うまくいかない時もあります。**舜**のように孝行を尽すことで親にも心が通じたのです。

48 是非の心

王陽明はおっしゃいました。**孔子**は知識のない人が訪ねてきたときに、この様な人に対しては、決して「知識」をもって対応することはありませんでした。その「心」を「空」にしていただけでした。ただ、その人がすでに知っている「是非」についての判断の両端をたたくだけでした。これによってひとたび「是非」が明白になれば、その「知識」のない人も「心」で直ちに明白に理解できたのです。「知識」のない人でも自ずから知っている「是非の心」は、彼が本来もっている「天」から与えられた天の法則であるので、「聖人」がいくら聡明であるとしても、「是非の心」にわずかの増減を与えることがどうしてできるのでしょうか。ただ彼は自ら信じることができなかっただけです。**孔子**が彼にひとたびこれを明白に教えれば、直ちにそれで「是非の心」を尽くして余すところがなく発揮できたのです。もし、**孔子**が「知識」のない人に話をするときに、わずかな「知識」を「心」にとどめておれば、この「良知を尽くす」ことはできません。「知識」によって「道」と「実體」が分断されてしまうのです。

（黄省曾所録 48）

読解

王陽明は、「是非の心」は「天」が与えたもの、すなわち「良知」であるので、**孔子**のような「聖人」でもそれを「知識」として教えることで、増やしたり減らしたりすることはできないという考えを説きます。**孔子**が行った「教え」はもともと持っている「良知」を引き出すために、「是非の判断」を正したのだと言います。むしろわずかな「知識」が「道」と「実體」を分けてしまうことに注意をします。**王陽明**の「良知論」は一見、「知識」を与える「教育」を否定するようなものに見えますが、「教育」というのは「知識」だけを教えることではなく、生まれながらに持っている「良知」を引き出すことなのです。**吉田松陰**の松下村塾での「教育」は「知識の教育」というより、塾生のもっている才能を引き出し、自らが果たさなければならない役割を自覚させたのでした。筆者もできる限り

「松下村塾」を見習いたいと思い、学生には自由に勉強させました。特に、二年生のゼミでは哲学を勉強させ、四年生の卒論もテーマを自由に選ばせました。

49　烝烝としておさまり姦をたださず

王陽明がおっしゃいます。『書経』にある「烝烝（しょうしょう）（善道に進むさまのこと）として乂（おさ）まり、姦（かん）に格（いた）らず」を**蔡沈**の本注では、この一節を、**舜**の弟の**象**は**舜**を殺害しようとした悪人であったが、**舜**の徳によって感化されて自ら「義」に進んでいったので、大きな「姦悪」を行うまでには至らなかったという説明を行っているが、それは誤りです。**象**は「姦悪」に至らないどころか、**舜**が**堯**に召し出され重用されてからも、**象**はなお**舜**を殺すことを自らの仕事としていました。これがどうして「大姦悪」でないのでしょうか。この一節は、**舜**はただ自らの「身を修め」た「徳」によって**象**を自然と感化しようとし、**象**の「姦悪」を正そうとはしなかったという意味です。この意味で、「烝烝としておさまり姦をたださず」と読まねばなりません。およそ過去を飾り、悪を隠すのは悪人の常態です。そこで、**舜**が**象**の「是非」を指摘すれば、かえって彼の悪性を激しくすることになります。**象**が**舜**を殺そうとするに至ったのは、**舜**が**象**を良くしようと求める「心」がはなはだしく急であったためです。これは**舜**が誤ったところです。そうした経緯から**舜**は、ただ修養しなければならないのは自分にあると知りました。そこで人を責めなかったのであり、家中の者の「心」が和らぎ良く治まるようになりました。これは**孟子**の言うように**舜**の「心」を動かし、「心性」を苦しませ、できない点は付け加えてできるようにしたのです。古人の言葉は全て自らの経験によるものです。故に説得力があり、これを後世に残しており、ことごとく人の「情」に妥当するものなのです。もし、自分の経験によらないものであれば、どうして古人の多くの苦労を感じ取ることができるのでしょうか。

（黄省曾所録 49）

読解

舜の弟である**象**は**舜**を殺そうとした悪人であったが、**舜**の「徳」によって殺すに「至らなかった」という話です。『書経』には「烝烝として乂まり、不格姦」とあり、これを**蔡沈**は「烝烝として乂まり、姦にいたらず」と読み、**舜**の「徳」に感化され**象**は「姦にいたら」なかったと注釈しているのを批判して、**王陽明**は、**舜**は自らの修養に励んだだけであって、弟の「姦を正そうとはしなかった」と読むべきだとします。これは**舜**の「心」を説いたもので、**舜**の努力が**象**を感化したことをたたえた話ではないことを強調します。**舜**は人を責めず自らの修養に専念したという体験によって至った「心境」が、当時の人々の「心」を動かして世を治めて「聖人」と言われるようになったのです。この体験に基づく言葉は後世に残り、人々に感銘を与えているのですと言います。他人の「悪」を追求するのではなく、もっぱら自らの修養に務めなさいという戒めなのです。「聖人」である**舜**の「聖人」たる所以を示したもので「大姦人」を正そうとしないで、自らの修養で「正した」というのです。今日の競争の激しい社会でも足を引っ張ろうとする者に対して、直接、これを正そうとするのではなく、自らの修養の行動で人を「格す（正す）」というのは、特に組織などのトップに立つ人たちには通用する話なのでしょう。いわゆるリーダーと言われる人は部下などの裏切りを心配するより自らの修養に徹することを見習ってほしい話です。

50 古楽

弟子の**銭徳洪**が質問します。**王陽明**が「正統な「古楽」が滅びてしまって久しくなります。しかし、今の「戯劇」には「古楽」に通じるものがあります」とおっしゃったのですが、**銭徳洪**はまだ理解できないでいました。**王陽明**は答えます。「韶（**舜**の作った音楽）」の「九成の楽」は**舜**のことを歌った一つの「戯劇」であり、**武**の「九変」は**武王**のことを歌った一つの「戯劇」にほかなりません。「聖人」の一生の事蹟は皆、「楽」の中にあったものですから、有徳の者がこれを聞けば、その中に歌われている人がどのように「善を尽くし美を尽くした」か、「美は尽くしたが善は尽くさなかった」といったところがわかります。これに対して後世の人が「楽」を作るときは、ただ多少の言葉や長詩をつけたにすぎず、民衆の「風俗」や「教化」といったものと関係のないものになってしまいました。これで、どうして民衆を教化し、「風俗」を良くすることができるのでしょうか。今日、民衆の「風俗」を昔の淳朴な姿に戻してゆくことを求めるのであれば、今の「戯劇」の中から淫猥な「詞」や「音調」を除いて、ただ「忠臣」や「孝子」の故事を取り出さねばなりません。そして、一般民衆に分かりやすいものにして、知らず知らずの内に「良知」の感激を引き起こすことになれば、民衆の「風俗」を教化するのに役に立ちます。そうすれば漸次、「古楽」も回復することができるでしょう、と話します。**銭徳洪**が「「元声（音楽の基本の声調の根本）」を求めようとしてもできません。たぶん「古楽」を復活させるのは難しいと思います」と言います。**王陽明**は「元声をどこに求めるのですか」と問います。**銭徳洪**は「「古人」の決めた管の太さに定め、そこから出る氣を伺うことが、「元声」を求める方法でしょう」と答えます。**王陽明**は「もし竹の管に葭(よし)の灰を入れて基調を測ったり、黍(きび)の粒を入れて「元声」を求めようとすれば、かえって水の底から月をとろうとするような無駄なものです。それで、どうして得ることができるのでしょうか。「元声」は君の「心の上」にあって求めなさい」と言います。**銭徳洪**は「どうして「心の上」に求めるのですか」と問います。**王陽明**は「「古人」は治政を行うときには、まず「人心」を養い人々を「和平」にして、その後に「楽」を作りました。人々の「和平」の上にあって「詩」を歌いました。君の「心が和平」なら、それを聞く者も自然に喜びが起こってくるのです。これが「元声」の始まりです。『書経』では「詩は志を言う」といっています。「志」は「音楽」の根本です。また、「歌は言葉を引いて長くするもの」ともいっています。「歌」は「楽」を作る根本なのです。「声は長い言葉を本とし、音律は声に調和するもの」ともいっていて、「音律」は声に調和するものでなければなりません。声の調和が「音律」を定める基本になります。どうしてこれを「外」に求めるのですか」と言います。**銭徳洪**は「「古人」の「氣」を測る方法を定めるのは、この考えを採ることなのですか」と言います。**王陽明**は「「古人」は「中和の実體」

を「心」に備えて「楽」を作りました。私の言う「中和」とは「天地自然の氣」と通じているものです。「天地の氣」をうかがい、「鳳凰の音色」と調和しても自分の氣がはたして調和しているかどうかを試しているにすぎません。しかし、これは「音律」ができてからのことであって、これを待って「音律」ができるものではありません。今、灰の量や管の太さによって音律を探ろうとするのであれば、まず、それによって「冬至」の日を測ってみればよいでしょう。しかしながら、それでも「冬至」の「子の刻」も基準となるのは難しいでしょう。このようなことで「元声」の基準をどこに取ることができるのでしょうか」と答えます。

（黄省曾所録 50）

読解

「礼楽」を正すことで世を治めるというのが儒学の「治世」の方法です。「礼」も難しいが、「楽」という中国の古代の「音楽」となると今の日本人には理解するのはさらに難しいことでしょう。ただ、この一節にあるように「音楽」は単に娯楽ではなく、「古楽」は「戯劇」であり「聖人」や「賢人」の一生を「音楽」にして伝えたのだと理解すれば、正しい「音楽」が庶民を「教化」して世の中を「和平」にする重要な手段になるというのは分かるようにも思えます。彼らが「善を尽くし美を尽くした」といったところが分かります。**王陽明**は、後世の「音楽」はただ言葉や長い詩をつけただけで役に立つものでないと批判します。「音楽」の形式的なことを追求する姿勢に対して、「志」や「調和」など「心」のあり方との関係を重要視することを説いています。「音楽」が「天地自然の氣」と通じていることが正しい「楽」であり、そのような「音楽」が求められる所以とするのが興味深いところです。今日のクラシックや流行歌も「心」に直接訴えるものであることを考えると「音楽」の重要性にも注目すべきことなのでしょう。日本にも宮中雅楽があり、いろいろな行事に使われているようです。「君が代」を聞くと自分が日本人であることを強く認識して感慨に耽ります。学生時代にある学生団体が共産主義運動に「音楽」を盛んに利用していたのも思い出します。共産主義国では盛んに人民を共産党に結びつけるために「労働歌」を活用していたことも不思議に思っていました。ただ、筆者にとっては、中国の政治的統治には「礼楽」といって「音楽」が柱として入ってくるのはなかなか理解できません。

51　外からの刺激

王陽明はおっしゃいます。学問は勿論「外」からの刺激を得て進化しなければなりません。ただ、自らの「良知」によって自ら理解し進化してゆくことで、自然に「一」を知って「百」が分かるようになることほど有効であるには及びません。もしそうでなければ、多くの刺激を得て変わってゆくことはできません。

（黄省曾所録　51）

多くの優れた学問を勉強することで自ら新しい境地に導くように変わることができるのは当然ですが、そのような外的な刺激ではなく、自らの「良知」によって自らが変わることの方が優れていると主張します。そして、この自らが変わることがなければ、いくら学問に励んでもなんら変わることもないという**王陽明**の考えを示します。自らの「心の修養」は「内発的」なものであり、「良知」を勉強することは「内発」的な運動を触発するもので一を聞き百を知ることができるとの考えです。**王陽明**は「多聞多見」を評価せず、「博学・博識」を争うことを戒めます。根本に関する「心の修養」を求めるのです。もちろん、根にある学問の蓄積は膨大なものであり、これらの全てを学び尽くすことは不可能です。今日では、多くの専門家が分業で専門分野として学問を追求しているのが現実です。この中でも、これらの学問の他に「良知」により「心の修養」をするという学問も重要です。自らが変わっていくことを教えます。

さらに、複雑系科学の議論で「自生的秩序」という言葉があります。「複雑系」はその要素が相互関係の中で自ら「秩序」を作るという議論です。多くの自然の仕組みは、これによって自ら美しい秩序を作り出しているのです。同時に、「分岐」という現象があり、これはわずかな選択の違いによって結果は大きく変わってゆくことを示しています。この点で、筆者は自生的に自らが大きく変わるという「複雑系」の議論を示しているように思います。「良知」の一つで自らの「心の改革」に刺激を与えた後に出てくる「中和」の世界に導いてくれるのです。

52　根本を学ぶ

孔子の氣魄（ここでは人物の大きさの意味）はきわめて大きなものでした。およそ**堯**、**舜**などの五帝三王の行った大事業でも、一つ一つを処理しえないものがなかったのは、ただ、**孔子**の「心」からきています。例を挙げれば、大樹のようなものです。多数の枝や葉っぱが茂っているのは、その根や幹といった根本の上に立って育てられたので、自然に茂ることになります。枝や葉っぱの上に立っていくら努力したところで根や幹を作ることはありません。学問を志す者が、**孔子**を学ぶにあたって「心の上」にあって努力しないで、いたずらに急いで**孔子**の人物や氣魄を学ぼうとするのは順序が逆になっています。

（黄省曾所録　52）

読解

大人物である**孔子**を学ぶのに、その言動や姿形から学ぶのではなく、その根本にある「心」を学ばなければならないと言います。学問を行うのにはその技術の取得ではなく、**孔子**のような大人物を育てた「心」から学ばねばならないと言います。今日の教育も技術的な教育は必要ですが、根本の「心」の教育がなければ意味がないことになります。

先に述べたように、筆者が京都大学で行った二年次のゼミナールでは西洋哲学を勉強させていました。経済学や政治学は西洋の学問からみれば葉っぱや枝のようであり、多くの日本の学者は欧米に行って大きな木である学問の葉っぱをむしって帰り、それを日本に植えようとしています。西洋の学問を勉強するには、少なくともその幹である西洋哲学を勉強する必要があると思います。ただ、さらに根っ子に当たるギリシャ・ローマの哲学・キリスト教の話まではなかなかたどれません。しかし、大学の教育では哲学の重要性を学生に訴えてきました。これは教育として成功したものと思っています。ただ、**王陽明**の言うような「心」についてどこまで教育できたかは反省することしきりです。

53 過ち

人は過失を犯すものであるので、人は過ちの上に繕うことに多くの努力を行っています。しかし、これは壊れた「こしき（穀物を蒸すための土器）」を金属でつないで補修するようなものです。過去の過ちをごまかして飾ることをよりも、根本的な「心の修養」をしなければなりません。

（黄省曾所録 53）

読解

人は誰でも過ちを犯すものですが、多くの場合は過去の過ちを釈明し、それが正しかったと繕って飾り立てているという手厳しい忠告です。努力すべきは繕いではなく、「心の修養」です。『論語』の有名な「子曰く、過ちて改めざる、これを過ちという」言葉を思い出します。また、**王陽明**は別のとところで、「くよくよすること」も私欲だと言ってますが、過去の過ちをくよくよするのは無駄なことであり、「私欲」なのです。まさに「心」を育てるのは過去の問題点を繕うことではなく「良知」に従う修養なのです。なかなか「くよくよ」することから解放されません。

54　心の落ち着き

今の人は食事をするときでさえ、差し迫ってすべき仕事もないのに「心」はせかせかして落ち着きがありません。ただ、「心」の忙しさになれてしまって「心」を乱さないように納めることができていないのです。

（黄省曾所録　54）

読解

現代人は**孔子**や**王陽明**の時代などに比べてもっとせかせかしているように思います。「忙しい」というのは「心」を「亡くす」という文字の通りです。筆者も反省しきりです。忙しいというのはもっともよく使う「いいわけ」ですが、それが「心」を失わせていることには気がつきません。とは言っても、現役の時は次から次へと会議や教育・研究に忙しさを重ねている毎日でした。考えますと、以前には忙しさの中にも陽明学の勉強を始めるなど「心」に余裕がありました。社会の複雑化に伴って仕事はどんどん増え、人々は「心」を見失うのが常です。筆者も大学で経営管理大学院長という管理職を経験しましたが、やたらと忙しいだけで、設立目的の社会人にＭＢＡ教育をどこまでできたか、その「心」を教えることができたか反省しきりです。

55 琴や書物

学問を志す者は琴や書物を放してはいけません。学問を修めて「心」の「誠」を立てて、自らの「業（ぎょう）」としておれば、「心」は放たれることはありません。

（黄省曾所録 55）

読解

現代の人には「琴」を離さないようにすることにはよく理解できないことですが、書物といったものを重視するのは学者の常です。**王陽明**はこれらを放してはいけませんとまず言いますが、『易経』の「乾卦文言伝」にある「辞を脩めてその誠を立つるは、業に居る所以なり」との言葉を引いて、学者としてのあり方を説いています。最も重要な「心」が放たれることがあっては何にもなりません。書物に埋もれて生活している学者生活をかっこよく思うのは自然ですが、学問も「誠を立つる」ことがあって、はじめてその学者としての仕事ができるのです。ただ、「琴」を手放さないようにという注意は面白いものがあります。学者生活の中でも音楽の様な文化面を無視してはいけないことも重要な事です。

56　善があれば、人とともに行う

王陽明は嘆じておっしゃいます。世間で学問をわかっている人でも、このわずかな自己の欠陥を打ち破ることができないでいるのは、**孟子**の言う「善があれば、自分と他人とを論ぜず、ともに行う」ことができていないからです。これに対して、弟子の**歐陽崇一**は「この欠陥とはただ「人の上」に出ることを好み、自分を忘れることができないのです」と言います。

（黄省曾所録　56）

読解

孟子の「公孫丑章句」では、弟子との対話の中で、「**子路**は人これに告ぐるに、過ちあるを以てすればに、すなわち喜ぶ。**禹**（う）は善を聞けば、すなわち拝（はい）す。**大舜**はこれより大なるあり。善、人と同じくし、己を捨てて人に従い、人に取りてもって善をなす」と言っています。他人の「善」、自分の「善」を分けることなく同じものとして「善」をなし、自分の「善」が至らないときは自分を捨てて他人に従い、他人に「善」があるとそれを取り込んで天下の人々とともに「善」をなしてゆく姿だと話しています。このようなことは、わずかなことなのに学問が分かっているという人でも実現できていないと**王陽明**は嘆くのです。弟子の**歐陽崇一**の「人の上に出ることを好み、自分を忘れている」という受け答えは、**孟子**の言葉の後半部分を確認したものです。現代の人も会社の上役になりたがり、「善」をともに行おうとしないという注意は「心」すべき事です。

57　過不及が分かることが中和

弟子が「「良知」は本来、中和であって、過不及がないものです。ではどうして『中庸』では「知者は過ぎ、不肖の者は及ばず」と言っているのでしょうか」と質問します。**王陽明**は「過不及が分かることが中和なのです」と答えます。

（黄省曾所録　57）

読解

「中和」という言葉は儒学の中で重要な位置にあります。『中庸』の最初に「喜怒哀楽の「未だ発せざる」、これを「中」という。発して皆節に中る、これを「和」という。「中」なる者は、天下の「本體」なり。「和」なる者は、天下の「達道」なり。「中和」を致して、天地位し、万物育す」という有名な一文があります。すなわち、「中和」が万物の根源であることを言っています。「陽明学」では、万物を育成す「良知」が「中和」そのものなのです。これに対して、『中庸』の後の段落で「子曰く、道の行われざるや、我これを知れり。知者はこれに過ぎ、愚者は及ばざるなり。道の明らかならざるや、我これを知れり。賢者はこれに過ぎ、不肖者は及ばざるなり」と「過不及」の言があって、「中和」の道が行われないことの**孔子**の嘆きが紹介されています。ここでは、『中庸』の話は「中和」と矛盾するのではないかとの弟子の質問です。**王陽明**の答えは、「過不及が分かることが「中和」、すなわち「良知」である」と説明します。**王陽明**もこれが分かっていない現実を**孔子**のように嘆いているのでしょう。

58　上に悪むところ、もって下を使うことなかれ

王陽明は「『大学』に「上に悪むところ、もって下を使うことなかれ」とあるのは、上に悪むとは「良知」にあたり、もって下に使う事なかれとは「知を致す」こと（致知）です」と話された。

（黄省曾所録　58）

読解

『大学』では「天下を平らかにするは国を治むるにあり」との句の説明として、「上に悪む所は、以て下に使うなかれ。下に悪む所は、以て上に事ふるなかれ」と言います。上の人について好ましくないと思うことは、その行いで下の人を使わず、下の人について好ましくないと思う所は、その行いで上に事えないようにという心得を言っています。そして、その前者は「良知」であり、後者は「致知」であるとして、両者の関係を示します。これは「知行合一」を「知は行の始め、行は知の成れるなり」と説いたことと同じでわかりやすくするためで、別のものであるとの説明ではありません。確かに、今日のサラリーマン社会でも上の人の人の使い方、下の人の仕事の仕方における問題点は、自然によく分かるものであり、また、往々にして同じ事を下の人にしてしまい、同じ事で上の人に仕え

てしまうものです。「良知」で感じていることは、それを実践で「致す」ことが重要です。世が（今日では例えば会社が）治まることの基本であることでしょう。

59　蘇秦、張儀

王陽明がおっしゃいます。外交家で策士として有名な**蘇秦**（そしん）や**張儀**（ちょうぎ）の「知」は、「聖人」になる資質を満たすものでした。後世の事業や文章を多く残した多くの豪傑や有名人は、ただ**儀・秦**（張儀、蘇秦のこと）の故智を学んだ者たちでした。**儀・秦**の学術は、よく人情の「機微」を伺って、人の「枢要」なところに当たるものでした。他の者もその学説を究めることができなかったのです。**儀・秦**も「良知の妙用」の一部を伺い知っていたのです。ただ、彼らはこれを「不善」に使ったのです。

（黄省曾所録　59）

読解

戦国時代に、**蘇秦**は合従連衡の策を説き六国の相になったとされ、**張儀**は弁舌を以て「宰相」になったとされています。しかし、両者は儒学の中では当然、排斥されるべき者ですが、**王陽明**はあえて彼らが「聖人」になる資質を持ち、「良知の妙用」を伺った者として評価しています。彼らの学術は、人情の「機微」、人の「枢要」のところにあたるものでした。後世の豪傑・有名人も多くの事業を行ったのも、彼らの故智から学んだ者たちであったと指摘します。しかし、彼らも**儀・秦**の学説を究めることができなかったのです。**儀・秦**は「良知の妙用」を知っていたが、「良知」を正しく使わず、これを「不善」に使ったのだと残念がります。

60　未発と已発

ある人が「未発」と「已発」について質問しました。**王陽明**は答えます。後世の儒学者、**朱子**は「未発」と「已発」を分けて説いていたので、私は最初から「未発」と「已発」の区別はないと説いてきました。これを人々に自分で考えさせることとしてきました。もし、私が、この「未発」と「已発」の区別があると主張すれば、これを聞く者によっては旧来通りに後世の儒学者の見方に陥ってしまいます。もし、真に「未発」と「已発」の区別がないということを理解すれば、この「未発」と「已発」があるという考えも根本から間違ってはいません。さらに質問がありました。『中庸』にあるように、「未発」は未だかつて「和」ではないことはありません。「已発」がいまだかつて「中」でなかったことはありません。例えば、鐘の音のようなものです。まだ敲（たた）かなくても鐘がないとは言えません。すでに敲いたからと言っても鐘の音があるわけではありません。要するに敲くか敲かないの区別しかありません。どうでしょうか。**王陽明**は「まだ敲いていないのに元から「天」を驚かせ、「地」

を動かすが、既に敲いてもただ「天」を寂にし「地」を寞とさせます」と答えます。

（黄省曾所録 60）

読解

「未発」・「已発」は『中庸』で議論されている問題で、「喜怒哀楽の未だ発せざる、これを「中」という。発して皆「節」に中る、これを「和」という。「中」なるものは、天下の「大本」なり。「和」なるものは、天下の「達道」なり。「中和」を致して、天地位し、万物育す」という有名な文章です。感情や意思が表に現れないのは「中正」であるから「中」であり、この「中」が「外」に発せられて節度があり、調和しているのは「和」である、といいます。「中正」であるのは天下の秩序が生まれるための根本です。「調和」がとれていることは天下が実現すべきことです。「中和」になって天地が秩序だったものになり、「万物」がそこから生まれてくるのです。『中庸』は、儒学の根本は「中和」にあるといいます。「良知」はまさにこの「中」にあたっているとし、「良知」が秩序と「万物生成」の源泉であるとします。

朱子は『中庸』の文章を「未発」と「已発」とを区別して、前後と理解しています。意思を「外」に発する前に「中正」であるために、まずは自らが修養すべきで、その後、それを発揮すれば天下は「調和」したものになるという議論をしています。これに対して、**王陽明**は「未発・已発」の「中和」が一體であることを主張しています。「未発」の状態で「中」であることが、「已発」になって「和」

であるというのは一體だからだということになります。「未発」の時も常に「和」であり、「已発」の時も「中」であるのであれば、それが「和」になるのは、当然のことになります。**王陽明**は「良知」を主張しますので、「良知」は「未発の中」であり、「已発」が「和」であるのは「良知」を致すからで同じものだということになります。これの例としてあげている鐘の音というのは分かりやすい例です。鐘の音というのは敲かなくても鐘が存在するときにはすでに無限の音があり、これは「天地」を動かすものだと言い、敲いた後ではその澄んだ音色に「天地」は静寂になっていると言います。いいかえれば、「未発」は無限の有、「已発」は無という一般とは異なった考えを示しています。別のところで**王陽明**が言ったように、行動する前に天下を動かすこともあり、仮に軍隊を動かしても人々の「心」は「平静」であるという「平天下の実態」を示していると思います。今日の社会でも行動する前に人を動かし、大きな行動をしても人々に「心の平穏」を与えるような人が政治家や経営者といった社会のリーダーであるべき姿なのです。

61　性善説と性悪説

「古人が「性」について議論するときに、いろいろな異同があります。どれを定論とすればよろしいでしょうか」という質問がありました。**王陽明**は答えます。「性」には「定体」はなく、その議論にも「定体」はありません。「本體の上」から説く者もおれば、その「発現活用の上」から説く者もいます。また、「根源」を最初に説く者も、「末流」の生む弊害について説く者もいます。総じて言えばこれは一つの「性」があるのであって、ただその見方が浅いか、深いかがあるだけです。もし、一つの意見に偏ったものに固執すれば、これを「是」とするわけにはいきません。「性の本體」は根源では「善なく悪くなき」ものですが、「発現活動」の上から見れば、もとよりこれが「善」にもなり、「不善」にもなるものです。その「末流の弊害」の面から見れば、かならず「善」なのか、「悪」なのかは定まります。例えば、目のようです。喜ぶときの目があり、怒るときの目があります。総じていえば、目は一つの目があるに過ぎません。しかし、もし怒るときの目を見て一度も喜んだことのない目だと主張し、見守ろうとする目を見て、これまで一度もうかがうような目ではなかったと主張すれば、これは執着した決めつけで、誤りであることが分かります。**孟子**が「性」を説くときには、直接「本源」の上から説いていました。これは大きな概要のようなものを説いているのです。**荀子**の「性悪説」では、これは「流弊の上」から説いていました。この議論を全て是でないと説いてはいません。ただ、これを見るところ議論が不十分なだけです。一般人は「心の本體」を見失っているものです。さらに、質問がありました。**孟子**が「性」を本源の上から説いたのは、人が修養の努力をするところを明白に徹底させる必要からであって、**荀子**が「末流の弊害」を「性」と説いたのは、末流の上からこれを矯正することの修養の努力が必要だとしたからですか。**王陽明**は「その通り」と返事します。（黄省曾所録　61）

読解

先哲達が「性」についていろいろ議論しているが、どれが定説なのかとの質問です。性は字義からすると「心＋生」ですが、性質や本性といった言葉が示すように「天の与えたもの」です。この「性」に関しては**孟子**の「性善説」、**荀子**の「性悪説」、**告子**の「善なき悪なき」など多くの議論があります。**孟子**は「性を尽くして、天命を待つ」という行動のあり方を示しています。「性善なり」と言い、「惻隠の心は、人皆これあり」といって「性が善」であることを言います。また、**朱子**は「性」は天の与えたものであるから「性即理」という考えを示します。**荀子**の「性悪説」は「人間はもともと悪であるという」というように誤解されていますが、人には「好色を好み、悪臭を悪む」という避けがたい欲望があり、「教育」や「修養」がないと「不善」になり、「教育」や「修養」の努力で人間は「善」になるという意味です。「性」なるものは材料であり、後天的努力は文・理・隆・盛であるとします。本来「性」がなければ後天的努力を加える所がなく、後天的努力がなければ「性」は自ら「善」になることはできないのです。「性」と後天的努力が合して、しかる後「聖人」の名を成すと言って、「性」は材料であってそれ自身が「善不善」なのではなく、その後の教育や努力で立派な人になると言っています。**王陽明**は「目」の例をあげて喜ぶときの「目」怒るときの「目」があっても「目」は一つであると言い、一方に固執するべきでないとします。ここでは**孟子**と**荀子**を対比させて、前者は本源から説き修養すべきポイントを示しているのに対して、後者は「流弊（前から続いている悪弊）」より「性」を説き「不善」にならないように「末流の弊害」からこれを叩くという「修養方法」

であると言っています。さらに付け加えれば、**王陽明**は**孟子**の説の後継者ですが、「性」と「心」は同じであることを強調して「心即理」を主張します。「性」である「心」を「万物を造化育成」するものと捉えています。**朱子**のように「万物」の「性」は「理」であり、「事事物物」を「究理」して「修身」を目指すのにたいして、**王陽明**は「心」から解明していくことで「心」のあり方を求めることが「理」となって「万物を造化育成」するものとしています。

経済学は人の欲望を基本に理論を構築します。市場参加者である消費者は消費によって効用を得たいとして行動し、生産者は利潤を最大にしたいと行動します。そこで、市場が価格を通じて、人々の欲望は調整され、両者の利益になり、市場参加者にウィン・ウィンの状態を実現するというものです。この市場参加者の欲望を認めていることから**荀子**の「性悪説」に近いものでしょう。同時に経済学は政府を通じる「政策」や民間での「互助」によって「福祉」を実現しようとすることを主張し、現実にその役割を果たしています。これらが悪用されることがないことを前提にしているのは「性善説」の側面があるのでしょう。

62 修養の努力

王陽明は修養の努力をして深い境地に至れば、いよいよ言葉でも説明できないものになります。道理を説くことはいよいよ難しくなります。もし、意味の細かい所に執着し、精密で細かい所に拘(こだわ)れば、全体の修養はかえって泥に覆われます。

（黄省曾所録　62）

読解

修養を突き詰めると「言葉」では表せなくなり、道理を説くのが難しくなるというのは、実感するところでしょう。精密に議論することがかえって惑わせると言います。修養は喜びであることを常に言っていますが、喜びは実際に経験した者でなければ分からないことなのでしょう。細かい所に執着すれば泥まみれになります、と注意します。「心」に結びつく直観、体験の重要性を指摘しています。

63　楊慈湖

楊慈湖（やうじこ）は見識がなかった人ではありません。ただ、声なし色なしに執着していたようです。

（黄省曾所録　63）

読解

楊慈湖は**陸象山**の弟子ですが、「禅」の人のようです。**王陽明**は評価をしています。しかし、「道」に入るのに、「無声無色」に拘っていると言い、多くのところで見られるように仏教への批判を残しています。「禅」は仏教の一派ですが、日本にも大きな影響を与えています。**王陽明**は仏教の中でも

「禅」に近いものと思いますが、「禅」は「声なし色なし」に拘泥していると、問題点を指摘します。

64　一日は古今の時間

人は一日の間に、古今の世界の全てを一度は経過するものですが、ただ、人はこれを見逃しているのです。夜明け前の清明の時に、見ることなく、聞くことなく、思うことなく、動作をすることもなく淡々として平穏で自然の懐に入るようなときは太古の**羲皇**(ぎおう)の世界です。平旦で心が澄み渡り気分が朗らかで心の和らいでいるのは**堯・舜**の世界です。午前中、役所で礼儀を正して人と会い、気分が秩序だっているのはこれは夏・殷・周の三代の時代のようです。午後になると、このような神氣がようやく暗くなり、往来が雑然としてくるのは春秋戦国の時代です。完全に夜になると万物は眠りについて景色は静かになり、寂寥(せきりょう)（ひっそりとものさびしい）となれば、これは人が消え、物もつくされた世界です。学ぼうとしようとする者は「良知」を信じて氣の乱す所となさざれば常に**羲皇**以上の人になります。

（黄省曾所録　64）

読解

ここでは雄大な中国の歴史と日々繰り返される一日の時間の様子が相似性を持っているのに、人にこれを見逃していると言います。すなわち、「夜氣」や未明の時に感じられる見聞きせず、思いも動作もなく平穏の中にいるときは、太古の**羲皇**（伏羲三皇）の世界であり、平旦で心が澄み渡り気分が朗らかで「心」が和らいでいるのは**堯・舜**の「聖人」の明徳の治世にあると感じられます。「聖人」の「心」は単に故事ではなく、朝の清々しさの中に感じられる現実のものであると言います。**孟子**の「夜氣説」があります。朝起きたときのすがすがしさを、夜中の間に満たされた「夜氣」が人間を「善」に導いてゆくとします。しかし、「夜氣」によって「平旦の心」をせっかく得ても、日中の仕事がそれを無駄にしてしまうことを警告します。午前に礼儀を正して役所にある時は秩序のあった夏殷周の三代の時代のようだとします。しかし、午後には日中の様々な往来など雑務で荒れ果てて春秋戦国時代のような状況になります。そして、夜になれば万物は眠りにつき静でひっそりとさびしくなります。ただ、昨今の人間はこの話にあるような時代の「氣」を感じることが少なくなっていることも「心」の病気であるように思います。「心」のあり方を歴史から学ぶべきと言いたいのでしょう。日本人にはわかりにくい話ですが、今日のように、テレビやゲーム、さらに飲酒やカラオケで「夜氣」がなくなっていることで、「氣」を回復する時間を失っているのでしょう。特に、筆者の様に「不眠症」の人間にとっては「夜氣」の楽しみを得るのは難しいことです。歴史を振り返って、一日の「心」の流れを感じ取ることができるというのは面白い話です。

65 狂者

薛尚謙（せつしょうけん）、**鄒謙之**（すうけんし）、**馬子莘**（ばししん）、**王汝止**（おうじょし）といった弟子達が**王陽明**の側らに座っていました。**王陽明**が「寧王の乱」を征伐してから天下に**王陽明**を非難する人がますます増えてきたことを嘆きました。**王陽明**は各人にその理由を話させました。三子は言います。**王陽明**の仕事の成功や地位が日々に高くなってきて、天下にはこれを嫌うものが日々に多くなっているという者がいます。**王陽明**の学問のすばらしさが日々に明らかになってきて、「宋学」の儒者が**王陽明**の学問の是非を議論することが日々に広がってきたという者もいます。また、**王陽明**が南京に在官して以降、**王陽明**の「志」に従うものが日々に増えてきたのに対して、四方で、これを排除しようとする者が日々に力を強めてきたという者もいます。**王陽明**は「諸君の発言は全て確かにそうでしょう。しかし、私が自分で気がついている所で、諸君がまだ言っていないことがあります」と言います。弟子達が「それは何か」と尋ねました。**王陽明**は「私が南京にいた以前は、いささかの「郷愿（きょうげん）」がするような世間に迎合する気持ちがありました。今は、私は「良知」を信じて、「良知」の示す「真の是」、「真の非」の判断を「心」のままに任せて実行してゆき、いささかも「心」の中に包み隠そうとはしていません。私は今、**孔子**の言う「狂者」の心境になっています。それが天下の人々に私の行動が言葉に一致していないと言われても仕方がありません」と言います。**薛尚謙**が出て「先生は「良知」を信じられているので、まさにこれは「聖人」の「真の血脈」です」と言います。

（黄省曾所録 65）

読解

弟子達と**王陽明**が地位が高くなったことへの妬みや批判の高まりに関して議論したものです。なぜ批判が出てきたのかを尋ねると、弟子達は**王陽明**が地位を高め業績を上げたことに対する妬み、さらに「陽明学」が学問として発展してきたことに対する「朱子学派」の人たちの反発を挙げたのに対して、**王陽明**は「良知」を信じて行動していることが批判される原因ではないかと言います。**王陽明**は四三歳から四五歳まで南京で在官し、四八歳の時に「寧王辰濠の謀反」を征伐して（一五一九年、江西省で辰濠が起こした反乱を討伐するために義兵を挙げ、「省都」の「南昌」での戦いに勝利して平定した）世間の評判が高くなり、これに従って弟子も増えて行きます。これに対して「朱子学」を基本とする儒学者からの反発が強くなったというのが弟子達の見方です。**王陽明**は、そのような世間的な問題以外に、自らの行動が世間に迎合することをやめ、「良知」に従うことのみに行動規範をおいていることに原因があるという見方をしています。「郷愿」とは何回か出てきましたが、表面的には厳格であるが、こびへつらい世間に迎合するような人です。先にも述べた様に**孔子**は『論語』で「「郷愿」は徳の賊なり」と厳しく批判しています。**王陽明**は、自らを「郷愿」ではなく「狂者」であると言います。『論語』にある「子曰く、「中行（中道を行いうる学徳の兼備の人）」をえてこれに与にせずんば、必ずや「狂者」か「狷者」か。「狂者」はすすみて取り、「狷者」はなさざる所あり」という言葉を引きます。すなわち、「中道」の行いの人がいないとすれば、「善」を積極的に行う「狂者」になるか、堅く節操を守る「狷者」になるということに対して、自らが「狂者」であることを言って、「良知」に対する信念の強さを表明しています。「狂」とは狂っているというのではなく、理想に熱中することを意味しています。一般に見られる年齢を経るに従って環境に柔軟になると言う通常の変化ではなく、ますます「良知」という「志」を強くしている**王陽明**の姿があります。これに対して、弟子の**薛尚謙**がこれこそ「聖人」の「真の血脈」ですとたたえます。

66　満街の人は聖人

王陽明が人を「鍛錬」する時に、一言で深く感動させるもっとも深いものがありました。ある日、**王汝止**が出かけて帰ってきました。**王陽明**は「外出してきて何を見てきたのですか」と問います。**王汝止**は「町に溢れていた人たちの全てが「聖人」であるように見えました」と答えます。**王陽明**は、「君は町に溢れる人が「聖人」であると見たと言うが、町に溢れる人々は君のことを「聖人」と見たのでしょう」と答えます。また、別の日に**董羅石**が外出から帰って、**王陽明**に「今日一つ変わったことを見ました」と言います。**王陽明**は何が変わったことかと問います。**董羅石**は「町に溢れる人々が全て「聖人」に見えました」と答えます。**王陽明**は「これは普通のことです。何も変わったところではありません」と言います。**王汝止**は**王陽明**のおっしゃったことの意味を未だ分かりませんでした。**董羅石**は恍として悟ったところがありました。問いは同じでも答えが違っていたのです。皆その言葉を反省して修養を進めました。**銭徳洪**、**黄正之**、**張叔謙**、**王汝中**は嘉靖五年の丙戌の年（一五二六年）

に「会試」の試験に出かけ帰ってきて、**王陽明**に話します。途中、「学問」を講義したときに「信じる者もいましたが、信じない者もいました」と、**王陽明**に報告しました。**王陽明**は「君たちは一人の「聖人」のように講義するから、「聖人」が来たとしておそれて逃げてしまったのです。どうして講義ができるのでしょうか。君らが「愚夫愚婦」となれば、講義することができたでしょう」と言います。**銭徳洪**は「今日、人の人品を測ることは最も容易なことです」と言います。**王陽明**は「何を以て見るのか」と質問します。**銭徳洪**は「先生の人物の高いことは例えば泰山の前にいるようです。見上げることが分からない人は、それは必ずや目のない人なのでしょう」と言います。**王陽明**は「泰山は平原が広大なのには及びません。大平原には見るべきものはあるのでしょうか」と答えます。**王陽明**の一言は、自分の外側にあるものについては高いものを好むという「病」を切り刻み斧で破るものでした。同座のもので恐縮しないものはいませんでした。

（黄省曾所録 66）

読解

人は全て「聖人」であるというのは**王陽明**の常の主張です。「良知」は全ての人が持っているからです。一般に、儒学では**堯**・**舜**・**孔子**・**孟子**のような「生知安行」の「聖人」と「困知勉行」の「凡人」とは違う者で、「凡人」は「聖人」には及ばないものとされています。しかし、**王陽明**は純度は違うが誰もが「聖人」であるとします。**王汝止**と**董羅石**の二人の弟子が町の人々を「聖人」であると見たとの話をします。**王陽明**は二人の発見に対して「あなたも「聖人」」、「全ての人が「聖人」というのは普通のことです」としたコメントには面白いものがあります。**王汝止**と**董羅石**への発言の違いは、二人は学問の深さが違うので、同じ質問に対しても異なった答えを出したものです。

また、弟子達が「科挙試験」で北京で行われる面接試験の会試の受験後、**王陽明**の所に戻ってきて話します。受験して帰ってきた弟子達が途中で人々に**王陽明**の説を説いたのですが、全ての人を信じさせられなかったと話します。**王陽明**は君らが「聖人」としての立場から説いたので逃げてしまったのではないか、愚夫愚婦となって話せば、十分に教育できたと諭します。**銭徳洪**が**王陽明**を「泰山」にたとえて人物の高さを評価したのですが、**王陽明**は「泰山」も大平原の中では大したことがないと言って、弟子達に高いものを好むこと自身が「病」であることを悟らせます。**王陽明**は評価が高いか低いかは重要ではなく、「良知」の「純度」の問題とします。どれだけ「精一」になれるかどうかが分かれ目です、と言います。学生が先生を尊敬することは当然ですが、筆者は学生（学問をする者）は共に研究する者というのが基本と思っていました。大学でゼミを行ったときは、筆者にとってもちょっと難しい本をテキストにして、共に考えていくことが重要と思ってゼミを行いました。**王陽明**も弟子と共に良知の修養をしているのだと言いたいのでしょう。

67 謙之

嘉靖二年癸未(きび)の年（一五二三年で**王陽明**五二歳）の春に、**鄒謙之**(すうけんし)が会稽(かいけい)（地名）に来て、**王陽明**に学問の質問しました。滞在したのは数日でしたが、**王陽明**は浮峯（地名）まで見送って行きました。夕方、**蔡希淵**など友人達とともに船に乗って、延寿寺に泊まり、夜にかがり火を焚いて座談をしました。**王陽明**は「川は波立ち、煙る柳の中を旧友はたちまち百里よりも遠い所に行ってしまいます」と嘆かれた。一人の学友が「先生はどうしてそれほど**鄒謙之**のことを深く思われるのですか」と聞きます。**王陽明**は「**曾子**が**顔回**のことを誉めて言うように、非常に高い能力がありながら、能力のない人に質問をして、多くの知識を持ちながら知識の少ない人に質問することを恥じず、知恵があるのに無いように振る舞い、充実しているのに「虚」であるようにして、他人から侵害されても相手にしない人物がいます。**鄒謙之**はそのような人物に近い者です」と言います。

（黄省曾所録 67）

読解

王陽明は、癸未の年には、父親の喪中で官を退いて故郷で学問を講じていました。そこに、弟子の**鄒謙之**が尋ねてきました。非常に信頼していた弟子です。**王陽明**は**鄒謙之**のことを**孔子**の弟子の**顔回**に近い者としています。『論語』の泰伯編で、**曾子**は**顔回**についてで「わが友、かつてここに従事せり」といって、共に実際の行動を行った優れた友人である**顔回**を喪ったことを悲しんでいます。**曾子**の言う様に、**顔回**は有能でありながら無能の人に質問し、多くの知識を持ちながら知識の少ない人に質問し、充実していても空の様な顔をして、他人から批判されても相手にしない者でした。**孔子**は**顔回**が死んだとき、「天われをほろぼせり、天われをほろぼせり」と嘆きました。**王陽明**の弟子に対する深い愛情を示しています。

68　四句教

嘉靖六年丁亥（ていがい）の年（一五二七年で**王陽明**五六歳）の九月に、**王陽明**は挙兵して再び「思恩・田州」の賊の征伐に出ました。まさに出発を命じようとしたときに、弟子の**銭徳洪**と**王汝中**とともに学問について論じました。**王汝中**が**王陽明**の「四句教」の教えを取り上げて言います。「善もなく悪もない」ことは「心の本体」です。「善があり悪がある」のは「意」の動きです。「善を知り悪を知る」のは「良知」の働きであって、「善」をなし「悪」を去るのは「格物」です。**銭徳洪**が「この意味はどういうことですか」と**王汝中**に質問します。**王汝中**は答えます。これはおそらく究極のことを言ったのではないでしょう。もし、「心の體」が「善なく悪なし」であると説くのであれば、「意」もまた「善なく悪なし」の意味となって、「知」もまた「善なく悪なし」になり、「物」も「善なく悪なし」になってしまいます。もし、「意」に「善悪」があると説くのであれば、結局、その根源にある「心の體」にもまた「善悪」があることになります。**銭徳洪**は「「心の體」は「天命の性」ですので、元から「善なく悪なき」ものなのです。ただ、人には学習によって得られる「心」があるので、「意」や「念」の上に「善悪」を見ようとします。「格物・知致・誠意・正心・修身」はまさにこの「性の本體」に戻るための修養なのです。もし、元から「善悪」がなければ修養を説く必要がありません」と主張します。この日の夜、天泉橋というところで**王陽明**のそばにいて座っていました。それぞれが主張を述べてどちらが正しいかを**王陽明**に質問しました。すると、**王陽明**は「私はまさに出発しようとしています。君たちの議論の意味をよく研究して結論を明らかにしてほしい。二つの意見はまさに相い助けあって役に立つのです。それぞれ一方の議論に固執すべきではありません。我々がこの世の中で接する人にはもとから二種類あります。第一は、「利根（頭が鋭く素直な）」な人で、「本源」の所から悟りに入ってゆけます。「心の本體」については、「根源」から明解にでき判断に滞ることがない人であり、これはもとから「未発の中」に当たります。「利根」の人は、「心の本體」がそのまま修養になりますので一気に悟り、人と自己、内外の状況を同時に見通すことができます。その次は、「習心」のある人で「心の本體」に多少の弊害を持っていることを免れない人です。従って、「意」や「念」の上にあって、実際に「善」をなし「悪」を去らしむるようにしなければなりません。修養が熟して後に、不純物が去り尽くしたときに、「心の本體」もまた明白になり尽くすのです。**王汝中**の見解は、この私の言う「利根」の人に接するものであって、**銭徳洪**の見解はその次のための教育方法を確立するものです。二人の意見をお互いにとって役に立たせれば普通の人以上の人、以下の人にも皆を正しい道に導くことができるでしょう。もし、一つの方に固執するならば、目の前で人の道を失うことになります。すなわち、「道の體」において、それぞれの面を未だ尽くさないことになります」と言います。しばらくして、**王陽明**は「今後、朋友と学問について研究するときは、どうか私の主張の本旨を見失わないようにしてほしい。「善なく悪なき」はこれは「心の本體」、「善あり悪あり」はこれは

「意」の動くところ、「善」を知り「悪」を知るはこれは「良知」であり、「善」をなし「悪」を去るのはこれは「格物」です。ただ、わたしのこの言葉に従って、人に応じて教育していけば、自ずから「心」に病気や痛みが起こることはありません。これは、もとよりきわめて上の人からきわめて下の人まで同じ修養なのです。「利根」の人に世の中でお目にかかることは少ないのです。「心の本體」の修養を一悟でことごとく透徹して行くことは、**顔回**や**程明道**といった優れた人でも該当しないのです。一般の人には「習心」があるので、このような人に対して「良知」の上にあって実際に「善をなし悪を去って行く修養」を行わなければ、ただ観念的にこの「本體」を考えたところで一切の仕事や行為は実質的なものにならず、ただ虚無的で「寂莫（じゃくばん）」な人間を作ってしまうだけのことになります。この「病痛」は小さなものとしてはいけません。早く説得して論破しないわけにはゆきません」と言います。この日、**銭徳洪**と**王汝中**はともに悟る所がありました。

（黄省曾所録　68）

読解

ここは有名な四句教についての**銭徳洪**と**王汝中**の論争と**王陽明**自身の説明です。四句教とは

無善無悪是心之體　　善なく悪なきはこれ心の本體
有善有悪是意之動　　善あり悪あるはこれ意の動
知善知悪是良知　　善を知り悪を知るはこれ良知

為善去悪是格物　　善をなし悪を去るはこれ格物

という簡潔な句の中に、「王陽明思想」が凝縮されています。また、**王陽明**の言葉の中でも難解な句であり、いろいろな論争のある所です。第一句は、「心の本體」に「善悪」はないという、**告子**の「性には善悪なし」と同じような議論をします。「心の本體」は「天」が与えたものだから「善」も「悪」もないといいます。第二句は、「善悪」は「意」が動いたことにより生じるものだといいます。第三句は、「良知説」であり、「人欲」を排して「良知」が発揮されれば自ずから「善を知り悪を知る」ことになるという**王陽明**が常に言っていることです。第四句は、「格物」の修養が「善」をなし「悪」を去るとのことだといいます。

王汝中の論点は、第一句の「心の體」に「善悪」がなければ、「意の動」にも、「良知」にも、「格物」にも「善悪」はなくなるとします。第二句の「意の動」に「善悪」があるのなら第一句の「心の体」にも「善悪」はないのではという疑問を示します。

一方、**銭徳洪**は、「心の體」は「天命」による「性」なので「善も悪もない」のだと**告子**の「性に善悪なし」と同様の議論から始めます。そして、『大学』の示す「格物・致知・誠意・正心・修身」という儒学の修養を経ることによって「天命」にたどり着くのだと言います。この両者がどちらが正しいかを判定してもらおうと出兵準備をしている**王陽明**の所にきたのです。この両者の議論に関して**王陽明**の評は、両者の考えが両方相まって役に立つというものです。**王汝中**の考えは「利根」の人の議論であり、**銭徳洪**の考えは「習心（教育の方法）」の人のためと言います。**王汝中**の議論は相矛盾する話を全体として理解できる人のためであり、**銭徳洪**の議論は手順を踏んで教育が必要な人のためというのでしょう。そして、空虚な論争は意味がなく、人に応じて対応し「良知」を実践することを求めよと言います。ここで「利根」の「利」とは「禾＋刀」であり、「すらりとして鋭い」とか「都合良く行う」という意味で、「利益」の意味ではありません。「学知利行」の「利」です。

王陽明は、両者は補完的であり、一方だけを取らないようにと言います。**王汝中**の議論は「利根の人」の考えであり、「心の本體は明瑩（めいえい）にして、滞ることなきもの、もともとこれこの「未発の中」なり」とします。一方、**銭徳洪**の議論は次のレベルの人の議論で、「習心」があることはまだ「蔽」をもっており、「善」をなし「悪」を去るための修養をして「本體もまた明白に尽す」ものとします。**王汝中**の議論は利根の人に接する方法であり、**銭徳洪**の議論は教える手段なのだといいます。

この二君の議論を使えば上中下どの人をも「心の本體」に導くことができると言います。弟子同士で議論するときは私の本旨を間違えないようにして下さい。利根の人はなかなかいないもので、**顔淵**や**程明道**の様な人でもこうはいかないでしょう。人には習心があるので良知の上に立って実際に善をなし悪を去るの修養を行わなければ、「懸空に個の本體を思う」のは「虚寂」を育てるだけで、この弊害は小さくないと話しました。

「巻の上」でも**王陽明**と弟子の**薛侃**（せつかん）との対話の中での「善悪」に関する論争があります。**侃**が庭で草取りをしていたときに、花と雑草の関係を話題にして、「花」を「善」、「雑草」を「悪」として、

「善」が発達しないでどうして「悪」がはびこるのかと問いかけたのに対して、**王陽明**は「善悪」とは結局、自分の身体から発した考えで誤りにすぎないと答えています。「天地の命」は雑草も花も変わらないのになぜ「善悪」か、「花」を見ようとしているから「花」を「善」、「雑草」を「悪」とするので、これは「好悪」から生まれているにすぎないと指摘します。では「善悪」の区別はないのかとの反論には、「善なく悪なき」は「理の静」であり、「善あり悪ある」は「氣の動」であると言います。すなわち、「理」にしたがって「心」が落ち着いているときには「善も悪もない」、しかし「氣」に動かされているときには「善悪」が生まれるのだというわけです。「氣」に動かされないで「善も悪もなく」なっておればこれは「至善」なのだと説明しています。ここで弟子の**侃**が『大学』で言う「如好好色、如悪悪臭（美しい色を好むように、悪臭を嫌悪する）」は私意なのですかと問いたのに対して、**王陽明**はそれは、「誠意」であるので「私意」はなく、「誠意は天理に従う」ことだけだと言います。「心」を広く持って「私意」を排除することが必要であり、そうなればこれこそ「心の本體」です。あなたが「雑草」を除こうとしているのは、「私意」であり、**周茂叔**が「雑草」を除かなかったこと（周は宋代の儒家で天地が万物を作る仁と自分の心の人も同じであると窓の外の草を抜かなかったといわれています）と比較すればよく分かると話しています。「四句教」では「意の動」としていますが、同じように考えていいのではないかと思います。「人欲」が排され「天理」に従っているときに、「良知」が発揮され、「善悪」が知られます。それを実践するのが『大学』で述べている「格物（物を正す）」だというのです。いずれにせよ論争の多い文章です。

69　陽明学の隆盛

王陽明が生まれ故郷である会稽（かいけい）にはじめて帰った頃は、まだ友人達が訪れることも多くありませんでした。しかし、しばらくすると四方より訪れてくる人が日々に増えてきました。癸未（きび）の年以降は先生の周りに居住する者は家を並べ、「天妃」や「光相」といったお寺のようににぎわっていました。一室ごとに一緒に食事をする者は数十人もいました。夜になって寝る所がないので、かわるがわる床につき、起きている者の歌や声は夜を徹していました。「南鎮・禹穴・陽明洞」といった山々や遠近の寺院も足で歩いてゆける所はどこも同志の遊び場でない所はありませんでした。**王陽明**は講義に臨まれるごとに、前後左右に車座になって講義を聴く者は数百人をくだらない数になっていました。行く人を送り来る人を迎えるのに、毎月、あいている日は全くありませんでした。**王陽明**のそばにあって一年になっても全ての学生の名前を覚えることができませんでした。別れに臨むたびに**王陽明**は感嘆しておっしゃいます。「君らは今別れたとしても天地の間を超えて行くわけではありません。いやしくも「志」を同じくするのであれば、私の形が見えなくなっても精神が通い合うことができます」と、諸学生がここで講義を聴いて門を出るごとに、未だかつてないほど「心」が躍って楽しかったと叫ばない者はいませんでした。かつてこのことを同門の先輩に聞いたときに、その先輩は「先生が南京におられたとき以前は友人が先生に従って学ぶことが多かったが、いまの会稽におられるときのように盛んではありませんでした」と言います。これは**王陽明**が講義することが日々に重なって、世間の信用も広がってきたのですが、要点は**王陽明**の学問が日々に進んできて、人に感じ入らせることが自由自在で、また自ずからの思想も以前のものと違っていたからでしょう。この後は**黄以方**が記録しました。

（黄省曾所録　69）

読解

王陽明が故郷の会稽で教育に力を入れている頃、「陽明学」の繁栄ぶりを示したものです。一四七二年生まれの**王陽明**は一四九九年二八歳で進士になり、官僚になります。一五〇六年三五歳の時に宦官の**劉瑾**（りゅうきん）によって「龍場」に左遷されます。ここで、「龍場の大悟」を経験します。ここから「陽明学」が始まります。一五一〇年三七歳の時に官界に復帰し、栄達を果たすとともに教育活動を始めます。一五一二年四一歳の時に故郷の会稽に官界復帰後はじめて帰っています。一五一四年四三歳の時に南京に赴任し、官僚として充実した日を送るとともに、「陽明学」も本格化します。その後軍人としても多くの功績を挙げ大きな名声をあげますが、一五二二年五一歳の時に父が亡くなり、喪に伏し、故郷に帰って「陽明学」を講義します。癸未の年はその翌年で、弟子が広がっていく一方で、同時に「陽明学」への批判がつよくなっていた頃の話です。弟子がたくさん集まってきたのは、**王陽明**の世評が上がったからだけでなく、「陽明学」の大きな進展があったからだとの弟子の若干生意気な評です。「行く人を送り、来る人を迎える」というのは「師弟の礼」を取ったことを意味しているのでしょう。弟子達への送別の言葉には「心」がこもっています。

第六章　黄以方所録

1　博く文を学ぶ

黄以方が「『論語』にある「博く文を学ぶ」とは、**王陽明**の説では「事」に従って「天理」が存することを学ぶことだということです。それでは、『論語』の別のところにある「行動をしてなお余力があれば文を学べ」というのは**王陽明**の説にはあわないことにはなりませんか」と質問します。ただ、**王陽明**は「詩や書、六芸は全て「天理」の発現であり、「文」の字にはこの全てが含まれます。「事」や「行為」を発現するものを「文」とすべきではありません。「余力を持って「文」を学ぶ」というのはただ「博く文を学ぶ」の範疇のことです」と答えます。ある弟子が『論語』の「学んで思わず」の二句について質問しました。**王陽明**は「これはまた理由があってこのように二つに分けて議論しているのです。本当のところは、「思うこと」はすなわち「学ぶこと」です。学んで疑うところがあればすぐに須(すべから)くこれを思うべきなのです。「思いて学ばず」とは、これらの人がただ「懸空」に思いをいたして、一つの「道理」を考えようとして、かえって自分で「體」と「心」の上で実際にその力を発揮させることがなく、これによって「天理」が存することを学ぼうとしないのです。「思う」と「学ぶ」を二つのこととして分けることから「罔(ほう)（くらます）」と「殆(たい)（あやふや）」との「病」が生まれるのです。その実のある「思う」とはただ「学んだ」ところを「思う」のであり、元から二つのことではないのです」と答えます。

（黄以方所録 1）

読解

『論語』には「子曰く、君子は博く文を学び、これを約するに礼を以てすれば、またもってそむかざるべからず」とあります。君子は博く学問を学び、「礼」に従って正しい生活を行えば、「道」にそむくことはないでしょう、との言葉です。これを**王陽明**は「事」に従って「天理」の存することを「学ぶ」ことだと言っています。実践の中で、「人欲」の排された「心」にある「天理」が「事」を動かして「致良知」になることを主張しています。ここで、「事」の字義は、その家や役所でどのような仕事をしているかを示す旗を意味しています。仕事や事変といった時の「事」です。「事」の上、すなわち現実の社会で行動をしている上に「天理」があることを学ぶべきという考えです。ここで、『論語』は別のところで「子曰く、弟子(ていし)入りてすなわち「孝」、出でてはすなわち「弟」、謹みて「信」、ひろく「衆」を愛して「仁」に親しみ、行いて余力あらば、すなわちもって「文」を学べ」と言っています。五倫五常に沿った行動をして、さらに余力があれば「文」を学びなさいという「教え」とは矛盾しないかとの質問です。これを**王陽明**は「ここの「六芸」とは学校で教える学問の分野で礼・楽・射・御・書・数を示しています。これらの学問は全て「天理」を発現することが「文」なのだ」と説明します。従って、余力の「文」は「博く学ぶ文」に含まれることになります。「事」に従って「天理」を学ぶことが基本であることを言います。

また、次の部分は『論語』にある有名な句についてです。「子曰く、学びて思わざればすなわちくらし。思いて学ばざればすなわちあやうし」についての質問です。勉強はしたけれどそれを十分に「思い」を巡らせていないものは「くらい」、「思い」が先走り勉強をおろそかにするのは「あやうい」という**孔子**の注意です。**王陽明**は「思うことは学ぶこと」が基本だとします。「学んで」それに疑いがあるときには、これを「思わ」なければなりませんし、「思う」のに「学ばない」人は抽象的な思索に走っているだけで、実際の行動で「天理」を求めようとしていないのだと言うのです。「思う」というのは「学んだ」ことを「思う」のだから一つのことであると言います。「思う」と「学ぶ」というのは同じ事で二つに分けてはいけないというのが**王陽明**の考えです。

2 格物致知

王陽明がおっしゃいます。先儒（**朱子**）は「格物」を解釈して、天下の「物に格る」とします。天下の「物」はどうして「格る」のですか。また**王陽明**は言います。**朱子**は一草一木も皆「理」ありと言っています。今、どうしていけば「格る」のですか。たとえ草木に「格る」としても、どの様にして自分の「意を誠にする」のですか。私は「格」を解釈して「正す」の字義となし、「物」を「事」の字義となします。『大学』のいわゆる「身」とは、耳・目・口・鼻・四肢のことです。「身」を「修めん」と欲するのは、「目」が「礼」にあらざれば見ることなく、「耳」も「礼」にあらざれば聞くことなく、「口」は「礼」にあらざれば言うことはなく、「四肢」は「礼」にあらざれば動かないことを求めるもので、「身」の上にいかに修養を行うかなのです。「心」は「身」の「主宰」です。「目」は見るといえども、見ることの所以のものは「心」です。「耳」は聞くといえども、聞くことの所以のものは「心」です。「口」と「四肢」が言動する所以のものは「心」です。故に「身」を「修めん」と欲すれば、自分の「心の体」を認識して、常に「廓然大公」にして、いささかも「正し」からざる所をなくすことにあります。「主宰」がひとたび「正し」ければ、「目」に発するときには自ずから「非礼」を見ることはなく、「耳」に発するときには「非礼」を聞くことはなく、「口」や「四肢」が動くときは「非礼」の言動はありません。これは「身」を「修める」は「心」を「正さん」とすることなのです。しかしながら「至善」は「心の本體」です。「心の本體」がどうして「不善」であるのでしょうか。今、「心」を「正さん」ことを求めるのは「心の本體」の上のどこに修養を行うのでしょうか。必ず「心」が動いた場合にわずかでも修養の力を入れるべきです。すなわち、これは「意」を「誠にする」ことです。もし一念を「善」を好む上に発すれば「実実落落（実際上）」にゆいて「善」を好み、一念を「悪」を「悪む」の上に発すれば、「実実落落」にゆきて「悪」を「悪」むことになります。「意」の発するところが「誠」でないのでなければ「心の本體」がどうして「正しく」ないはずはないのでしょう。故に、その「心」を「正さん」と欲すれば「意」を「誠」にすることにあります。修養は「意」を「誠」にするにいたって、落ち着くところとなります。しかしながら、「意」を「誠」にする本には、「知を致す」ことにあります。『大学』にある「慎独」を**朱子**が解釈して言った「人に知れずといえども、己一人の知るところ」とは、これこそまさにわが「心」の「良知」の存する所なのです。しかしながら「善」を知るというのも、自分の「良知」に従ってゆかないことになれば、この「良知」は遮蔽（しゃへい）されて、「知を致す」ことができなくなります。私の「心の良知」はすでに拡充して底にまで到達できなければ、すなわち「善」を好むことを知るといえども、着実に「好む」ことができず、「悪」を「悪（にく）」むことを知っていても着実に「悪」むことができません。どうして「意」が「誠」であることをえることができません。故に「知を致す」は「意の誠なる」の本です。しかしながらまたこれを懸空に「知を致す」のではないのです。「知を致す」は実際の「事上」にあって、これを「格（ただ）」すのです。「意」が「善」をなすのであれば、すなわち、このことを「事上」にあって行い、「意」が「悪」を去ることがあれば、この点も「事上」について行います。「意」から「悪」を去るのはもとより、「不正」を「格（ただ）」してもって「正」に帰することです。「善」をなせば「不善」は「正され」ます。また、これは「不正」を「格（ただ）」して、もって「正」に帰するのです。この様にすれば私の「心の良知」は「私欲」の弊害をなくし、もって其のその極を致すことができ、そうして「意」の発するところで、「善」を好み「悪」を去れば「誠」にならないことはありようがないのです。「意」を「誠」にする修養の実際に手を下すところは「物を格す」にあります。もしこのようになれば「物を格す」ことは、人々は誰でもできます。人は皆、**堯**・**舜**になれるのもまさにここにあるのです。

（黄以方所録 2）

読解

ここでは、『大学』の学問のプログラムである「明明徳、平天下、治国、斉家、修身、正心、誠意、致知、格物」の関係を「良知」を軸に考えて行きます。「格物」から始まって「修身」を目指す考えを**朱子**のように出発点を「物に至る」とするのではなく、**王陽明**は「物を正す」から始め、「心」と「良知」を解明していきます。まず**朱子**批判です。「格物」を「物に至る」と解することを批判します。**朱子**は「究理（理を究める）」として世の中の「事事物物」一つ一つについて「理」を究めることを始めて「知に至る」ことで、どうして「意」が「誠」になるのかと言います。草木の一本一本の「理」をどの様にして極めて、それがどうして「意を誠」にするのですかと疑問を投げかけ、このような「究理」が意味がないことを言います。そして、「格」を「正す」とし、「物」を「事」と解釈して、**朱子**の主知主義を否定します。**王陽明**は、『大学』での「身を修めん」とすることは「目・耳・口・鼻・四肢」を「礼」によるものにすることであるとしていますが、その「身」の主宰である「心」を「正しく」しなければならないとします。「修身」とは「正心」なのです。「心を正す」ためには修養をもって「意」を「誠」にしなければなりません。「意を誠にする」の本は「致知」です。

『大学』の「慎独」は「他人は知らないが、自分一人が知っていることで慎しむ」ことですが、それは正に**王陽明**の言う「心の良知」であり、これによって「善悪」を知ることとなるのです。さらに、「善を好み」、「悪を悪む」ということである「知を致す」も「意」を「誠」にすることが本にあると言うのです。そして、『大学』の文章は、常識的に「物に至りて知に至る」ということは、「物」の本質をきわめていけば「知に至る」のであり、そうなれば「知に至って」いるので、「意」は「誠」になるという**朱子**の議論も整然として理屈の上では可能かと思いますが、次に出てくる「竹の理」で見る様に草木の理をいくら「究理」しても「意」は「誠」になりようがないと言います。**王陽明**はこの「究理」を徹底的に批判します。そして、「格物致知」を「物を格して知を致す」と読むところから始めます。また、「物」を「事」の字義と解します。「物」というのは物的、現象的なものですが「行うべきこと」の意味である「事」と同じであるとします。「格物」を「物を格す」こととして出発点にします。そして、「物を格して知を致す」のは「意を誠」にすることであり、これで己の「良知」によって「心」を「正さ」れねばなりません。「良知」は「私欲」を排すれば働くことになり、これによって「意」が「誠」になり、「不善」は「正され」るとします。ところが、「人欲」によって「心」の「良知」の存する所が遮蔽されては「知を致す」ことはできないと言います。「知を致せ」ば「不正」を「格」して「正」に帰するのです。こうなれば「悪」を「悪む」ことも「事上（実際の事の上）」において行われることになります。これは「「善」を好み、「悪」を悪むことを知る」ことを着実に「事上」で行う修養であり、懸空に「知を致す」のではなく、すなわち「知」は屁理屈ではなく、「事上」で「格」すことであると言います。こうなれば「良知」に従って「意」を「誠」にすることの本なのです。実際の「事上」において、「物」を「格」すことで「意」から「悪」を去り不正を「格」して「正」に帰するのです。すなわち、「心の良知」は「私欲」の弊害がなくなれば、その極みを致すことができるのです。そうして、「意」の発するところから、「善」を好み「悪」を去れば「誠」になるので、「意」を「誠」にする修養の実際に行うことは「物を格す」ことにあります。例えば「親孝行」を考えたとき、「親孝行」の「理」を追求し、その「理」に従って「親孝行」をすることが人倫の基本であるとの「知」に至って、「親孝行」を行い、それで「意」が「誠」になるというという**朱子**の説を否定します。**王陽明**にあっては「良知」による正しい「親孝行」を好んで実際に行うのであり、「親不孝」にならないようにするのは「良知」によっており、実際に行うことで始めて「意」が「誠」になるのだと言っているのです。「良知」により「物」を「格」すことは誰にでもできることであり、誰もが**堯・舜**といった「聖人」になれるのだと言います。「良知」によって「事上」で「物」を「正す」という実践を行うことが「意」を「誠」にするのだとのことは実際の生活の上でもよく分かることです。この短い文章で**王陽明**の考えをコンパクトにまとめています。

3　竹の理

王陽明がおっしゃいます。一般の人々は「格物」をただ**朱子**の解釈によっていますが、決して「朱子の説」が採用され、用いられているわけではありません。私は以前に実際に用いようとしました。若い頃に友人の**銭友**と一緒に「聖賢」になるためには、天下の「物に格る」ことが必要だが、どうしたらこのような力を得ることができるのかと議論したものでした。そこで、家の前の竹を指し示してその「理」に「格る」ことを見ようとしました。**銭友**は朝から夜まで「竹の理」を究めようとしました。「心」と「思い」を尽くして三日間になりましたが、心身を疲労させてついに病気になってしまいました。最初、彼は自らの力量が足りないからだと言っていました。そこで、私は自ら「竹の理」を究めることになりました。早朝から夜まで行いましたが、その「理」を得ることはできませんでした。七日目になると「心」が疲労して病気になりました。ついに二人はともに「聖賢」にはなり得ないものだ、「聖賢」のような大力量がないので「物に格る」ことができないのだと嘆きました。貴州の夷中（地名）に住んで、三年目になっていくらかの悟るところがあって、天下の「物の本源」に至ることのできるものは存在せず、「格物の修養」はただ自己の「身」と「心」の上にあってできるものだと知り、決然として人は誰でも「聖人」に至ることができると考えて、自らそのように実践しようとしました。この意思をこれまで諸君に説き与えて「知道」としてほしいものです。

（黄以方所録 3）

読解

「格物」の読み方は「陽明学」の朱子批判の最初のポイントです。『大学』の「格物」を**朱子**が「物に至る」と読み、「究理」を学問の基本とおいたことに対する批判です。**王陽明**達がこの説に従って「竹の理」を求めて七日間、竹を割り続けて努力したけれど、病気になっただけで得る所はなかったという面白い話です。これで「聖人・賢人」になる力量が不足しているためだとしてあきらめたという話です。この様な事をして「物」の本源に至ることはできるわけではなく、自らの「身体」と「心」の上で「格物」を行うことが「聖人」への道だと悟ったわけです。そして、**王陽明**は誰でも「良知」を持っているので「聖人」になれるとし、「聖人」と「凡人」の違いは程度の差であることを常に言っています。「格物の修養」は「身」と「心」の上にあってできるものだと知って、誰でも「聖人」になれると、「決然」として考える様になったと言うのが**王陽明**の強い意思の表われのように思います。

4 子供の格物

門人の一人の**邵端峯**（しょうたんほう）が、「子供には「格物」することができないので、ただ、水撒きや掃除やお客の接遇などの仕事を教えれば良いのではないかという説がありますが、どうですか」と聞きます。これに対して、**王陽明**は言います。子供には掃除や応接も一件の物（重要なこと）であり、子供の「良知」がここにいたっておれば掃除や応接を教えれば一点の「良知を致す」ものになります。子供でも先生や長老を尊敬することは、これも彼らの「良知」なのです。遊んでいる最中でも彼らが来ると、行って恭しくお辞儀をするのはこれもよく「格物」にして、師長を敬する「良知」を致させるところなのです。子供にも自ずからの「格物致知」があります。また、ここの「格物」とは子供から「聖人」まで修養することです。ただ、「聖人」は「格物」を習熟しているので容易なだけにすぎません。このように「格物」は、柴を売るような人でも「公卿」や「大夫」から「天子」に至るまで誰もが行うべき事なのです。

（黄以方所録　4）

読解

弟子が、子供は「格物」という高度なことはできないので、日常の作法を教えておけばよいのだという議論を紹介したのに対して、**王陽明**は子供にも「格物知致」があることを言って諭します。日常の作法を教えるのは子供の「良知」を引き出すためであって、子供は先生や長者を畏敬する念を「良知」としてすでに持っているからだと言います。「教育」は子供がすでに持っている「良知」を引き出すことで、子供に「格物知致」を起こさせるという「教育」の基本を示しています。子供でも先生や長老を尊敬することはこれも彼らの「良知」なのです。遊びの最中でも先生や年長者をみると行ってお辞儀をするのは、「格物」で「良知の致す」ところなのです。子供にも「格物致知」があり、ここで言う「格物」は子供から「聖人」まで皆が修養することです。ただ、「聖人」は「格物」を修熟しているので容易なだけで「格物」は柴を売るような平凡な人、「公卿」や「大夫」でも「天子」に至るまで誰もが行うべき事だと言います。全ての人が自分の持っている「良知」に達せられるように修養していくことを求めているのです。それぞれのレベルや能力に応じて、それぞれの「格物」を行うことが必要になります。しかも、それは自分の置かれた立場に従って行う「事上磨錬」が「陽明学」の基本的な生き方になります。子供にも先生や長老を尊敬するというのは、これは「良知」なのです。子供から「聖人」まで、路傍の人から「大臣」・「役人」そして「天子」まで、全ての人は同じで、全ての人が自分の持っている「良知」を尽くす様に修養することを求めるのです。これは、それぞれのレベルや能力に応じてそれぞれの「格物」を行うことが必要になるのです。

5 知行合一

ある門人が**王陽明**の言うような「知行は合一である」との考えに疑いを持ち、『書経』の「説命篇」にある「知ることが難しいのではなく、行うことが難しいのだ」という二句を持ち出して質問しました。**王陽明**は「「良知」は自ずから知るものです。もとからこれは容易なものです。ただ、「良知を致す」ことができないでいるのです。すなわち、知ることが難しいのではなく、行うことが難しいのです」と答えます。

（黄以方所録 5）

読解

「知行合一」の議論に対して、『書経』の「知ることが困難なのではなく行う事が困難なのだ」という二句を示して、「知」と「行」は本質的に違うのではないかという質問をします。門人は『書経』の「二句」を証拠として議論しかけたわけです。しかし、**王陽明**は、誰でも「良知」は元々「自ずから知る」ものですから「知ることは難しくない」のは当然です。多くの人は「良知」が「人欲に覆われて」発揮できないので、「良知を致す」ことができないでいると言います。従って、行うは難しいと言っているのですと、「知行は合一」は必ずしも容易ではないことを言います。「行っていないのに知っているといえるのか」というのが「知行合一」の考えの最初です。「人欲を排し、天理に従う」ことで「良知を致す」ことはできるのだが、そこが難しいのだと説明します。

6　知行合一・心即理

門人が質問しました。どうして「知と行を合一する」ことができるのですか。『中庸』では「博くこれに学ぶ」と言い、また「篤くこれを行ふ」と説いているように、明確に「知行」は別のものです。**王陽明**は答えます。「博く学ぶ」とはこれただ「事事」をこの「天理」に保持することを学ぶことであり、これを「篤く行う」とは「天理」を篤く行うことの意味で、同じことです。門人はさらに問います。『易経』には「学んでもってこれを聚む」とあります。また、「仁をもってこれを行う」といいますがこれはどうなのですか、と。**王陽明**は次のように言います。これも全く同じ事です。「事事」が「天理」に存することを学べば、「心」がさらに放失する時はありません。故に、「学んでこれを聚める」といいます。しかしながら、常に「天理」に存することを学び、さらに「私欲」がこれを妨げていないときは、これは「心」が息まないところなのです。故に「仁をもってこれを行う」と言います。また門人が質問します。**孔子**が「「知」これに及ぶとも「仁」これを守る能わず」と言っていますが、「知行」はやはり二つのことなのでしょう、と。**王陽明**は答えます。「これに及ぶ」と説くのであれば、これをすでに行っていることの意味です。常に行うことができないというのは、すでに「私欲」によって断絶されていて行っていないので、これは「仁これを守る能わざる」となるのです。

門人がまた「心即理」について質問します。**程子**は「物に理がある」と言っています。どうして「心即理」というのですか。**王陽明**は答えます。「物に在る」を「理」というのは「在る」の字の上に、一つ「心」という文字を添えるべきです。この「心」が「物」にある時に、「理」になるのです。「心」が父につかえるのであれば、これは「孝」になり、君に使えることとなれば「忠」になるような類のことです。さらに、**王陽明**は言います。諸君は私の「立言」の「主旨」を分からねばなりません。私が今一つの「心」はすなわち「理」であると説くのはどういう意味でしょうか。世間の人は「心」と「理」とを分けて別のものにするために、数多くの「病痛」が生まれます。『春秋』に出てくる「五伯」が「夷狄」を討って「周」の王室を尊んだのは、全て一つの「私心」であり、「理」に当てはまるものではありませんでした。世人は彼らを「理」にある者としていたが、ただ「心」が純粋なものでなかったのだと説いており、往々にして彼らの行った所を賞賛し慕っています。外面が立派に見えることを求めて、かえって「心」とは全く相反することになっています。「心」と「理」を二つに分けて別の物とすることは、その流れが「伯道」の偽りであることを自覚していないのです。故に私は一つの「心即理」を説き、「心・理」は一つであると知ったのです。すなわち、「心」の上にあって修養しなければならず、「義」を「外」に求めてはなりません。「聖人賢人」の言葉は数多くあります。これが「王道」の真実であり、私の「立言」の「宗旨」なのです。また、門人が質問します。「聖人賢人」の言葉は数多くあります。どうしてこれらを打ち砕いて一つの「物」だとするのですか。**王陽明**は答えます。打ち砕いて一つの「物」にしようとしているのではありません。それはもともと「道」は一つだからです。また『中庸』には「その「道」は「二つの物」ではないので、「物」を生じるのが無限なのです」とあるように「天地聖人」は全て一つなのです。どうして二つにすることができるのですか。（黄以方所録 6）

読解
王陽明の「知行合一」と「心即理」についての門人との論争です。門人の引いている『中庸』（第四段第一小段）では学・問・思・弁・行について、

博学之　これをひろく学び、
審問之　これをつまびらかに問い、
慎思之　これをつつしみて思い、
明弁之　これを明らかに弁じ、

篤行之　これをあつく行う

と言います。ここでは門人が「学ぶ」ことと「行う」ことは別の表現であるから、別のものではないかという疑問を示すのです。これに対して、**王陽明**は「学ぶ」のは「天理」であるので、これが「行う」ことにならないわけがないと反論します。門人は、『易経』でも「知行」は別々ではないかと追求します。**王陽明**は「学んでこれを聚める」といい、「心」の息まないことなのです。故に「仁をもってこれを行う」のですと言います。また、『論語』には「子曰く、知之に及べども、仁能く之を守らずんば、之を得といえども、必ず之を失う」という文章があります。これは、人君がその地位にふさわしい「知識」に及んでいても、人による「政治」でその地位を守らなければ、地位を得たとしてもそれは必ず失うものだという有名な文章です。ここでも門人は『論語』の言う様に地位にふさわしい「知」があっても守ることとは別物であるという例を挙げます。**王陽明**は、「及ぶ」というのは「行う」ことを意味しているのだから、「知行」はすでに「合一」であり、守れないのは「人欲」によって遮断されているからなのだと言います。「良知」が発揮されないのは「人欲」が遮蔽しているからだとするのが**王陽明**の常の議論ですが、ここでは「天理」を学べば自然に行うことに及ぶとして「知行合一」になるを言います。今日においても、「天理」を求める勉強を続けることは「実践」に及ぶことを認識する必要があるように思います。

「心即理」についても議論があります。「物」に「理」があるというのは**程子**の議論ですが、**朱子**においては「事事物物に理あり」を主張し、「物の理を窮める」ことが学問になるという門人の質問に対して、**王陽明**は、ここに「心」を添えることで**程子**の言葉も理解できると言って「「心」が「物」にあるときが「理」」だと、「物の理」と「心即理」の関係を説明し、「心」と「理」を分けることの問題が大きいことを強調します。『春秋』で示されている「覇道」を行った「五伯」を例にして、「王道」と「覇道」の違いを説明します。「五伯」について一般に言われるように、「理」を行おうとしたが「心」が純粋でなかったという考えは、もとより間違いで、「心」が純粋でないこと自身が「理」にあたっていないことを主張します。外面の立派さを求めてはならず、「義」を「外」に求める「義外説」批判を行います。先人が種々の議論しているのをどうして批判するのかという質問に対しては、諸説を打ち砕いて一つにしているのではなく、もともと「道」は一つなのだと言います。これは**孟子**が「性善を言い、言えば必ず**堯**・**舜**を称す。それ「道」は一のみ」と言っているのに対応します。**朱子**批判が中心ですが、「心即理」や「知行合一」が**孔子**、『中庸』、**孟子**の議論と一にしていることを説明しています。

7　心

「心」は一塊の血や肉ではありません。およそ、知覚する所は「心」なのです。耳目が見たり聞いたりして、手足が痛みを感じるように知覚は「心」にあるのです。

(黄以方所録 7)

読解

「心」は心臓の象形文字です。洋の東西を問わず、「心」は「心臓」に宿るものと理解されてきました。「心」は「心臓」といった血や肉の塊のことではないと言い、知覚は脳による精神活動ですが、まさに「心」の働きは精神活動なのです。ここの「知覚」は身体的なものに限らずもう少し広い意味を考えた方がよいのでしょう。

8 格物と慎独・集義・博約

黄以方が質問します。先生の説いておられる「格物」は、『中庸』に出てくる「慎独」や**孟子**に出てくる「集義」、『論語』の「博文約礼」などの説は皆、「格物」のことなのですか。**王陽明**は答えて、違うといいます。「格物」は「慎独」、すなわち「戒懼」であって、「集義」・「博約」にいたるまで、その修養は同じですが、それらが皆「格物」であるわけではありません。

（黄以方所録 8）

読解

黄以方は**王陽明**の「格物の説」と『中庸』の「慎独」、**孟子**の「集義」、**孔子**の「博文約礼」との関係を質問します。『中庸』には「君子はその見えざる所に「戒慎」し、その聞かざるところに「恐懼」す。隠れたるより見るはなく、かすかなるより顕かなるはなし。故に君子はその「独を慎む」なり」

という言葉があります。また、**孟子**は「浩然の気」を「これ「集義」の生ずる所のもの」と言っています。『論語』では「子曰く、君子は博く文を学び、これを約するに礼をもってせば、またもってそむかざるべきか」といって「博文・約礼」を君子の修養としています。問題はこれらと**王陽明**の言う「物を正す」という「格物」との関係です。これらは「良知」の修養であることにおいては同じだが、「慎独・戒懼」は直接、心を内観する修養であるのに対して、「集義・博約」は間接的であり方法は同じであるが全てが「格物」ではないと説明します。精神の内面に関わる問題を「格物」と規定しているところが面白い点です。

9　徳性を尊ぶ

黄以方が『中庸』にある「徳性を尊ぶ」という一条文について質問しました。**王陽明**は答えます。『中庸』では「問学による」といっており、「学問」をすることが自己の「徳性」を尊ぶことになるのです。**朱子**は「**陸象山**は人を教えるのに「徳性を尊ぶ」ことをもって教えていたので、自分が教えるのに「問学による」ところを多くしなければならない」と言っていました。この議論は「徳性を尊ぶ」と「問学による」とを分けて二つにすることです。今、研究をして討論して、多くの修養をするのは、ただこの点に「心」を置いて「徳性」を失わないようにすること以外ではありません。「徳性」を「空虚」に尊び、さらに「問学（学問のこと）」をしないでいて、「問学」すべきだと「空虚」に「問学」を主張して、さらに「徳性」と関係がないと言ったりしてはなりません。このような主張をすることは、研究討論する者が何を学ぼうとするのか分かっていないのです。

黄以方は、さらに『中庸』の「広大を致して「精微」を尽くし、「高明」を極めて『中庸』による」という二句について質問しました。**王陽明**は答えます。この二句は反対方向のように見えますが、「精微」を尽くすことが「広大」を致すことなのです。『中庸』によるとは「高明」を見極める所以なのです。「心の本體」は自ずから「広大」の「底部」にあるものです。人は「精微」な所を尽くすことができなければ、「私欲」の覆うところとなって、「心」がその小ささに耐えることができないものになります。それゆえに、微細、曲折に尽くせない所がなくなるまで尽くせば、「私意」が覆うことができなくなり、自ずから多くの障害や遮蔽する所がなくなります。こうなれば、どうして「広大」に至らないことがあるのでしょうか。また、**黄以方**は「「精微」とはこれは「念慮の精微」なのですか、それとも「事理の精微」なのですか」と問います。**王陽明**は「「念慮の精微」は「事理の精微」なのです」と答えます。

（黄以方所録 9）

読解

黄以方との対話は『中庸』の一条文に関するものです。『中庸』では、「聖人」の様子を次のように表現しています。「大なるかな「聖人」の道。ようようことして万物を発育せしめ、高くして「天」にいたる。ゆうゆうとして大なるかな、礼儀三百、威儀三千。その人を待って後、行わる。故に曰く、いやしくも「至徳」ならざれば、「至道」ならず」と。これ故に、君子は、「徳性」を尊んで「問学」により、「広大」を致して「精微」を尽くし、「高明」を極めて『中庸』による「故きを温ねて新しきを知り」、「敦厚（人情が厚い）もって礼を尊ぶ」と言います。

「聖人」とはこういう人だということを示した『中庸』の中でも有名な字句のある部分です。まず、この文の中の「徳性」と「問学」について質疑応答です。**王陽明**は、**朱子**の「問学」を強調する姿勢を批判して、「問学」と「徳性」は分けることができないものだとします。そして、「問学」をすることは「徳性」を保持することだと言います。次に、**黄以方**は『中庸』の「広大」を致して「精微」を尽くすというのは矛盾ではないかとの質問に対して、**王陽明**は「精微」を尽くすことが「広大」を致すことだと言い、「精微」を尽くさなければ「私欲」が覆うことになるとして、「聖人」の「広大」な姿は「精微」な部分をも全て尽くしているとして両者は対立するものではないと説きます。「精微」なところを尽くさなければ「私意」が残ることになり、「広大」にはなれないと言います。この様に、学問をすることは「徳性」を保持することと一体で、「問学」は「私意」が入らないことによって「精微」を尽くすべきというのが**王陽明**の基本姿勢で今日でも留意すべき点でしょう。

10　性

王陽明がおっしゃいます。今日、「性」を論じる者が言うことには様々で異同があるのは皆、これは「性」を解説しているが「性」を見ていないからです。「本性」を見る者は異同を議論することはありません。

（黄以方所録 10）

読解

儒学では「性」について様々な論争があり、**孟子**の「性善説」、**荀子**の「性悪説」、**告子**の「善悪無論」など様々な「性」についての議論があるのは「性」の本質を見ていないからであって、「性」とは「天」が与えたものなので、論者によって違った議論はないはずだと言います。

11 声色貨利

弟子が「声色貨利（美人を思い、利益を望む心）の「念」は良知もないわけにいかないのですね」と質問します。**王陽明**は「もちろんそうです。ただ、初学者にとっての修養は、必ずこの考えを掃き捨てて少しも残らないようにしなければなりません。そうすればたまたまそれらに出会ったときでも妨げにならず、自然にこれに応じることができるでしょう。「良知」は「声色貨利」の誘惑の上にあって修養することとです。「良知」を致して「精精明明」であり、少しの覆いもないのであれば、「声色貨利」の誘惑に出会っても「天理」の流れを変わりなく受け取ることができるでしょう」と答えます。

（黄以方所録 11）

読解

美人を思い、利益を望むといった「欲望」の上に「良知」にはないのでしょうかという質問に対して、**王陽明**は「もとよりしかり」と欲望も自然なものであれば、人欲ではないとして肯定的なように答えます。ただ、初学者が修養するにあたっては、これは完全に掃き捨てなければならないと言います。「良知の修養」は「声色貨利」の「誘惑」の上で行うものであり、そうすれば「誘惑」に出会っても「天理」に従うことができます。「欲望」に出会っても「良知を致す」ことはできるのですと言います。「天理」に従って、美人と結婚することや正当な商売を行うことは「良知」の上で行えば良いことなのです。**王陽明**は絶対的な禁欲主義者ではなく「良知」で判断すべきこととします。

12　致知格物

王陽明は「私は諸君に「致知格物」を講義してきて、毎日、このようにしてきています。「講義」することと一〇年、二〇年間ずっとこの通りでした。諸君が私の「言葉」を聞き、実際の上で修養していくのであれば、私の「講義」を一回聞けば、自ずから長足の進歩があることを感じるでしょう。もし、そうでなければ、その場限りの「説話」であって、これを聞いても何の役にもたたないのです」と言います。

（黄以方所録　12）

読解

王陽明はここ一〇年二〇年と「致知格物」を講義してきたが、受講者の中で実際上の修養をしてきた者は長足の進歩を感じるでしょうと言います。そうでなく説話として聞いていた人には役に立たないものだと言うでしょう。「陽明学」は「実践」の上の修養を重視し「事上磨錬」を主張します。ただ聞くだけの「口耳の学」を排除します。「事上磨錬」で修養することと「口耳の学」として聞くことには大きな違いがあります。筆者自身も大学の学部時代の記憶を振り返れば、いわゆる単位の必要のために受講したものはほとんど記憶にありません。受講しないで単位だけ取りました。講義でも自分の事として聞いたものや、一〇名程の学生を相手にしたゼミナールや研究会で一流の先生にご指導を得ながら勉強したものは、眼をつぶればいろいろ思い出す言葉があります。多くの先生にお教えいただいて大学の学部時代はきわめて充実していました。大蔵省に入ってからは実際の行政の仕事を行い、ここでも多くのことを教わりました。大学に戻ってからも教育研究以外にもいろいろな審議会や委員会などに出席して小さな力ですが、国や地方公共団体のより良い行政の手助けになったことも記憶にあります。

13　心の本體は寂然不動

王陽明はおっしゃいます。人の「心の本體」は常に「寂然不動（静かで動かない）」のもので、常に感じてやっと通じるものです。未だこれに応じないからと言って先にあるものでもなければ、すでに感じたからといって後になるものでもありません。

（黄以方所録 13）

読解

「心の本體」は静にあっても動にあっても「寂然」として「不動」なものですが、生々として躍動する「生命」の動きを常に感じることが分かるものです。この作用には前後はなく、自在な「心」が生き生きしたものなのです。「心の本體」は静でも動でも「寂然不動」のものであり、しかも常に感じて通じているものなのです。

14　見えなく聞けないが良知の本體

一人の友人が次のことをあげて質問しました。ある「佛教」の「和尚」が手の指を示して、諸君にはこれが見えるかと質問しました。聴衆は見えますと答えました。また、指を袖に入れて皆さんにはこれが見えるかと問いました。聴衆は見えないと言いました。「和尚」は、諸君はまだ本性を見ていないと言いました。その友人は、この意味はまだ明らかではありませんと、**王陽明**に質問しました。**王陽明**は答えます。指は見えたり見えなかったりするものです。君が「本性」を見ることは常に人の「心の上」にあって、ただ「見るあり聞くあり」の状態の上にあって走り回り、見えない所、聞けない所には努力しないものです。しかし、見ず聞かざるのところが「良知の本體」なので、従って「戒慎恐懼」は「良知」をいたすための修養なのです。学問をする者は時々刻々その見えない所を見、常に聞こえないことを聞くようにすれば修養は「実體」のあるものになります。これを長く続けて「心」が成熟してきた後には、力を入れることもなく、「心」を引き締めることもなくとも、「真性」である「良知」は自ずから発現して息むことがありません。ここに至れば、「外」にあるものの見聞によって「良知」が妨げられることにはなりません。

（黄以方所録 14）

読解

「禅問答」のような話から始まります。「和尚」が指を出したり隠したりして「見えているか、見えていないか」を質問して、君たちは「本性」が見えていないと言います。この問答から**王陽明**は、人々は「和尚」の話は、見聞しているものに振り回されていると言い、そのような時こそ「戒慎恐懼」しなければならないと言います。「戒慎恐懼」の修養を行えば見えないところを見、聞けないところに聞ける「良知」があることが分かると言います。「心」が成熟した後では力を入れずとも、「心」を引き締めることもなく、「良知」が発揮されることになると言います。

実際、我々の周りでも見ていながら見ておらず、聞いていながら聞こえていないことは数多くあります。社会に関することになるとなおさらその様になることはもっと多くあります。それは「心」が動いていないからで、目や耳のせいではありません。「戒慎恐懼」して修養すれば「良知」を発揮して見えてくる、聞こえてくるものが多くなると思います。一日に、何か一点でも「戒慎恐懼」する機会を持てば、もっと多くのものが見えたり、聞こえたりすることになるのではないかと思います。反省しきりです。

15　鳶飛び魚躍る

弟子が質問します。**程明道**が『中庸』の「鳶(とび)飛び魚躍る」の語と**孟子**の「必ず事あり」の言葉は同じ「生命」の「活発発地の躍動」ですと言っていますが、どうしてでしょうか。**王陽明**は答えます。いずれも「天地の間」にあって「生命」の「活発発地」と躍動して、この「理」でないものはありません。すなわち、私のいう「良知」が発展してやむところがないことです。「良知を致す」は必ず「必ず事あり」の修養です。この「理」は、二つの言葉が離れるべきでないということだけではありません。実際に、離れることができないものなのです。どこまでに行っても「道」でないところはなく、どこに行っても「道理」を求める修養でないものはありません。

（黄以方所録　15）

読解

『中庸』では、「君子」の「道」は明白であり、また奥深くて究めがたいという言葉で始まります。そのような「天地の広大さ」を**程明道**は『詩経』の句である「鳶(とび)は飛んで天にいたり、魚は淵に躍るとは、その上下に察（あきら）かなると言ふ」という言葉を引用します。これは、「「天地の神」の恵みのあまねきところ、鳶は天高く飛んで天の彼方に飛び、魚は深い淵ではつらつと躍る」と生命の「躍動」を言います。これは「君子」の力で、「道」が上下四方にあまねく明らかに行われていることそのものだと言います。一方、「必ず事とする有れ」とは、**孟子**の「公孫丑上編」にある言葉で、「浩然の氣」を養うのに義を集めることを常に心がけておくべきことと言った後、いつも至大至剛の「浩然の氣」を養うことにつとめなければならないことを言います（先にも述べたことですが、「浩然の気」は天地の間に充ち満ちている非常に盛んな精氣であって、自然発生的に人間の持つ生命力やエネルギーであり、これに「仁義」など「徳目」が生まれついて根源的に備わっている状況を言います）。そして、**王陽明**はいずれも、天地の間にあって「生命」の「活地発地」と躍動してこの「理」でないものはないとし、「必ず事とする有れ」は「良知を致す」修養にあたるとします。「道」が明らかになることで「天地の生命」のはつらつとした所と「浩然の気」を養うことは同じことであることとして**程明道**の議論をさらに強固なものにして、「良知の本體」と「良知を致す」ことの両者は離れるべきでなく、離れることができないものだとします。そして、**王陽明**は、「良知」がもたらすのは「生命の活発発地」の状況であると言い、「良知の本體」の姿を示しています。すなわち、「良知」とは、ここでみられるように単に「善悪」の判断の能力だけではなく、「生命の躍動」がわき出る所であり、これを**孟子**の「浩然の気」であると言っています。

16　茫茫蕩蕩

王陽明がおっしゃいました。諸君は努力して必ず「聖人」になろうとする「志」を立てるべきです。時々刻々、俗に言う「一棒の打撃を受けて一筋の傷跡が残り、平手打ちして手のひらに血が流れる」というような緊張感の中になければなりません。そうなれば私の話を聞いて一句一句、力が沸いてきます。もし、茫茫蕩蕩（ぼうぼうとうとう）（果てもなく広く、しまりのない生活）として日々を過ごせば、人間は一塊の死肉であって打っても痛痒を感じず、おそらくは最後まで「事」をなすことができないでしょう。仕事が終わって家に帰ってもただ昔からの技術を繰り返すだけです。せっかくここへ勉強に来ても役立たずで残念なことです。

（黄以方所録　16）

読解

なかなか実行するのは厳しい文章です。我々は「茫茫蕩蕩」と過ごす日が少なくないのが日常です。「一棒の打撃を受けて一筋の傷跡が残り、平手打ちして手のひらに血が流れる」という様な刻苦して（努力して）緊張の中にあるべきで、それができれば**王陽明**の講話を聞いて一句一句に力がわいてくるのです。「茫茫蕩蕩」としていれば死んでるのと同じで、最後まで「事」をなす事ができません。ここまで来て勉強したことは何にもならないと、厳しく言います。**王陽明**は優しい所もありますが、このように学問に対する姿勢としては厳しく弟子に接することが基本です。必ず「聖人」になろうという「立志」を求めています。我々も「茫茫蕩蕩」の生活にならないように氣を引き締めて毎日を過ごしたいものです。

17　修養の効果

弟子が質問しました。近頃、修養によって妄念が少なくなったように思われ、またこだわった思いもなくなってきたように思います。これからどのように力を入れていけばよいのでしょうか。これは修養の効果なのでしょうか。**王陽明**は言います。君が着実に修養を行えば多少の「思案」が増えても問題はありません。しばらくすれば、自然と落ち着いていくでしょう。もし、少しくらいの修養で効果があったと言えば、それはなんと頼りにならないものでしょう。

（黄以方所録 17）

読解

修養の効果が出てきた様だと話す弟子に対して、**王陽明**は修養のあり方としてとらわれのないように注意します。妄念・著想は着実に実際の事の上にあって修養を行ってゆけば自然に落ちついていくものです。どの様に修養すれば良いかを考えるのも修養の効果であり、多少の「思案」が増えても心配ないとします。少しの修養で効果があったと言うのでは頼りにならないと、さらに修養を進めるように諭します。ここでも修養について厳しい姿勢を示します。

18　命を立てる修養

一人の友人が嘆いて言いました。私は「私意」の兆しが起こったとき、はっきりと「心」に分かるのですが、どうしてもすぐに去らせることができません。**王陽明**は答えます。君に「私意」が起こるとき、この「一」を知ることは君の「生命の根源」です。ただちに、「私意」を消滅させることが「命を立てる修養」なのです。

（黄以方所録　18）

読解

「私意」の兆しが起こってもすぐに立ち去らせることができないと悩む弟子に、**王陽明**は、「私意」が起こることを知ることができるのが「生命の根源」であり、すぐに「私意」を消滅させることで「立命」をかけて修養することが必要なのだと言います。そして、一つの私意も見逃してはならないと指摘します。「一」を知るのが重要というのは意味が深いと思います。一つもの「私意」を消滅させることそのものが「生命の根源」で「立命」だと言います。「立命」とは**孟子**の中の「その心を尽くす者は、その性を知るなり、その性を知れば、すなわち天を知る。その心に存し、その性を養うは、天に事ふる所以なり。殀寿をたがわず、身を修めて以てこれをまつは命を立つ所以なり」という一文の言葉からです。学に志す者は修養を続けてひたすら「天命」を待つというのが基本的姿勢です。**王陽明**にあっては、ただ、「私意」を排除することが「立命」なのです。

19 性は近く、習いは遠い

孔子が「性相近し（性は近く、習いは遠い）」といった「性は近し」の意味は、**孟子**が「性は善なり」と説いたものは同じで、もっぱら「氣質」の面から問うてはいけません。もし、それが「氣質」の問題と説けば、「剛」を「柔」に対立させるようなもので、どうして近いことがあるのでしょうか。ただ、「性が善」であることにおいて人は同じなのです。人が生まれた最初の時には「善」はもとから同じですが、「氣質」が「剛」な人が「善」に習うと「剛善」な人になり、「悪」に習うと「剛悪」になります。「氣質」が「柔」な人が「善」に習うと「柔善」になり、「悪」に習うと「柔悪」になるのであって、日々に遠ざかって離れることになります。

（黄以方所録 19）

読解

『論語』では「子曰く、性相近し。習い相遠し」と言っています。**朱子**の注は、このいわゆる「性」は「氣質（氣性のこと）を兼ねて言うものなり」と言って、後天的に受ける「氣質の性」によっていて「善悪」は同じでなく、最初は「善」に近いものであっても、「習い相遠し」と言っている様に「善」に習えば「善」、「悪」に習えば「悪」になり離れていくものであると言っています。すなわち、肉体を形作る個別の「氣質」に応じて「後天的な性」があるとし、人間の「天性」はあまり違いがないが、「教育」や「環境」によって「氣質」は「善」にも「悪」にもなり、両者の隔たりは大きくなるという考えを示します。これに対して**王陽明**は、この解釈を批判して、この『論語』の一文を**孟子**の「性は善なり」という「性善説」と同じであると解釈すべきであって、「氣質」の面から問うべきでないとします。「氣質」の問題と説けば、「剛」を「柔」に対立させるので「近し」でなく、離れるばかりであると言います。すなわち、人が生まれた最初のときの「性」は同じ「善」であっても、「柔剛」といった「氣質」の違いはあると言います。「氣質の性」は後天的に「氣（心の働き）」から受ける性質で、「氣」の清濁、厚薄などによって、人は賢愚、善悪に別れ遠ざかっていくものと言います。すなわち「性」は生まれたときは同じ「善」であるが、後天的な「氣質」が強い「剛」の者が「善」に習うと「剛善」に、「悪」に習うと「剛悪」になり、「氣質」が弱い「柔」な者が「善」に習うと「柔善」になり、「悪」に習うと「柔悪」になるのであって、両者は日々に遠ざかって別れるものになると言います。

20　些かの念

王陽明が学者（学生のこと）に言いました。「心の体」上には一念の「留滞（りゅうたい）」を作るべきでありません。すなわち、眼には些かのゴミも入れてはいけないようなものです。わずかなものが幾多にもなります。満眼がそのために真っ暗になります。また、**王陽明**は、この一念はただ「私念」のみならず、「好（よ）き念頭」もわずかなものもつけてはいけません。眼のなかに金や玉のかけらが入れば眼は開くことができないようなものです。

（黄以方所録　20）

読解

「心」は明瞭清々とすべきで、「心の體」には「一念」の「留滞」を作るべきでないと言います。わずかなゴミ、すなわち「私念」のみならず「好き念頭」をもつけてはいけません。わずかなものでも幾多となり、これが、眼に入れば眼は見えなくなると注意します。眼には金や玉といった貴重なものでも入れば眼は見えなくなります。あらゆる「雑念」を留め置くことがないようにと注意します。我々は「雑念」から逃れられないのが日常です。「雑念」を排除することに常に注意が必要です。

21　人心と物とは同体なり

門人が問いました。先生は「人の心」は「物」と同體だと申されます。自分の身體はもとから血や気が通っていますので、従って「同體」と言うべきです。しかし、他人となるともはや「異體」です。さらに、「禽獣草木」になればますます縁の遠い存在になります。どうしてこれらを「同體」と言えるのでしょう。**王陽明**は答えます。君は感応の幾（きざし）の上にあって見てください。これは「禽獣草木」だけではなく、「天地」といえどもまた自分と「同體」のものであり、「鬼神」もまた「同體」のものなのです。門人がさらに説明を求めました。**王陽明**は言います。君自身を見なさい。

この「天地」の間にあって何が「天地の中心」であるかを考えてみてください。門人は、先生から「人間が中心」だと聞いています」と答えます。**王陽明**は言います。その人間の何が「中心」なのですか。門人は、「ただ一つの「霊明」です」と答えます。**王陽明**は「天」に充ち、「地」に塞がりてその間にあって一つの「霊明」があることを知るべきだと言います。そして、人はただその形態のために隔てられているにすぎません。わが「霊明」は「天地鬼神」の「主宰者」なのです。「天」も「霊明」がなければ誰が進んでそれをあがめようとするのでしょうか。「地」にもわが「霊明」がなければ誰が進んでその深きを伏して見ようとするのでしょうか。「鬼神」も「霊明」がなければ、だれがそのなす「吉凶」や「災祥」を論ずることがあるのでしょうか。「天地・鬼神・万物」も自分の「霊明」を離れれば、「天地・鬼神・万物」ではありえません。我が「霊明」がなければ「天地・鬼神・万物」を離れればまた我が「霊明」はありません。このようになれば、「天地・鬼神・万物」と我とは一気に流通するものになります。どうして、それらの間に入って妨げる物があるのでしょうか。また門人が問いました。「天地・鬼神・万物」は「千年の昔」より存在していますが、どうして自分の「霊明」が死んでなくなるのに、「天地・鬼神・万物」はなくならないのですか。別の物であるからではないのですか。**王陽明**は言います。今、死んだ人を見てみましょう。この「精霊」は「遊散」してしまいます。こうなれば、「精霊」が知っていた「天地万物」はどこに行ってしまうのでしょうか。「死」とともに「天地万物」もなくなってしまうのであり、「霊明」と「天地万物」は「同體」なのです。（黄以方所録 21）

読解

「万物一體」と言うが、人と「禽獣草木」が「同體」とは思えないという門人の質問に対して、**王陽明**は「感応の幾」の上に立って考えてみなさいと言います。「幾」とは機織りの糸を上下させる仕掛けのこと「きざし」を意味します。すなわち「心」が動くきざしに着目して考えると「心」と「天地・鬼神・万物」は一體であることが分かると説明します。また、「天地・鬼神・万物」も「霊明」を通して「一體」であると言います。「心」を通じて「万物は一體」になっているというのが、これまで出てきた**王陽明**の「万物一體論」でしたが、ここでは「霊明」といってより神秘的な表現です。「霊明」も同じように「天地・鬼神・万物」と一體と解せばいいのでしょう。「万物一體論」ですが、「鬼神」も一體というのが面白い所です。「鬼」は日本では化け物の一種ですが、超人的な存在で万物生成の神であり、ここでは「霊魂」のことも言っていて、これが「吉凶」や「災」をもたらすものと考えているのでしょう。ただ、死んだら「精霊」は遊散するというのはこれまでの**王陽明**の議論と違和感があるように思います。死んでも「霊魂」は残り「天地万物」と一體であり続けると言った方が**王陽明**らしいと思いますが、ここでは「死」と共に「天地万物」もなくなってしまい、「霊魂」がなくなれば「天地万物」もなくなるので両者は「同體」なのだと言います。

22　実相と幻相

王陽明が再び兵を挙げて思恩・田州の征伐に向かわれたとき、**銭徳洪**と**王汝中**が追いかけて厳灘（げんたん）（地名）まで見送りに行きました。そのとき、**王汝中**は「佛教」で言う「実相」と「幻相」の説を挙げて質問しました。**王陽明**は言います。「心」のある時は全てこれは「実」であり、「心」のない時は「幻」です。また、「心」のない時はともに「実」であり、「心」あるときはともに「幻」です、と。**王汝中**は言います。「心」があるときは「実」であり、「心」がない時は「幻」であるというのは、「心の本體」の修養について説いたものです。**王陽明**は「その通り」と言います。**銭徳洪**は、この時はまだよく理解できていませんでした。数年間修養をしてはじめて「本體」と修養が合一であることを信ずるようになりました。**王陽明**が言われたのはこの時、質問に応じてたまたま話されたことで、我々儒学者が人に教えるのに必ずしも仏教の言葉を借りる事はありません。（黄以方所録　22）

読解

「実相」と「幻相」は佛教用語であり、「現実」の世界の背景にある「真実不変」の「真性」を言います。「佛教」の「色即是空」といった言葉で示される「彼我の世界は同じ」のことでしょう。**王陽明**の言葉は矛盾したように見えますが、「心」は「良知」があるときには「実」で、これがないときには「心」は「幻」で、「私心」があるときには「心」は「幻」であり、これがないときには「心」

は「実」だ、というように言っていると理解すればよいと思います。**王汝中**の解釈は、「心」があるときは「実」で、「心」がないときは「幻」だというのは「良知」の上で修養を行うべき事であると修養の目的を言います。**銭徳洪**はそのとき分からなかったが、修養を続けることで理解できる様になったと言っています。**王陽明**は**王汝中**の説明をその通りだと言いましたが、同時に、儒学者にとっては「佛教」の議論は必要がないと言い、やや突き放した様な言い方をします。

23　老学者

かつて先生が二、三の老学者を見送り、外出されてから引き返して、中堂に座って心配顔でおられるのを見ました。**銭徳洪**は小走りに進み出て聞きました。**王陽明**は言います。このごろ、老齢の学者と議論して、この「良知」の学問の問題になると丸い穴に四角の「ほぞ（二つの物をつなぐ突起物）」を入れるようなもので全く一致点がありません。「良知」の「道」は平坦で、道路のように分かりやすいものです。しかし、世間の学者は時として自らこれを荒らしたり、塞いだりします。私は一生、棘（いばら）の中に陥っても悔いることはありません。私はそれが何のための説なのか分かりません。**銭徳洪**はその場を退いて友人に言いました。**王陽明**が人を教えるのに老人を見捨てないでいるのは、「仁者」は「物」をあわれむ「心」をもっておられるからです。

（黄以方所録　23）

読解

王陽明は老学者と会った後、「明白簡易」な「良知の学」について、丸い穴に四角の「ほぞ」を入れるように話しがかみ合わない老学者たちを哀れんでいる話です。「良知」は分かりやすいものなのに、彼らは「良知」の「道」を荒らして、塞いでいるようだと言います。しかし、**王陽明**は、自分が一生、色々批判を受けて棘の中に入っていくことになっても悔いはないと自らの心境を言いますが、彼らの説が何のためなのか分からない、と言います。筆者も含めてですが老学者というのは新しいことを受け入れないと嘆くのです。しかし、彼らの説が何なのか分からないとしながら、彼らを見棄てないような広い「心」でもいます。老学者が古い考えに固執しているのを哀れんでいるのでしょう。筆者も老学者になっていますが、「心」すべきことと思います。

24　傲

王陽明がおっしゃいます。人生の「大病」はただこれ一つ「傲（おごる）」の字です。子供が「傲」になれば必ず「親不孝」になります。「臣下」となって「傲」になれば、必ず「不忠」を行います。「父」となって「傲」となれば必ず「不慈悲」になります。「友」となって「傲」となれば必ず「不信」を生みます。故に、**象**（舜の異母兄弟）と**丹朱**（堯の子）とは、ともに不肖の者であったのは、またこの「傲」の一字であり、すなわち彼らはこの「傲」が一生の結果となったのでした。諸君は常に、これを「体得」することを要します。「人心」はもとより「天然の理」であって、「精精明明（清く明るく汚れがない）」でわずかの汚れもありません。古の「聖人」の多くの優れたところはただ一つの「無我」だけです。胸中に一切の「物」があってはなりません。それがあればすなわち「傲」になります。古人・先人・聖人の多くの優れた所はただ「無我」だけでした。「無我」であれば自ずからよく「謙譲の心」になります。「謙譲の心」はあらゆる「善行」の根本ですが、「傲」はあらゆる「悪行」の先駆けなのです。

（黄以方所録 24）

読解

王陽明の人生での注意点を言います。「傲慢」が人格形成での最も大きな大病だと言います。「傲慢」になれば、子に不孝、臣に不忠、親に不慈悲、朋友に不信などを生み出すことになります。「聖人」の近親者である**象**や**丹朱**が不肖の者であったのは「傲慢」の結果でした。「人心」はもともとから「天然の理」であるので、「精精明明」であることが重要で、汚れを一切持たないでいるべきで、「傲慢」を排するためには「無我」でなければならないと言います。これまでの「聖人」の優れたところは「無我」なのでした。「無我」であれば「謙譲の心」になり、「善行」の根本となるのだと指摘します。ここでも「無我」は自分を殺して「傲慢」な人間に従うことではなく「良知」に従い正しい「心」を持つ事を言うのでしょう。我々も「精精明明」たる「無我」の生活を送りたいものです。

25　至簡至易と至精至微

また**王陽明**がおっしゃいます。この「道」は「至簡至易（極めて簡単）」であり、同時に「至精至微（極めて精微）」です。**孔子**は、これが簡単なことであることをたとえて「掌（たなごころ）（手のひら）に見るようです」と言っています。しかしながら、人は毎日、「掌」を見ていますが、彼の「掌」の中にある少しの「掌のすじ」を質問しても、誰も知らないのです。すなわち、私の「良知」の二字のようです。一度、「良知」を講義すればすぐに明らかになって、誰もが知ることになります。しかし、もし「良知」を的確に見極めようとすれば、かえって誰も見ることができないのです。弟子が質問をしました。この「良知」はおそらく方向や形態もないものであり、もっとも捉えにくいものでしょう、と。**王陽明**は言います。「良知」は「易」と同じであって、その「道」は時折、移り変動して一所に定まっていません。「宇宙の六方」に「周流」し、「上下」は常になく、「剛柔」は変わって定まった基準を設けることができないものです。ただ変化してもいく所のままなのです。従って、この「良知」を捉えることは、いかにも困難なものです。もし、これを見極めたときはそれは「聖人」なのです。

（黄以方所録　25）

読解

王陽明は、「道」は「至簡至易（しかんしい）」で「至精至微（しせいしび）」であると矛盾しているような話をします。これを

孔子は「掌」であると言います。手のひらの中にいつもあるというのです。「掌」とは面白い例です。誰もが持っており、一見で「明白」に分かるものですが、その手相は複雑で精緻にできており、直ちに分からないものです。「手相見」の様に何か意味のある様に見え、運命を予知する筋で一杯です。なにかそこに運命を見ると思うのは自然なことです。**王陽明**は、「道」は「掌」の中にある様だと言って、「至簡至易」でかつ「至精至微」であるとします。また、「良知」とはその様なものだと言います。「良知」を講義すれば誰にでも分かることであるが、「良知」は「明白簡易」であるが方向も形態も無く捉えにくいものだと言います。

そして、「良知」は「易」と同じで時折、移り変動して一定に定まっていません。『易』の「説卦伝」には「曰く、陰と陽と。地の道に立つ、曰く、剛と柔と、人の道を立つ、曰く、仁と義と。三才（天地人）を兼ねてこれを両にす」として、それぞれ陰陽の徳が含まれており、陰陽は全ての事象を支配しているとします。陰陽は無限に変化するものであり、陰きわまれば陽となり、陽きわまれば陰となるという無限の変化の中にあり、「一陰一陽、これを道という」といって、変易する実相も、そこには不易な「道」によって立ち、そして生成発展してやまないものとします。そして、宇宙の六方向に流れ、上下に動いて一定しておらず、時には堅く時には柔らかく変化していくものです。簡単だが難しい、これが「良知」なのです。「良知」を捉えるのは難しいが、これが見極めれたら「聖人」だとも言います。

26 顔　回

弟子が問いました。**孔子**が「**顔回**は私を助ける者ではない」と言っていますが、これは「聖人」は相い助け合うことを門弟に望むのでしょうか。**王陽明**は答えます。これはまた実際の話です。「道」は本来、尽くすことができないものです。質問や議論がますます多くなれば、より「精微」な所が現れます。「聖人」の言葉はもとから行き届いていますので、これに欠けるところがありません。従って、難しい質問をする人は胸中が塞がっています。「聖人」は彼らに難しい質問を投げかけられて、「道」を明らかにするのに、さらに優れた「精神」を発揮します。**顔回**は一を聞いて十を知るので、**孔子**の話を聞くとすぐに胸中で理解してしまいます。従って、さらに難しい問いをする必要がないのです。故に「聖人」である**孔子**は「寂然」として「心」を動かすこともなく、「道」を明らかにすることを発揮することもありません。故に、**孔子**は「**顔回**は私を助けることはできない」と言うのです。

（黄以方所録 26）

読解

孔子の「**顔回**は私を助ける者ではない」という言葉について弟子が質問をします。**顔回**は自分の話たことを聞いて喜ぶだけで反問しないから、私を助ける者ではない、と言っています。弟子が「聖人」は、門弟に助け合うことを望まないのかと聞きます。**王陽明**の答えは次の様なものです。「道」

についての議論は「精緻」で「微妙」なもので、言い尽くせるものではないからです。いろいろな問題について微妙な問題が生まれてきますが、「聖人」ならどんな難しい質問が出ても「道」を明らかにするものです。しかし、**顔回**は**孔子**の一番弟子であり、**孔子**の話を一を聞けば十を知る者なのです。従って、**顔回**は全てを理解しているので、あえて難しい問題でも答えず話さずとも胸中に持っているのです。**孔子**は**顔回**が如何に優れているかを知っているので私を「助ける者」ではないと言ったのでしょう。一般には学問とは先生と弟子との共同作業の様なものと思います。これは今でも同じで筆者も大学でやってきたことです。ここは、**顔回**の優秀さを示すものとして述べられているのでしょう。

27　拱把の桐梓

鄒謙之（すうけんし）が**銭徳洪**に言ったことがあります。弟子の**舒國裳**（じょこくしょう）がかつて一枚の紙を持ってきて、**王陽明**に、**孟子**の「拱把（きょうは）（一握り）の桐梓（とうし）（桐とあずさ）」の一章を書いてほしいと頼んできました。**王陽明**は筆を握って書かれた。そして、「「身」に至りては、これを養う所以の者を知らず」という句にきた時、皆を見て笑って、「**国裳**は書を読んで進士の科挙試験に一番で及第したのにどうして「身」を養うことを知らないのでしょうか。自分を振り返るのに、この句を朗誦して自分の戒めに用いるように」と言います。その場にいた諸友人は皆、「心」を引き締めました。

（黄以方所録　27）

読解

「拱把の桐梓」とは、**孟子**に「拱把の桐梓も、人いやしくもこれを生ぜんと欲すれば、皆これを養う所以のものを知る。身に至りては、これを養う所以の者を知らず。あに身を愛すること桐梓にしからざんや。思はざるの甚だしきなり」という一文があります。すなわち、「桐や梓の木を育てるのに多くのことを知っているのに、自分の身を養う方法が分かっていない。自分のことを愛することが、桐や梓を愛することに及ばないのか、そういうことはないのであろうが、思わないことが甚だしい」という意味の文章です。**王陽明**は、「身を養うことを知らない」の所まで書き進めたとき、よく勉強して進士の試験に一番で合格した秀才の弟子がどうして「身を養うこと」を知らないことがあろうか、この句を朗誦して自らの戒めとしているのはまことに感心なことであると、笑いながら言ったのです。その場にいた、皆はこの言葉に感動して自らの「心」を引き締めました。

28　王陽明の死と『伝習録』の編纂過程

嘉靖七年戊子（一五二八年）の冬の時、**銭徳洪**と**王汝中**は**王陽明**の喪のために走って広信（地名）に至り、**王陽明**の同門の人たちに訃告しました。三年後には遺言を収録することを約束しました。**銭徳洪**はその間、切実な思いをしている者を選び私録している所のものを合体して若干の文章を手に入れました。呉（地名）にいたとき、まさに文録と合わせて印刷しようとしましたが、あいにく、そのころは親の喪にあって、そこを立ち去ることとなったため未だ実行できないでいました。各所で勉強する者が日々が多くなり**王陽明**の学問の宗旨が既に明らかになって、印刷することもないものと考えていました。昨年、同門の**曽子才漢**（そうしさいかん）が**銭徳洪**の手写したものを手に入れ、その外のものも加えて遺言と名付けて印刷し、湖北で広く読まれていました。**銭徳洪**はこれを読んで、以前行った収録が精緻でなかったことに気づき、重複を削り粗雑なものを省いて其の三分の一を残して『伝習続録』と名付けました。また、寧国の水西精舎（地名）で再刊しました。今年の夏、**銭徳洪**は蘄（き）（地名）に行きます。**沈君畏**（しんくんゐ）は言います。先生の学問の教えは長らく四方に行われるもののただ蘄にまで及んでいません。蘄の人は遺言を読むことができれば、先生の教えに接して「良知」を指摘された如く、重ねて日月の光を見るようです。ただ、「伝習」の広がらないのを未だ恐れているようです。言葉の重複などは煩雑としないので、これに漏れたものを集めてそれを増刷すべきと思うがどうでしょうか、と。**銭徳洪**はそうだと言います。先生の門下の「致知格物」の考えは、学問する者に開示し、学問を始める学者に対しては身を以て実践し、あえて知識として受け取らず、ただ実體をもって受け止めようとするだけです。故に、我が師は終日、これを言っていて、これを煩雑だとは思いませんでした。学問をしようとする者は終日これを聞いてくどいとは思いませんでした。しかし、指示することはただ一つなので、体得することは日に日に詳しくなり、言葉を前にして「神」が言葉の外に発するものは「霊感」の「誠」でした。今、師が没して未だ三〇年にもならないのに先生の正しい言葉やその隅々の教えがさざ波のように消えていくのを覚えます。わが同志諸君が実践に努めず、多言を以て学問に病を与えたからではないでしょうか。学問をしようとするものが一つになっていないのは、先生の教えが広がっていないのです。また、省いた原稿の中で、本旨に反しない言葉を採録して一巻を加えました。これ以外でその他の影響のない無いものと、文録において既に載せてあるものは削りました。合わせて「巻の中」の問答をなす語を変更して、黄梅県（地名）の長官である**張君**に頼んで増刻することとしたのです。

嘉靖（かせい）三六年丙辰の年（一五五六年）、夏四月、門人**銭徳洪**が蘄州の崇正書院で拝読する。

読解

王陽明は一五二八年、五七歳で亡くなります。**銭徳洪**が中心となって、広く多くの門人達の所有する**王陽明**の語録等を集めて、それを整理して『伝習録』を編纂した過程が示されています。**銭徳洪**達が尊敬する**王陽明**の教えを広く後世に残すべく『伝習録』を出版するために注いだ情熱がよく現れています。

第七章　大学問

王陽明が弟子の**銭徳洪**に『大学』について教えたものをまとめたもので、王陽明の思想を簡潔に示しています。『伝習録』の付録として扱われています。我（**銭徳洪**のこと）が師**王陽明**先生は、最初に人に接するのに、必ず『大学』・『中庸』の第一章の文章を引いて、聖学（儒学）の全般的な修養法を説明して、これによって人が入るべき「学問の道」を示された。**王陽明**は思恩・田州に征伐に行きました。まさに出発しようとしたときにまずこの「大学問」を授けられました。**銭徳洪**がこれを受けて記録・整理したものです。

読解

「四書五経」の一つである『大学』の最初の「大学の道」は「明徳を明らかにするにあり、民を親しむにあり、至善に止まるにあり」と書かれていて、その後に古の「明徳」を明らかにするために必要な手順が書かれています。**王陽明**は**朱子**と同様に弟子を教育するにあたり、『大学』から教えることとしたわけですが、**朱子**は「理を窮めて心を正し、己を修め人を治むるの道をもってす」としたのに対して、**王陽明**は、「明明徳」は「人欲」と「私心」を排除して「万物一體の仁」を実現することだとします。

1 大人の学問

『大学』について**朱子**は「大人(たいじん)の学問」だとしていました。そこで**銭徳洪**が質問します。「大人の学問」とは何を以て「明徳を明らかする」ことにあるのでしょうか。**王陽明**は言います。「大人の学問」は「天地万物を一體」とする者である、と。その天下を見るときはなお「一家」のごとく見て、中国を見るときは「一人」の様です。だから身体が違うと言って、自他を区別する者は「小人(しょうじん)」です。「大人」は「万物を一體」となするがそれに「意」があるわけではありません。その「心の仁」が本来、このように「天地万物」は共に「一」であるのです。
（大学問 1）

読解

「大人」とは一五歳以上の大人ということでしょうが、ここでは『大学』が「明明徳」を目指して「格物」を行う者で、社会の上層部の人々であり、行政にあたる官僚などの事でしょう。「大人」の学問はなぜ「明徳を明らかにする」ためのものことでしょうかという質問に対して、**王陽明**は「「大人」とは、『大学』では「大学の道は明徳を明らかにするに在り、民に親しむに在り、至善に止まるに在り」と言っているが、これは「天地万物」を一體とする者であり、世界を一體と見て、天下を「一家」のように、人民を一人のように考えることです」と答えます。自他を区別する者は「小人」である言い、これは勉強してできるものではなく、「心の仁」が「万物が一體」で、「万物」を「一」とするのが「大人」なのです。今日の日本では民主主義国で選挙で選ばれた政治家と公務員試験を通った官僚によって行政が運営されています。こういった人たちには「心の仁」と「万物一體」の「心」が必要なのは今日も同じことです。こういった「心」は政治家や行政官だけでなく、広く社会を構成する万人にも必要なことなのです。会社の経営者も「万物一體の仁」をそなえる「大人」でなければなりません。従業員や取引先など経営に関係する複雑な人間関係をもつ関係者を「一體」と見れなければ優れた経営はできません。これらは**王陽明**の言う様に自然なことなのです。

2　万物一體

「万物一體」となるのは「大人」だけではなく、「小人の心」といえども変わりはないのです。ただ、「小人」は自らその「心」を小さくしているのです。子供が井戸に落ちそうになるのを見ると必ず「惻隠の心」が生まれます。これは「人の仁」と「子供」が「一體」になっているからです。「子供」は人と同じ種類にあるのでそうなのかも知れませんが、しかし、「鳥獣」が悲鳴をあげ悲しむ様子を見ても必ずかわいそうだという「心」が生まれます。これは「人の仁」が「鳥獣」と「一體」になっているからです。「鳥獣」には知覚があるからそうなのだとするかも知れません。しかし、「草木」が折れているのを見ても必ず哀れむ「心」が生まれます。これは「人の仁」が「草木」と「一體」になっているからです。「草木」は生命があるからそうだというかも知れませんが、瓦や石が割れているのを見ると必ず惜しむ「心」が生まれます。これも「人の仁」が「瓦石」と「一體」だからなのです。（大学問 2）

読解

「小人」の心もまた「大人」の心と同じだと言うのです。「小人」はその「心」を小さくしているだけだと言います。**孟子**に出てくる、子供が井戸に落ちそうになるのを見て起こる「惻隠の心（可哀想に思う心）」は井戸に落ちそうになる「子供」と「一體」だからです。子供は同じ人間であるからかもしれないが、鳥獣が悲鳴をあげているのを悲しむのは「一體」だからであり、これは同じ知覚を持つからかもしれないが、「草木」が折れているのを見ると哀れむ「心」が生まれます。草木には生命があるからという事だけでなく、瓦や石が割れているのを見て哀れむ「心」が生じるのも「一體」だからなのです。このように、人には「鳥獣草木瓦石」に至るまで哀れむ「心」があるのです。それは万物一體であることが基本にあるためです。**王陽明**の思想の基本は「万物一體」です。これは多くの人々だけでなく、「鳥獣草木瓦石」に至るまで「心」を寄せ、それが毀損しているときには必ず惜しむ「心」が生まれるのは「万物一體の仁」が全ての人にあるからだというのがその基本にあります。キリスト教も仏教もどの多くの宗教も「博愛」を基本としていますが、**王陽明**の「万物一體の仁」は、人間だけではなく、「草木瓦石」にまで「心」を動かして「仁」を及ぼすのが、他の宗教とは異なった広い「心」をもっています。

3　小人の心

このように、その「万物一體の仁」は「小人の心」といってもまた必ずあるものです。これは「天命」によって与えられた「性」に根ざしているもので、自然に「霊明」なもので暗くならないものなのです。この故に、これを「明徳」というのです。ただ、「小人の心」は自他に分裂して隔別していて「心」が狭くなっているのです。その「小人」といえども、その「万物一體の仁」が暗くならないのは、それが未だ「欲」に動いたり、「私心」に蔽われたりしていない時なのです。「欲」に動き、「私心」に蔽われることになって、利害で相攻め合い怒りの感情に流されるときには、「物」を毀損し同類で傷つけあうなどやってはいけないことを行うのです。その甚だしいものは、骨肉を分けた身内であっても傷つけあうことになって、「万物一體の仁」は滅びます。

（大学問 3）

読解

「万物一體の仁」は「天命」よって与えられた「性」に根ざしているので、「小人」にも必ずあるものだと言います。これこそ「明徳」だと言います。しかし、「人欲」と「私心」が毀損させているのです。このため、同類の人々をも傷つけ合います。多くの問題を引き起こしているのは「欲」と「私心」だと断じます。「欲」と「私心」を排除することは難しいことですが、日頃の修養で無くしていくことが肝要となります。日常生活でもよく反省すれば「人欲」と「私心」を排除することは自然に行っていないわけではないように思います。しかし、「良知」を活かして自然な生活を行えば、「人欲」や「私心」に振り回されることはないと思います。今日の社会でも「人欲」と「私心」から如何に逃れることができるかを思い巡らすべきでしょう。「人欲」を排除することは容易なことではない様に思いますが、**王陽明**がよく言っている「明白簡易」なことだとも思います。

4　万物一體は自然の姿

この故に、「私欲」に蔽われなければ、「小人の心」といえどもその「万物一體の仁」は、なお「大人」と同じようなのです。ひとたび、「私欲」に蔽われると「大人の心」といえども自他を区分し狭い「心」になって「小人」のようになります。故に、「大人の学問」を行うものは、ただその「私欲」の蔽(おおい)を取り去って、自らの「明徳」を明らかにして、その「天地万物一體」の本来の自然の姿に戻ることだけに努力すべきです。「心の本體」の外にこれに付け加えるものはありません。（大学問 4）

読解

「私欲」に覆われなければ「小人の心」も「大人の心」と変わらなくなります。ただ、「私欲」を排除さえすれば、「心」は広がり、「天地万物一體」の本来の自然な姿に戻ると言います。この「私欲」を排除することが難しいことなのです。「陽明学」の話をすると「人間は欲があるから努力するのだ」と反論されます。「人欲」を排して「天理」に従うことは人から努力を取り上げるものではありません。人々が理想に向って努力することが人間の本末の姿です。「慎独」すれば、どこに「私欲」があるか分かってきます。この「私欲」が本来の自分の姿でないことが分かるのです。

5　明徳・親民・万物一體

王陽明がおっしゃいました。何を以て「民に親しむ」のでしょうか。「明徳」を明らかにするとは「天地万物が一體」であることを「心の本體」に立てることです。「民に親しむ」とはその「天地万物が一體」であることの「心」の作用が実現することです。故に、「明徳を明らかにする」ことは必ず「民を親しむ」ことになります。そのようにして、「民を親しむ」ことはすなわちその「明徳を明らかにする」所以なのです。この故に、自分の父親を親愛することを他人の父親に及ぼし、以て天下の人々の父親に親愛を及ぼして、その後に自分の「仁」は実際に、自分の父親、他人の父親、天下の父親とともに一體となるのです。実際に、これとともに「一體」となって、その後に「親孝行の明徳」

がはじめて明らかになるのです。自分の「兄に親しん」で、これと同じように「他人の兄」にその情を及ぼし、以て「天下の兄」に及ぼすのです。そうすれば、自分の「仁」は実際に自分の兄、他人の兄、天下の兄とともに「一體」となります。実際に、これらとともに「一體」となってその後、「弟の明徳」が明らかになるのです。「君臣の忠、夫婦の別、朋友の信」さらには「山川、鬼神、鳥獣、草木」への思いに至るまで、実際に親しんで自分の「万物一體の仁」が達成されることになるのです。しかる後に、自分の「明徳」が明らかにならないはずはなく、真によく「天地万物を以て一體」とすることができるのです。これを「明徳を天下に明らかにする」と言い、これを「家斉い」、「国治まっ」て「天下平か」なりと言い、これを「性を尽くす」と言うのです。

（大学問　5）

読解

王陽明の「万物一體の仁」が「明明徳」であるという基本原理を述べた後、その作用が「親民」であると言います。「明明徳」、「親民」は「万物一體の仁」の表裏だと言います。それは人間のあり方の基本原理である「五倫」すなわち「親に孝、兄に弟、君に忠、夫婦の別、朋友の信」といったものも、孝を自分の親にだけでなく他人の親にも及ぼすことが「天下の孝」であり「子の明徳」となり、自分の兄だけでなく他人の兄にも情を及ぼし「天下の兄」に及ぼして「弟の明徳」となって、「父子の孝、君臣の忠、長幼の序、夫婦の別、朋友の信」が天下に広がります。さらに自然や鬼神、鳥獣、草木にも思いを寄せることで、広く自然全体に「仁」を及ぼすことになるのを「明明徳」、「親民」であると言います。また、「天」から与えられた「性を尽くす」ことだと言います。従って、**王陽明**が最も重要なテキストとする『大学』の基本理念である「明徳」「親民」「至善」と「万物一體の仁」とは同一であることを強調するのです。

6　至　善

王陽明はおっしゃいます。それであれば、どのようにして「至善に止まる」ことができるのでしょうか。「至善」は「徳を明らかにして、民を親しむ」の「極致」にあります。「天命の性」が純粋となって「至善」となるのです。その「霊妙昭明」で暗いところが全くないのが「至善」の発現です。これは「明徳の本體」であっていわゆる「良知」なのです。「至善」の発現は、「是」ならば「是」とし、「非」ならば「非」とすることとなのです。軽重厚薄の差はあるが、感ずるままに従い、応ずるままに従う、常に変動して一定の所にはいないのであり、しかもそこには自ら「天然の中」があるのです。これは全て人間の道徳法則と自然法則の「極致」であって議論や増減を加えることはできないものです。少しでも議論の余地や増減があるのであれば、これは「私意」であって「小さな知恵」でしかなく、「至善」とは言えません。真に自己が「独り慎む」により至り、「惟れ精惟れ一」になる者でなければ誰もこの境地に至ることはできないのです。後世の人は、ただ「至善」が自分の「心」にあるのを知らないために、「私意小智」を使って想像してその「外」に探し求めて、「事事物物」にそれぞれ「定理」があるとしています。これでは「是非」の判断を暗くして、支離滅裂となって「人欲」をほしいままにして「天理」は滅びてしまいます。これがために「明徳親民の学問」は、ついに大きく天下に乱れることになったのです。（大学問 6）

読解

王陽明が述べてきた重要な考えをまとめた重要な文章と思います。大学問は**王陽明**が五六歳の時、無理をおして思恩・田州の乱の平定に向かう前に「陽明学」のエッセンスを**銭徳洪**に伝授したものです。『大学』の「明徳」「親民」の究極の目的地である「至善」について言及します。「天命の性」が純粋になって「至善」になり、「霊妙昭月」で暗いところが全くないのが「至善の発現」で「明徳の體」であり、「良知」なのです。「是ならば是とし、非ならば非とす」というのも簡単に見えるようですが重い言葉です。勇気を持って「是非」を行動で明らかにしていくことを示していますが、これは「良知に従え」ばできることになります。我々が生活していく中で常に「心」にとどめる必要があります。感ずるまま、応ずるままというのは**王陽明**らしいように思います。「手の舞い足を踏まむ所を知らず」という「心」の自由奔放な生き方が求められる所であり、良知・万物一體が身についておれば可能になることです。そして、常に変動しているというのが「静」を求める従来の儒学と違うことで、自由奔放に変化し、変化に対応し、それが良知から生まれてくるものであれば、「天然の中」にあって、すばらしいことなのです。儒学の教えに頑(かたく)なに自らを律して、修身に至ることとは違うように見えるのですが、「良知」に依拠して「心」の感じる所に従って振る舞うことを求めているのです。これが人間の「道徳法則」と「自然法則」の「極致」であって、これに増減を加えるのは「私意」で「小さな知恵」でしかなく、「至善」とはいえません。「至善」ができないのは「私意」のためであると言います。このためには真に「独り慎む」ことで「惟れ精惟れ一」になり、この境地になるのです。ここで、「朱子学」を強く批判して、「事事物物の究理」を「私意小智」であってむしろ有害なものと断じ「明明徳の学問」を大きく乱していると言います。この様に**王陽明**は「万物一體の仁」と儒学の究極である「明明徳・親民・至善」は同じであることを示しています。

7　至善と親民

たしかに、昔の人にも、もとからその「明徳を明らか」にしたいと欲していた者がいました。しかしながら、ただ「至善に止まる」ことを知らないで、その「私心」をあまりにも高い所に走らせてしまっています。これを以て「虚無」や「空寂」を尊ぶことに陥ってしまって、家や国、天下のことに役立つことはありませんでした。すなわち、これは「道家」と「佛家」の二つの流れです。もとよりその「民に親しむ」ことを欲した者がいました。しかしながら、ただ「至善に止まる」ことを知らなかったので、その「私心」で「卑近」で「瑣末（さまつ）」なことにおぼれてしまったのです。これを以て「権謀」や「智術」に陥ることになって「仁愛」を持つことや同情してはらはらするという「誠の心」を持たなかったのです。すなわち、「五伯」やそのほかの功名利益を求めた人たちでした。これらは、皆、「至善に止まる」ことを知らなかったという誤りでした。故に、「至善に止まる」ことの徳を明らかにして、「民に親しむ」ことの関係は、定規の四角や方円におけるような物差しの長短や秤の軽重のようなものです。故に、方円が定規の形に合っていなければ、その正確さは失われるでしょう。長短が物差しに従っていなければ、正確でなくなってしまいます。軽重が秤によっていなければ、その基準を失ってしまいます。「明徳を明らかにし」、「民に親しんで至善に止ま」らなければその「本」を失うことになります。故に、「至善に止まり」、以て「民に親しむ」ことを行って、その「明徳が明らかになる」ので、これを「大人の学問」というのです。

（大学問 7）

読解

やや分かりにくい話ですが、『大学』の「明明徳」、「親民」、「至善」という三つの大命題に関する吟味です。この節の最初の部分は「佛教」と「道教」に対する批判です。両者とも、「欲望を排除せよ」と言う点では**王陽明**の「人欲を排す」という主張に似たような教義であるが、彼らは「無」や「虚」を重要視しています。しかしながら、両者は自分が救われたいという「私欲」ではないかというのが、**王陽明**の批判です。また、「覇道」を行った「五伯」や利益追求の人たちは民のためとして「親民」の様に見えるのですが、権謀知術によって卑俗なことに溺れてしまっています。「至善」に至っているわけではないので「私心」によって「卑近」で「瑣末」な事に陥っているのだと言います。「誠」の「心」がなかったのだと批判します。「至善」と「親民」の関係はきっちりとしたものでなければならず、これがゆるむと彼らのような結果になると言います。王陽明は実際に、「至善」、「親民」を行って「明明徳」だと教えます。常々、柔軟な言い方をしていますが、ここでは定規や秤の例をあげて、「至善」と「親民」の関にきっちりとした関係を求めています。今日でも、政治の世界だけでなく経済生活においても「至善」を求めて「人欲」を排し「良知」に従った政治、会社経営、家庭生活全てにおいて実現していかなくてはならないところです。

8　至善は自分の心にある

王陽明はおっしゃいます。「止まることがあって後に定まることになります、定まって後に「静」になります、「静」になって安らかになりえます、安らかになって後に慮（おもんぱか）ることができ、その後よく得ることができます」とは、どういう意味があるのだろうか。そのように議論する人達は、ただ「至善」が自分の「心」にあることを知らないでいて、これを「外」に求めて「事事物物」の全てに「定理」があると言って、「至善」を「事事物物」の中に求めようとしています。このために、なすことが支離滅裂になって混乱、不統一となっており、一定の方向があることを知らないのです。今、ここにすでに「至善」が自分の「心」にあることを知って、これを「外」に求めることをしなければ、「志」に一定の方向が生まれて、支離滅裂や混乱不統一の「患（かん）（病気のこと）」はなくなります。支離滅裂・混乱不統一の「患」がなくなれば、「心」はみだりに動かなくなって「静」になることができます。「心」がみだりに動かなければ、「静」になって日々の生活は落ち着き、余裕を持つ様になって安らかになれます。安らかになれるのならば、「一念」の発揮、「一事」の感応についても「至善である」か「至善でない」かは、自分の「良知」が自ずからこれを詳細に調べて、観察して、よく慮る(おもんぱかる)ことになるのです。よく慮ればこれを選ぶのに精密になり、これに対処して妥当でないことはあり得なくなります。そうして「至善」は、ここにおいて自ずから得られるのです。

（大学問　8）

読解

王陽明はまず「朱子学」を批判します。彼らは「至善に止まり」、その後「定まって」、その後に「静になり」、そして「安らかになり」、そうなれば全てのことを慮ることができるという議論をします。これに対して**王陽明**は批判を行います。この根元は「至善」が自分の「心」にあることを知らないからこのようになるのだと言うのです。**朱子**のように「至善」を「心」の外におき、「事事物物」に「究理」を求めるから支離滅裂、混乱不統一になるのだと言います。「至善」が自分の「心」の中にあって、「外」に求めるべきでないことが分かれば、このような弊害はなくなると言います。「至善」が自分の「心」にあることを知れば、「心」は「静」になって安らかになると言います。こうなればどのような事態になっても「一念」、「一事」について「心の良知」が判断すれば、精致に正しい行動が得られるので、「至善」は自ずから得られるのです。「義」を「事事物物」といった「心」の

「外」に求めることを強く批判するのが**王陽明**です。

9　物に本末有り

王陽明はおっしゃいます。『大学』に「物に本末有り」とありますが、**朱子**は「徳を明らかにするのが「本」で、民を新たにするというのが「末」である。これは二つの物であってそれぞれ内と外との相対的な関係にある」と言っています。また、「事には終始がある」というのを**朱子**は「止るを知るを始めとなして、よく得るを終わりとします。二つのことは「一體」ですが、「首と尾の関係」にあります」と言っています。君の説のように、「民を新にする」ことをもって「民に親む」とすれば「本末」についての議論は不適当なところがあるのではないでしょうか。また、**王陽明**は次のように言います。「終始の説」は大略としては正しいでしょう。すなわち、「民を新にする」をもって「民に親む」となし、しかも「徳を明らかにする」を「本」として「民に親む」を「末」とする議論もまた必ずしも不可ではありません。ただ、まさにこれを「本」と「末」に分けて二つの物としてはならないのです。木の幹はこれを「本」と言い、木の梢を「末」と言います。しかし、これは一つの「物」であります。これを以て「本末」というのです。もしこれを「二つの物」と言えば、別々の「二つの物」になります。これをもってどうして「本末」と言うことができるのでしょうか。「民を新にする」の意味はすでに「民に親む」と同じでないので、「明徳を明らかにする」努力は自ずから「民を新にする」ことと別の物になります。もし、「明徳を明らかにして」もってその「民に親み」、「民に親ん」で以て「明徳が明らかになる」ことが分かれば、「明徳を明らかにする」と「民に親むと」をどうして分かちて二つにすることができるのでしょうか。**朱子**の説は、「明徳を明らかにする」ことと「民を親む」ことは本から一つの事であることを知らないで、二つの事と認めてしまったのです。これをもって「本末」をまさに「一つの物」とすべきを知ると言うけれども、また分けて「二つ」のものにせざるをえなかったのです。

（大学問 9）

読解

『大学』には「物に本末有り、事に終始あり。先後する所を知れば、すなわち道に近し」とあります。その『朱子注』では、「徳を明らかにするを本となし、民を新にするを末となし、止まるを知るを始めとなし、能く得るを終わりとなす」としています。そして、**朱子**は「本・始は「先」んずる所にして、「末・終」は「後」にする所なり、「本末・終始」を明らかにする事が「道」に近いとする」と言っていますが、これに対して、**王陽明**は「本末・終始」は「一體」であり、「二つの事」にできないと批判します。これまでにも出てきたように、**朱子**が「親民」を「新民」と訓んでいる事を批判します。**王陽明**は、「明徳」と「親民」の関係は「本末」の関係でなく、「明徳」は「万物一體の體を立てるなり」として、「親民」を「万物一體の用を達するなり」としています。**王陽明**にあっては「明明徳」、「親民」、「至善」は全て別の物ではなく、「一體の物」だと強調します。今日でも我々は大学で政治学、法学、経済学などで天下国家の仕組みについて勉強しています。これは「明明徳」を究めるもので、「格物」に始まる修養と同じです。今日の社会にあっては政治家や会社経営者だけでなく、全ての人が『大学』の「志」を究める必要があるのです。少なくとも学問を学ぶ者は心すべきことです。

10　明明徳から格物まで

王陽明がおっしゃいます。『大学』の「古の明徳を明らかにしようと欲する者は」から「その身を修む」までは、君の「徳」を明らかにして「民に親む」という説明で、これを通じて理解できましょう。あえて問います。「その身を修めんと欲すれば」から「以て知を致すこと物(こと)を格(ただ)すにあり」に至るまでは、その修養の順序、またどの様にして力を入れていけばよいかを言っています。これは「明徳を明らか」にして「民を親み」、「至善に止る」ための修養を詳しく説いているのです。「身・心・意・知・物(こと)」はそれぞれ努力を行う所のそれぞれの条理です。それぞれその所があるといえどもその実體は「一つの物」なのです。「格・致・誠・正・修」はその条理を使う所の修養なのです。それぞれに名前が付いていますが、実體はただ「一つ」の事なのです。

（大学問 10）

読解

『大学』にある「明明徳・平天下・治国・斉家・修身・正心・誠意・致知・格物」と「明明徳・親民・至善」との関係について答えます。「明明徳から修身」までは「徳」を明らかにして「民を親む」ということで理解ができますが、それ以降との関係はどうなるかとの質問への**王陽明**の答です。これに対しても「修身・正心・誠意・致知・格物」は個人個人がそれぞれのところで修養をする内容を示していています。表現は違ってますが、「徳を明らかにして、民に親み至善に止る」ための修養である事には変わらないと言います。これらはそれぞれのところで行う事であるがそれらは「実體は一體」である事を強調します。

11　善悪の区別と致知

何を「身」というのでしょうか。これは「心」の形態であり、運用なのです。何を「心」というのでしょうか。「心」は「身」の「霊妙昭明」な「主宰」のことです。何を「身」を修むというのでしょうか。「善」をなして「悪」を去ることです。自分の「身」が自ら「善」をなして「悪」を去ろうとすれば、必ずその「霊明主宰」である「心」が「善」をなして「悪」を去らんと欲し、その後にその「形態運用」のものが始めて「善」をなし、「悪」を去るのです。その故に、その「身」を修めんと欲する者は必ずまずその「心を正す」ことにあるのです。しかしながら、「心の本體」は「（天の与えた）性」です。「性」が「善」でないことがなければ「心の本體」は本から「正し」くないことはありません。何によってこれを正しくする修養とするのですか。まさに、「心の本體」は本から正しくないことはあり得ないが、その「意念」が発動することにより後に正しくなくなることがあります。故に、その「心」を正さんと欲する者は必ず「意念の発する所」についてこれを「正し」ます。およそ、その「一念」を発して「善」になるのであれば、これは真に「好むこと真に好色を好むがごとく」であり、「一念」が発する所が「悪」なのであれば、これを「悪むこと真に悪臭を悪むがごとく」となれば、「意」が「誠」にならないものはなくなり、「心は正しく」なるのです。しかしながら、「意」の発する所には「善」があり「悪」もあります。もってその「善悪」の区分を明確にしないと「真妄錯雑（真なるものとそうでないものとが混在している）」になってしまいます。これを「意を誠にし」ようと欲しても、それだけでは「誠」になりません。従って、「意を誠にせんと欲する者」は「必ず知を致す」ことにあります。「致すとは至る」ことです。「喪には哀を致す」というときの「致す」のごとくです。『易経』には「至るを知りてこれに至る」と言います。「至る」を知るは「知」です。ここで「至る」は「致す」のことです。「知を致す」というのは後世の儒家の言うように知識を拡充することではありません。自分の「心の良知を致す」だけです。

（大学問 11）

読解

ここでは「修身・正心・誠意・致知・格物」の関係を説明していきます。「修身」を行うべき対象の「身」は「心」の形態運用で、「正心」を行うべき「心」は「身」の「霊妙昭明な主宰」であり、「心」を正すとは「身」を修めることだと言います。「天」の与えた「性」は「正しく」、従って「心」も「正しい」わけです。しかし、「心」が正しくならないのは「意念」が生じるためだと言います。「意念」によって「善悪」が生じることになります。「私意私念」の排除をまずしなければなりません。ここでは「善悪」があり、これを明確にすることが「心」を「正す」ことになります。「好色を好む、悪臭を悪む」というのはよく出てくる言葉ですが、これは「天」が与えた「性」であるので、「性」に従うことは「良知」に従うことを意味します。そして、「誠意」であるためには「善悪の区別」が必要ですが、これには「致知」が必要になります。ここでの「致知」の説明は込み入っていますが、「知を致す」は「知に至る」ことだと言います。「致す」の言葉を次の様に説明します。「喪には哀を致す」とは『論語』にある言葉ですが、「葬儀は儀礼をどれだけ尽くすか」というのではなく、ひたすら哀しみの「誠」を致すことであり、他のことはないという意味です。要するに形ではなく、哀悼の意が「誠」にあることだと言います。**朱子**は「致は推し極むるなり。知はなお識のごとし。吾の知識を推し極めて、その知る所の尽くさざる無からんことを欲するなり」として、「致知」は「知識」を極める事としていますが、**王陽明**は、**朱子**の言うような知識を拡充することではなく、「良知を致す」ことだけであると言います。全ては「良知を致す」が出発点になります。

12　良知と是非の心

「良知」とは孟子が言う「是非の心」であって、人にはもとからあるものです。「是非の心」は「慮ることを待たないで知り、学ぶことを待たなくて能くする」のです。これ故に、これを「良知」というのです。これは「天命」の与えた「性」であり、自分の「心の本體」であって、自然に「霊昭明覚（霊妙で明らかな知覚）」になるものです。「意念」が発したときには、自分の「心の良知」を自ずから知らないことはないでしょう。それが「善」であるのは、ただ自分の「良知」が自ずから知っているのです。「不善」であるのも、ただ自分の「良知」だけが知っていることなのです。これは皆、他の人の関与する所ではありません。故に、「小人」が「不善」をなして、すでに至らない所が無いような行動をとっていても、「君子」を見ると、必ずこっそりとその「不善」を隠して、「善」であることに見せようとするのは、これもまた「良知」が自らをくらませることを許さないものがあると見るべきです。今、「善悪」を区別してその「意」を誠にしようと欲するのであれば、ただその「良知」の知る所を致すことだけです。なぜなら「意念」が発したとすれば、自分の「心の良知」はすでに、それが「不善」であることを知っているにもかかわらず、「意」がそれを「誠」をもってこれを「悪」む（にく）ことができず、これに背いてこれを行おうとするようであったら、これは「悪」をもって「善」とするものであって、自分から「悪」を知ることのできる「良知」の光をくらませることになります。このようなれば「知る」といえども、「知らない」のと同じです。今、自己の「良知」が知っている所の

「善悪」の分かる者も、「善」を誠に好んで、「悪」を誠にこれを「悪む」ということがなければ、すなわち、自らその「良知」を欺かないで「意」は「誠」になるのです。しかしながら、「良知」を致そうと欲することは、ぼんやりとして夢のような空言として実體のないものではありません。これは必ず「実體」としてそこにあるのです。故に、「知を致す」には必ず「物を格す」にあります。

（大学問 12）

読解

王陽明の「良知説」を簡潔に述べています。**孟子**の「良知良能説」を前提に、人は皆生まれながらにして「良知」を持っていて「是非」を判断する能力を持っているという立場を取ります。すなわち、「天」の与えた「性」は「善」であることを「良知」が知ってるという「性善説」の立場から始めます。「良知」は常に「是非」を判断できるのです。「意」の生じたときでも、「良知」が「不善」であると知っているのです。それにもかかわらず、「不善」を行おうというのは「良知」の光が暗くなっているのだと言います。「意」が起きたときでも「良知」は「善」を好み「不善」を悪むことを知っているので、「良知」に従い「善」を本当に求め、「悪」を本当に去ろうとすることが伴わなければならないとします。しかもそれは空言ではなく、実際の上のこととして実現しなければならない実體ですので、「良知を致す」ことは「物を格す」ことにあるのだとします。ややわかりにくい文章ですので、何度も読む必要がある様に思います。

13　物と事

「物」とは「事」のことです。およそ「意」の発する所には必ず「事」があります。「意」のあるところのことを「物」と言います。「格す」とは「正す」ことです。その正しいことを正して、もって「正」に帰するの意味です。その正しからざるを正すとは「悪」を去るとの意味です。「正」に帰するとは「善」をなすの意味です。これを「格す」と言います。『書経』には「上下（徳が天地）に格る」、「文祖の廟に格る」や「文祖の廟に格る」や「非（良くない）心を格す」という用法があるが、「格物」の「格」は実際にその両方の意味を兼ねています。「良知」が知っている「善」は、「誠」にこれを好むと欲すといえども、その「意」のある所の「物」について、実際にこれをなすことがなければ、「物」は未だ「格」されていないし、「善」を好むの「意」は未だ「誠」になっていないのです。「良知」の知るところの「悪」は、「誠」にこれを「悪」まんと欲すると言っても、いやしくも、その「意」のあるところの「物」について、実際上、これを除去することがなければ、すなわち「物」が未だ「格されて」いなければ、これを「悪む」の「意」はいまだ「誠」になっていないのです。今、ここに「良知」を知るところの「善」に対して、その「意」があるところの「物」について、実際に、これを実行し尽くすことになります。その「良知」が知っている所の「悪」に対して、その「意」のある所の「物」について、実際にこれを取り去り尽くさなければならないのです。そのような後に「物が格され」、自分の「良知」の知る所のものは不十分なことがなく完全であって、そうしてその極致を極める事になります。

（大学問 13）

読解

王陽明は「物」と「事」は同一であると論じます。一般には「物」は物理や物体などの時に使うもので、実際の存在や実體を示します。一方、「事」は仕事や事件といったような言葉にある様になにか作用を及ぼす様な意味に使われます。ここで、**王陽明**は「格物」の対象となる「物」は「意」が行動を発動する原理である「事」と同じであると言います。実際に、実践として「物」を動かしていくことが「格物」の「物」だと言います。ここでは「物」に「こと」とふりがなを振っていますが、「物を格す」ことを言うのです。「正し」からざるをものを「正す」のが「格す」と言うのです。実際の「物」が正されて「格物」なのです。例えば、「親孝行」の「心」は「正す」べき「物」ですが、同時にこれは「実践」されて始めて意味のある「事」なのです。この文章では、「格」の字を「正す」と読むのは『書経』にも「上下（徳が天地）に格る」、「文祖の廟に格る」や「文祖の廟に格る」や「非（良くない）心を格す」と見られており、「いたる」と「ただす」の両方を兼ねたものであると説明します。そして、この条文では『大学』に出てくる「格物・致知・誠意」の関係を明らかにしています。「良知」は「善」を好もうとも「物」が「格されて」なければ、「意」は「誠」ではなく、「良知」の知っている「悪」も実際上「物」について排除されなければ「誠」になっておらず、「良知」の知っている「善」も実際上の「物」について尽くさなければ「誠」ではなく、また、「良知」の知っている「悪」を取り去って「誠」になるのです。「物が格され」て「良知」の知る所のものは極致を極めて完全になります。ここで重要視されるのは「物」の上に実際に「格」して「善」を尽くし、「悪」を排除することであり、これで「誠」になるという点です。このように「良知」を軸に「格物」、「致知」、「誠意」の関係を明らかにします。『大学』の最初の「致知格物」は**朱子**のいうような「物に至りて知に至る」ではなく「物を正して知を致す」の意味であり、個人の行動原理とします。

14　先後順序

「良知を致した」後は、自分の「心」は快適になり、何の不満もなくなって、自分は非常に快いものになります。また、こうした後には、「意」の発する所は始めて自らを「欺かない」ものになって、これを以て「誠」と言うべきものになります。これ故に、「物を格して」後、「知に至る」のです。「知に至って」後に、「意が誠になり」、「意誠にして」後、「心」は「正しく」なります。「心を正しくして」後、「身が修まる」のです。思うに修養の条理である「身・心・意・知・物」には「先後順序」と言うことはありますが、これは「心の體」が「惟れ一」であり、実際には先後順序に分けることができません。その条理の修養は先後順序に分けることができないといえども、その修養を「惟れ精（精密）」にすべきことは、もとより細かい所まで手を抜くことはできないことなのです。これ「格致

誠正の説」は**堯**・**舜**以来の正しい伝えを明らかにして**孔子**の真髄を示す所以なのです。（大学問 14）

読解

王陽明にあっては「良知を致す」ことが第一であり、「朱子学」のように「物に至りて知を至る……」という順序があるのではなく、「良知を致す」ことは、「物を格す」ことであり、これは「意を誠にする」ことであり、これは「心を正しくする」ことであって、「身を修めること」であると先後の順序をつけて話しますが、「心の體」が「惟れ一」であってこれらの先後順序は実際に分けることはできないものであると言います。「良知を致す」ことが「格物・致知・誠意・正心・修身」は全てに結びついていることを説いています。「良知を致す」ことは「修身」であって人格形成の完成に導くことになります。その修養を「惟れ精」として細かい所まで手を抜かず行えば、**堯**・**舜**以来の明徳を明らかにして**孔子**の真髄を示すものとなると言います。「良知を致した」のちは「心」が快適になるとしていることは、「心」が楽しくなることで『論語』の「これを知る者はこれを好む者にしかず、これを好む者は楽しむ者にしかず」という言葉を思い起こさせます。いつの時代であっても「良知を致す」を楽しく実践していくことが求められます。

15　『大学問』の出版

銭徳洪が言います。『大学問』は**王陽明**の門下生の教典です。学問をしようとする者が初めて入門してきたときには必ずまずこの内容を授けて、その人に言葉を聞かせる時に、「心の知」は「人間の道徳性」と「物事の法則」の内から外に出てくるものではなく、「良知を致す」の修養は、「致知」の修養であり「修身・斉家・治国・平天下」の範囲の内にあることに外ならないことを習得させねばなりません。学問を志した者が実地に努力すれば、一度聞いたことは一つの身に切実なものになりましょう。**王陽明**は常に次のように言っています。私のこの意思が直ちに腑に落ちることになれば、この修養を行うことで**尭・舜**の聖人の域にまで至るでしょう。私の意見を経典に照らしてみれば、一致しないことはありません。これは必ずしも多聞多識の中に求めるものではありません、と。

門人の中に記録して書籍としたいという者がおりました。これに対して**王陽明**は言います。これはすべからく諸君が口伝えに伝えてください。もし、これを書籍にして出版すれば人々にただの文字として見逃してしまって、益する所がありません。嘉靖（かせい）六年丁亥（ていがい）（一五二七年）の年八月、**王陽明**は挙兵して思恩・田州に征伐に行きました。まさに出発しようとした時、門人がまた願い出ました。**王陽明**はこれを許しました。既に、記録ができていたので、書を**銭徳洪**に送って、『大学或問（大学問のこと）』の数条は、共に学ぶ門人がことごとくその「義」を学ぶこととしてほしいと願います、と言われた。しかし、敵に兵を貸したり、盗賊に食料を与えるようなことをしないように、これを軽々しく

外に出さないようにしてください、と言いました。（大学問 15）

読解

銭徳洪達は入門者に『大学或問』は非常に重要な物として、まずこの書籍の意味するところを教え、「致知や道徳性」、「物事の法則」などを「修身・斉家・治国・平天下」の意味するところを教えました。学者（学問をしようとする者）として**王陽明**の一言一言は、聞いた者には切実なものになり、「実地」に修養さえ行えば一番、効果があると言います。**王陽明**の教えが腑に落ちれば**堯・舜**の聖域に至るものです。他の経典も読んでも一致しないものはありませんでした。しかし、これは「多聞多識」を求めるのではないと言います。門人が教えを記録して書籍として出版したいと願い出たとき、**王陽明**は字義を追いかけるものになってしまうと、基本的に反対でした。**銭徳洪**らの熱意によって軽々に扱わないようにとの注文を付けて、「義」を学ぶものにするならと許されました。**銭徳洪**の『大学或問』に対する並々ならぬ思いが示されています。

16　聖　学

当時、「異説」を持ちながら**王陽明**の「聖学」を学ぼうとする者が混入していました。それ故、**王陽明**はこのように言ったのであろう。**王陽明**が亡くなられてお声やお顔を見るのもすでに日に日に遠くなってしまいました。我々の仲間にもそれぞれ意見を持って説を立てる者がいます。「学問」をしようとする者の中には、「本体」を見たものとして、一足飛びに「頓悟」する説を好む者がおり、自分の身を顧みつつ己に克つ修養を行うわけではなく、「本體」を一見し「聖人」をも超えたとして足をつまさき立ちしている様に言う者もいました。**王陽明**の言う様な「意を誠にして物を格し」、「善を為して悪を去る」という主旨を見て、これをいやしんで第二義として、日頃の実務を簡略化し、言行を顧みることもない者もいました。甚だしき者は「礼義道徳」を無視して、自らを「聖門」の最上位を得たと言っています。これは全て誤っています。自らに都合の良いように簡略化し、「佛教の寂滅」の教えを貴び、これを自覚しないでいるのです。「古人」が「言」を立てたのは、学者のために「下学」の修養を示したにすぎず、上達の機は人が自ら悟って探るものです。「真の学問」は、言語や知識の解明の及ぶ所ではありません。『大学』の教えは、**孟子**より後、その伝えが絶えること幾千年にもなります。「良知の明」は千載一日の如くで変わらないから、**王陽明**によってまた大いに今日でも明らかになっています。ところが**王陽明**の一伝が及ばないで、混乱することはかくのごとしです。これがなくて、どうして後世に希望を持つことができるのでしょうか。この編は**鄒氏謙之**がかつて『大学』の「古本」と一緒に出版したことがあります。その続編の巻頭に収録したものであり、学問をしようとする者が書物を開いてこれを読めば、我々の師（**王陽明**）の教えが平易で切実で、「聖人」の知恵が人に感化を与えたものの根本を、そこに躍然としていることを思わしめるものです。さらなる別の解説を作らないようにしたのは、いたずらに人を惑わせるだけにならないようにしたためです。まさに自ら誤れば何の益もないことになります。

（大学問 16）

読解

銭徳洪は、**王陽明**が亡くなって、門人の中にもいろいろ混乱した異説を論じた議論が行われていることを憂いています。中には「良知」の修養を行わず、「頓悟」したとか、「意を誠にして物を格し」、「善を為して悪を去る」という主旨を「第二義」であるとして実務を軽んじ、しかも自らを正当な後継者と言う様な者や「佛教の寂滅」を尊んだりする者がいて混乱するばかりだと嘆きます。正統な学問は**孟子**以降、それが伝わることがなくなって幾千年にもなり、**王陽明**が出て「良知の明」が明らかになったが、**王陽明**の一伝がなく混乱するばかりです。かつて『大学』の「古本」を出版したことがあり、その続編のはじめを読めば**王陽明**の教えが平易で切実なことが伝わり、間違った説を作らせなかったという経験から**銭徳洪**らが**王陽明**の思想を後世にどう伝えることができるのかと出版の思いを示します。**王陽明**も若いときに佛教や道教に親しんだこともあるが儒学の伝統から離れない様に修養してきたわけです。門人の中に佛教や道教の様な宗教に染まっていかないか心配しているのです。

第八章　示弟立志説

王陽明の弟である**守文**のために作ったもので学問をする者の心得を示しています。**王陽明**の学問をしようとする弟に対する優しさが溢れています。

1　守　文

弟の**守文**が来て学びました。これに告ぐのに「立志」を以てすと言います。**守文**の頼みによって、その言葉をその順次、文章にし、いつでも反省することができるようにと、また、その言葉を平易にして理解しやすくするように頼んだことから、この書を与えたのです。（示弟立志説 1）

2　立　志

学問を行うには「立志」より重要なものはありません。「志」を立てないのは、その根を植えないで、いたずらに水をかけたり育てようとするようなもので、労苦してもできるものではありません。世間の古いしきたりだけに従ったり、世俗に従って間違ったことを習い、ついに堕落してしまう者は「志」を立てなかったからです。**程子**が言う様に、「聖人」になろうとする「志」があって、しかる後に共に学ぶことができるものとなります。人がいやしくも「聖人」になろうとの「志」があれば、必ず思うでしょう、「聖人」の「聖人」たる所以はどこにあるかを考えなければなりません。その「心の天理」が純一になって「人欲」の「私」をなくせば間違いがありません。「聖人」の「聖人」たる所以はただ「心の天理」を純粋にし、もっぱら「人欲」をなくすことを欲すれば、かならず「人欲」を去って「天理」に存することになります。自分が「聖人」になろうとするには、ただこの「心の天理」に純粋にもっぱらにして「人欲」なきを欲すれば、かならず「人欲」を去って「天理」に存することになります。「人欲」を去って「天理」に存することに務めれば、必ず「人欲」を去って「天理」する所以の方向を求めることになります。こうなれば、必ずこれを先覚者の言葉で正し、これを「古訓」において考えます。そして、およそいわゆる「学問」の修養を行う者は、これができた後、研究することができ、しかもまたしなければならないところです。

（示弟立志説 2）

読解

弟が勉強を始めるにあたっての注意をやさしく諭します。まず、「聖人」になる「志」を立てることであり、「聖人」になる「心」を保持するには「人欲」を排して「天理」に存することだと言います。「人欲を排し天理に従う」は**王陽明**の思想の基本で出発点です。そして、先覚者の言葉を「古典」を読んでこのことを考えなさいとして、「聖人」になるための研究はここから始めなければならないと諭します。弟に対する優しさがよく出ています。

3　先覚に正す

さて、これを「先覚に正す」と言ったその人を以て「先覚」となし、これを「師」とすれば、すなわち、まさに「心」をもっぱらとして、「志」を致して、ただ「先覚」にこれを聞くことをなすべきです。言葉に納得できないとしても捨て去ることをしてはいけません。従って必ずこれを思い、これを思うことができないとすれば、また、これに従って見極めて、努力してできるだけ理解するようにして、あえて疑惑を生じないようにすべきです。故に『礼記』によれば、「師」が厳格であれば、その後示す「道」は尊いものになります。「道」を尊くして、その後に民は「学」を尊ぶことが分かります。いやしくも「尊崇篤信（師を尊敬し、篤く信頼する）」の心がなければ軽んじ侮る「意」が生じるのです。ただ「師」の言葉を聞いてもきちんと調べなければ、聞いたことにはなりません。「師」の話を聞くのも、これを慎み深くよく考えないと思ったことにはなりません。これを「師とする」と言いながら「師」としないのと同じです。

それいわゆる「古訓」を考察するとは、昔の「聖人・賢人」が遺訓を残していますが、これは人に

「人欲」を去って「天理」に従う方法を教えるものです。「五経四書」のみがこれにあたります。人はただ自分の「人欲」を去って、自分が「天理」にありたいと欲するも、その方法が得れないから「五経四書」に求めるのです。ただ、「五経四書」に求めて、その書物を開いていく者は、真に飢えた者がただ食物を求めて腹一杯になるのを求めるだけであり、病人がただ薬で病気を治したいと求めるものであり、暗いところにいる者が照らしてほしいと求めるものであり、足の悪い者がただ杖のようなもので歩こうとすることを求めるようなものです。そうであれば、いたずらに文章を暗記したり、解釈することで、「口耳」に役立つことだけを求める弊害が起こりえるでしょう。（示弟立志説 3）

読解

王陽明が弟に「師」に対する姿勢を、「古典」を読むときのあり方を諭します。「師」の言葉もよく聞いてきちんと調べなければ聞いたことにはなりません。書籍を読むのも「人欲」を去って「天理」に従って読まなければなりません。昔の「聖人」が遺訓を残していますが、「五経四書」は「人欲」を去って「天理」に従う方法を教えるものでこれに求めるべきです。ただ、文章を暗記するだけの「口耳の学」になっては意味がないことを諭します。漫然と古典文献を読むだけでは意味がなく「志」の元に勉強する様にと言います。ここの文章は**王陽明**の弟に対する優しい指導ですが、全ての「教育の基本」になると思います。

4　立志

「志を立てる」ことは容易なことではありません。孔子は「聖人」です。そして、言います。「吾十有五にして学に志し、三十にして立つ」ことができたと言います。「立つ」とは「志を立てる」ことです。「矩を踰えず」に至るといったのも、また「志」が「心」が自由に判断しても「矩」をこえないことを目指すものです。「志」を軽んじてはいけません。「志」は「氣」の「帥」です。人の「命」です。木の根です。水の源です。水源が深くなければ水の流れは無くなります。根がちゃんと植わっていなければ木は枯れます。「生命」が続かなければ人間は死にます。「志」が立たなければ「氣」は衰えて暗くなります。このことを以て君子の「学問」は時として処として「志」を立てるを以て事となさざるはありません。目を正して「志」のみを視て、他のことを視るべきではありません。耳を傾けて「志」についてのみを聞き、他のものを聞くべきではありません。これは猫がネズミを捕らえようとしている様なものであり、鶏が卵を温めて覆っている様なものです。「精神心思慮」を集中させ、散らばっているものを一つに集めてお互いに融合させるようにして、他のことに気づかないような状態にするのです。しかる後、この自分の「志」は常に立つことになり、「神の氣」が純粋で明らかになり、「義」や「理」が明らかになれば、ひとたび「私欲」が起こっても、それを知覚して、自然に排除できるのです。故に、およそわずかの「私欲」の兆しがあるときは、ただこの「志」が立たないことを責めれば、「私欲」は消えて無くなります。わずかの「客気（から元気）」が動くときは、ただその「志」が立っていないことを責めれば、「客気」は消えていきます。また、「怠心（なまける心）」が生じたときに、「志」を責めれば、怠ることはなくなります。「忽心（こつしん）（おろそかにする心）」が生じるときに、この「志」を責めればゆるがせにすることはなくなります。「操心（そうしん）（落ち着かない心）」が生じたときは、この「志」を責めれば、騒ぐことはなくなります。「妬心（としん）（ねたみの心）」が生じたときに、この「志」を責めれば、妬むことはなくなります。「忿心（ふんしん）（いかりの心）」が生じたときに、この「志」を責めれば怒りはなくなります。「貪心（たんしん）（むさぼる心）」が生じた時に、この「志」を責めれば、むさぼることはなくなります。「傲心（ごうしん）（おごりたかぶる心）」が生じた時に、この「志」を責めれば、傲りたかぶることもなくなります。「吝心（りんしん）（物惜しみする心）」が生じたときに、この「志」を責めれば、すぐに物惜しみをしなくなります。このように、一刻も「志」を立て「志」を責めないでよい時がなく、一事として「志」を立て「志」を責めないでよい所はありません。故に、「志」を立て「志」を責める修養は、「人欲」を去るにあたって、烈炎が毛を焼いたり、太陽が一たび出ると妖怪が身を隠すようになるのです。

（示弟立志説 4）

読解

「志」を立て、それを責めることの重要性について話します。「志」は心の向く方向、目標を立てることを言うのです。『論語』では「吾十有五にして学に志し」とある様に学問を勉強して行くことで「志」が出発となります。そして、「三十にして立つ」とされており、**孔子**も「志」をもって長く学んだ末に、その「学」で一家を立てたというのであるから、十分な勉強を行って、強い決意をもつべきなのです。そして、**孔子**は「四十にして惑わず、五十にして天命を知る。六十にして耳従う。七十にして心の欲するところに従えども矩(のり)を踰(こ)えず」と自らの一生を振り返っています。**王陽明**は「志」を立て、それを責めることで様々な「心」の動揺を抑えることができると言います。「義」や「理」が明らかになり、「私欲」が消え、まどろう心、怠ける心、おろそかにする心、落ち着かない心、妬(ねた)みの心、怒りの心、むさぼる心、傲(おご)りたかぶる心、物惜しみする心といった正しくない「心」は「志」を責めれば消えていくと言います。この様な「志」を責める修養は「立志」から始まり常に行う事でしょう。そこで**王陽明**は弟に「学問」を行う出発としての「志」を強く諭すのです。

現代人が「学問」を始めるのは、大学からでしょう。その前の高校時代も学問を行うきわめて重要な時間ですが、多くの場合、受験勉強という「志」によらない勉強をしなければなりません。筆者も受験勉強時代はぽっかり穴の開いた様な気がしています。「志」をもって大学でどの様な勉強をするかで人生は変わります。よい先生に出会うことも重要なポイントです。幸いにして、筆者は多数の一流の先生の御指導を得ることできたのは、「学問」を始めるのに重要なことでした。経済学はもちろん、応用数学、国際政治についても諸先生に御指導をいただきました。残念ながら日本古典、中学古典、哲学などの分野で先生に御指導いただくことはありませんでした（もちろん、本は多数読んでいましたが）。大学の時代は多くの遊興やアルバイトの誘惑があるものですが、大学で行った勉強は自分の人格形成にとってきわめて重要なものでした。従って、今日でも大学での勉強を行うには「志」が求められる事になります。ここで、「私欲」を排除して自らの行く「道」を定め、自らの生き方として、学問をする心構えとしての「志」ができていることが重要になります。筆者はこの点でもいろいろな学問を勉強できたことを幸せであったと思います。また、卒業してどこの会社や役所に就職するかで人生の選択を行っていくことになるわけですが、最初は見習いから始まるのが常道です。そして、孔子の三十にして「立つ」に相当するのは、就職して仕事が一人前に一定の責任を持たされる係長クラス、課長補佐クラスになり、仕事に対する心構えができるのもやはり三〇歳くらいでしょう。学者なら大学から博士号を授与してもらい、大学に就職し独自の学問を始める頃になります。公認会計士や弁護士なども資格をとって専門家として「立つ」頃になります。このころに、自らが立てた「志」が会社や社会に活かしていく時期にもなります。筆者は二七歳で税務署長をやり、本省等で課長補佐クラスの政策策定の仕事をしました。役所勤めの間に多くの論文や書籍を書いていたので、大学に移りましたが、それから多くの著書を出して自らの「志」を現実のものとするために自分の考えを「立つ」ことができた様に思います。四〇歳前で大学に移ってから教育研究のかたわらも国地方の多くの審議会や委員会に参加して、社会の健全化になにがしかの寄与ができたと思います。現在は七〇歳を超え、年金生活者ですが大学時代に「志」を以て勉強できたことが非常に重要であったと思っています。

5　敬　義

昔から「聖賢」はその時に応じて、教えを立てます。教えが同じでなくても、そのことが役立つことの根本は、少しの相違もありません。『書経』では「惟れ精惟れ一」と言い、『易経』では「敬によって内心を直し、義を以て外には方正にする」と言います。**孔子**は「格致誠正、博文約礼」と言います。**曾子**は「忠恕」と言い、**子思**は「徳性を尊んで問学による」と言います。**孟子**は「義を集め、氣を養い、その放心を求む」と言います。これらの人々は自らの説を打ち立て、強いて同じにするべきものではありませんが、その要領と帰着するところを求めてみれば割り符を合わせたように一致するのです。なぜなら、その「道」は一つだけだからです。「道」が同じなら「心」も同じで、「心」が同じであれば、すなわち「学問」も同じです。もし結果として、同じでないものがあれば、それはみな邪説です。後世の学者の大きな病は「志」がないことです。故に、今「志」を立てるを以て学説を立てれば、中間の字句も「志」を立てることでないものはありません。まさしく修身問学の修養の行うことは、ただ「志」を立てることだけです。もし、この説を以て「精一（惟れ精惟れ一）」にあてはめれば、文字や文章は皆、「精一」の修養なのです。この説をもって敬義に合わされるとすれば、すなわち文字や文章は皆、敬義の修養なのです。その諸々の「格致・博約・忠恕」などの説もみな合致しないものはありません。ただよく実際の「心」にこれを体験して、しかる後に私の言葉が「道理」の立たないものでないことを信じるようになるでしょう。

（示弟立志説　4）

読解

ここでは昔の「聖賢」が人を教えるのにいろいろな表現をしていることに触れます。これらは全て同じ学問であり、『書経』にある「惟れ精惟れ一（「惟れ精、惟れ一、允に其の中を執れ」の修養（「精」は米が青という字であり、白くて純粋になり、「惟れ一」は「天理」と一つになることで、「精一」とは「心」が「天理」に純一にするという意味です）」、『易経』では「敬によって内心を直し、義を以て外には方正にする」の修養、**孔子**の「格致誠正、博文約礼（前半分は『大学』の「格物致知誠意正心」で、後ろの「博文約礼」は『論語』の「君子は博く文を学び、之を約するに礼を以てすれば、亦以て畔かざる可しのことです。学者は幅博く学問をして教養を豊かにすると共に、之を集約して実行するのに、礼をもって正しい生活をすれば、道に背くことはない）」と言い、**曾子**は「忠恕（自分の心の誠を尽くし、自分の心を押し広めて他人への自分のいやなことを他人に対して行わない、**孔子**のいう「それ恕か、已の欲せざるところを、人に施すなかれ」です）」を言い、**子思**は「徳性を尊んで問学による（徳義をそなえた本性を尊び、学問による）」と言います。**孟子**は「義を集め、氣を養い、その放心を求む（気とは「浩然の気」で、天地の間に満ちているエネルギーであって、人もこれを得すが、ことで生じる公明正大な根源力を得て、道義にかなって養えば至大至剛な正氣となるという。この「氣」はたくさんの道義が重なって自然に生まれてくるものです。そして、学問の道は、失ったこの様な良心を探し求めることです）」と言います。人々の説は同じではないが、「道」は一つであり、「心」も一つで、「学問」も同じです。同じでないものは皆邪説です。後世の学者の大きな過ちは「志」が無いことですと批判します。今「志」を立てる学説をなそうとすれば、中間の字句に「志」を立てるのみです。「修身」や「問学」の修養の行うことは、ただ「志」を立てることだけと強調します。これらの学説も「精一」に合致した修養に合えば、字句も皆「精一」の修養であり、「敬義（礼のかなった「道」のこと）」に合えば、「敬義」の修養となるのです。その諸々の格致・博約・忠恕などの説もみな合致しないものはありません。**王陽明**はただ文章を追うだけでなく、ただよく実際の「心」にこれを体験すれば私の言葉が分かりますと、学問を「志す」弟に修養のあり方を諭します。

終章　誰にでもできる陽明学

——巻の上・中・下のまとめとして——

桜下塾で塾生と勉強してきた「陽明学」の基本的テキストである『伝習録』の「巻の上」・「巻の中」・「巻の下」の三分冊について口語訳と筆者なりの解説を加えて出版を完成することができました。そこで、最後に本文と重複するところがありますが、「陽明学」の現代における役割について考えてみます。**王陽明**の時代と現代の日本では状況が全く違うのは言うまでもありません。現代の科学技術の進歩、資本主義経済の発展、自由・民主主義政治の確立など**王陽明**の時代には全くなかったものです。これらは日本人の生活を豊かにし、個人が自立した考えで自由に活躍できる社会になっています。政府が政治経済の運営を間違えなければ、これで良いという考えもないわけではありません。

しかしながら、**王陽明**が示した人間の「心」のあり方に関しては当時と変わるところはない様に思います。拙著『日本人の心を育てた陽明学』（恒星出版、二〇〇二年）で示した様に日本の歴史上も多くの人々に強い影響を与えてきました。「陽明学」は日本人の「心」を育ててきたのです。経済的に発展した今日の日本社会においても日本人の「心」を豊かに育てることが喫緊の課題であると思います。「誰にでもできる陽明学」がこれらの出版を行うこととなった筆者の考えです。『伝習録』三分冊と内容が重複すると思いますが、これらを踏まえて筆者の専門分野の経済学などから見てどの様に現代に「陽明学」を生かせるかを考えてみたいと思います。

1 良知

まず、これまで見てきた様に「陽明学」の基本にあるのは「良知説」です。**王陽明**が五〇歳頃に「致良知」として完成させた考えです。「資本主義経済」と「良知」とは関係がないと思う人が多いと思います。我々が営んでいる経済は資本主義経済として、市場を中心に人々が自由に消費し、生産をするシステムです。資本主義経済というと金持ちの贅沢や金儲けに専念する人々や利潤追求に走る会社のシステムと考えられがちですが、資本主義は人々の道徳的基盤があって成立しているものです。**マックス・ウェーバー**の有名な著書である『プロテスタンティズムの倫理と資本主義の精神』で示されているのは、資本主義の誕生は、カルビニズムから生まれた「世俗的禁欲」と「生活合理化」によっているものとしています。すなわち、「勤勉」と「節制」が資本主義経済を生み出したのだと言います。これに相当するのが「良知」なのです。人々の「良知」によって「贅沢」や「怠惰」と「無駄遣い」を排除することを生活の基本におくことで資本主義の発展が生まれたのです。本文で見てきた様に、**王陽明**は親を見れば「孝」、兄を見れば「弟」という考えは、生まれながらに持っており、「良知」であることとしています。この倫理観と同様、「天」より与えられた「良知」を社会や経済の基礎において、人間社会のあり方を支えてきたのです。資本主義経済は人々の間の「信頼」を基礎によって成立するものなのですが、これは人々の「良知」によって生み出される「自然」な仕組みなのです。

現代の資本主義の利点である、一生懸命、働いて所得を得て好きな物を自由に買えるという日常では当たり前のことですが、簡単にできた仕組みではありません。長い歴史の中で人々の叡智を積み上げたことによって作られた諸制度によって実現されているのです。人々の「欲望」は収入によって抑制されていますが、何かほしいものは店に行って価格と比較して買えばよいのです。かつての様に物を取り合いをするために暴力を使うことはありません（もっとも今でも犯罪として存在しますが）。一方、生産する方も人々の欲しがるものを市場で決まる価格に従って提供すれば利潤を得ることができます。色々工夫することで、消費者の望む物を生産すれば利益を得ることができるわけです。この当たり前と考えている価格を中心とした経済の仕組みは、**アダム・スミス**によって「神の見えざる手」と呼ばれ、需要と供給を一致させ消費者の求めるものが不足することも、余分なものを生産することもないのが資本主義経済です。もっとも、場合によっては需給に過不足が生じることはありますが、経済全体から見れば大きなものではありません。天変地異などで生産が追いつかなかったりして、品不足が生じたり、生産者の見込み違いで過剰に生産して会社が潰れることはありますが、総体として見ればうまく調整されているのです。完全競争を前提として消費者と生産者が行動すれば（誰かが市場を支配することにならない状況）、消費者には純効用（得られた効用から支払う費用を差し引いたもの）と生産者が得る利潤（売り上げから費用を引いたもの）を合計したものは市場経済が機能して最大になります。これは「パレート最適」と言われますが、消費者にも生産者にも両者にとって利益になる仕組みが資本主義経済なのです。現実に資本主義経済の発展で人々の生活の豊かさは歴史的に見ても飛躍的に向上しました。この影には消費者や生産者に市場のルールに従って行動するという「良知」があったわけで、これまで様々な困難を乗り越えて今日に至っているわけです。一方ではカルテルや違法な宣伝など、市場の機能を阻害するものは法律で処罰されるわけですが、基本は人々にある「良知」なのです。

一時期、資本主義の問題点を指摘して「共産主義革命」を起こした国がありました。膨大な人々を犠牲にして「共産主義革命」を起こしたのです。彼らは社会主義経済によって資本主義の矛盾を全て解決できると考えていました。しかし、結局はうまくいかずかつての社会主義国のソ連は経済の破綻から崩壊し、普通の資本主義経済に移行しました。中国も「大躍進政策」や「文化大革命」の失敗で経済は崩壊状態となっていましたが、鄧小平が「白猫であれ黒猫であれ、鼠を捕るのがよい猫である」と言って開放改革政策を始め、国家管理は残しながらも経済の自由な活動を認める「社会主義市場経済」という独特の市場経済に体制を変えました。その結果、「大躍進」や「文化革命」の後遺症で停滞していた中国経済は今や日本を抜き世界第二位の経済大国になりました。将来、アメリカを抜くのではないかという予測すらあります。東欧の社会主義国の多くはEUの一員になっています。その他の社会主義国も表面上、社会主義と言っていても市場を中心とした資本主義経済に移ろうとしています。

社会主義経済が生まれたのは、**カール・マルクス**が資本主義は本質的な矛盾があることを示し、資本主義は必然的に崩壊することを主張した事から始まります。資本主義経済は一見、民間企業が利潤を求めて無政府的に生産が行われると余分な物を作り、必要な物が供給されないと考えるのも常識的なものでしょう。特に、**マルクス**の主張したのは、資本を蓄積して生産力が向上するのですが、その生産拡大のための資本蓄積を行うには、資本家は労働者を搾取することになり、生産力を向上させる、一方では労働者は搾取され労働者消費を奪うことになります。そうすれば過剰生産になって経済は矛盾を来たし恐慌となって、経済は破綻し失業者が大量に生まれ資本主義経済は崩壊すると主張しました。**マルクス**は資本主義には政策による修正では正せない基本的矛盾を内包していると主張しました。これが労働者が労働予備軍を作り、これによって賃金はさらに引き下げられ、そもそも働くことができなくなって絶対的貧困を生み出し、必然的に「革命」を起こして社会主義経済に移行することを主張しました。確かに、これまで資本主義経済はたびたび不況を引き起こし、それが失業者を生み出し、時には恐慌と言われる危機的状況を生み出すことはあります。そこで、資本を資本家の所有から社会全体の所有に移し、政府が計画経済を行えば、矛盾が無くなると主張することになります。そして、現実に共産党が「革命」を起こし、膨大な数の人々を犠牲にして社会主義経済を始めました。

しかし、実際に計画経済で何をどれだけ作ればよいか決めるのは容易なことではありませんでした。マルクス経済学を批判した学者達は生産を政府が計画することは不可能であると主張し、「社会主義計算論争」が行われました。**マルクス**を批判した経済学者は人々の望む消費と資源が制約されている生産を整合的に合わせるためには膨大な計算が必要になり、実際上不可能であることを主張したのです。実際、産業はお互いの取引があり、複雑に入り組んでいるので何をどれだけ作ればよいかを計算するためには膨大な計算量が必要になり、ある経済学者の説では全労働者を動員しても整合的な生産計画をつくることは不可能であると言っていました。その結果、実際に整合的な生産を行うことができなかったのです。彼らの予言は当たり、社会主義経済は多くの矛盾を含むことになります。ある生産物は不足して消費者は行列を作らなければならず、ソ連の人々は「八時間労働八時間睡眠八時間行列」という様な状況でした。工場では計画経済当局が指示するノルマに従って生産するのですが担当者はできる限り手抜きで生産しようとします。ある専門家からコンピューターの生産の最終工程は鉛を巻き付けることだったと言う話を聞きました。ノルマがコンピュータの重量で指示されるので、できる限り無駄をして重いものを作る様にしたのです。資本主義経済では企業は販売を高めるために、生産の合理化を行ってコストダウンに努力することになります。しかし、ノルマで生産の指示が行われると、そのノルマだけを達成すれば良いことになり、無駄な生産が行われることになり、一方では必要な物が生産されないという状況になりました。結局、消費者の欲する物の生産を行う必要はなく、計画当局の官僚が示す矛盾だらけのノルマで生産するという矛盾を生むことになります。従って、消費者が必要としないミサイルや原子爆弾を作るのには適したシステムになっていましたが、多様な商品を生産し需要する消費者を満足させることは不可能でした。計画経済として何も知らない政府の官僚が経済を運営していたのですからうまくいくはずはありません。計画経済が市場経済を超える経済運営を行うことには無理がありました。人材や資源を共産党の決めた目標を達成するために生産することになり、このために消費者にとって必要なものの生産が行われずに、社会主義経済は崩壊しました。いずれにせよ、できないことを実行しようと多大な人々の犠牲の下で革命の実験をしたソ連は七〇年で崩壊することになりました。一方、中国は「大躍進」や「文化大革命」によって致命的な経済危機を生み出します。「人民公社」に鉄鋼の生産をノルマとして中央計画者が指示したのに対して、原料が調達できなかったので農機具を溶して鉄鋼生産のノルマを達成したという笑い話の様なことが実際に行われたのです。改革後、先端の産業を集中的に生産できる仕組みとともに、人々が望む生産が行われる仕組みを市場に委ねることで両立させ、「社会主義市場経済」を実行した中国はある意味で成功し、「大躍進」政策や「文化大革命」の失敗で長らく停滞していた経済に市場経済を導入することで今やアメリカに次ぐ経済大国に発展させています。日本も戦後復興に政府の果たした役割は大きいものがありました。戦争で崩壊した日本経済を立て直すために政府は特定の産業に資源を集中させる傾斜生産方式を行いました。特に財政投融資という日本独特の手段で社会資本の増強を図るとともに、電力、鉄鋼、造船、自動車などに資金を誘導し奇跡的な経済成長を実現し経済大国になりました。現在の中国も昔の日本に似たところがあります。他にも資本主義経済に政府の政策を加味して成功した例はあります。ただ、ロシアや中国では先に述べた様な資本主義経済の倫理が育っていなかったので、資本主義への移行は難しいものがあったと思います。

しかし、資本主義経済は完璧なものではありません。「市場の失敗」と言われますが、社会全体で必要な物が市場では提供されない場合が少なくありません。そこで、防衛、警察、消防、教育、医療、福祉など多くの分野で政府が国民のために様々なサービスを提供することが必要になります。これらは課税を行って費用を賄って生産を行う事で国民の生活水準を高めるために資本主義経済に補完的な政策が現実に行われています。

さらに、格差の問題があります。社会的弱者は市場で多くの所得を稼ぐことが難しいので低い所得になるという貧困の問題を生むことになります。貧困を克服するために職業訓練や教育が重要な役割を果たします。しかし、格差がなくなることはありません。他方、能力のある人や資本の所有者は自由に経済システムを利用してとんでもない高い所得を得る人々を生んでいます。資本主義経済は所得の格差を生むことは避けれないことです。そこで、政府は金持ちに重い税金をかけて所得の低い人の生活を確保するための諸政策を行っているわけです。これを運営するために「税金」を集めなければなりません。これは努力して稼いだ所得を政府が取り上げるものなので容易なことではありません。実際、脱税はなくなりません。現実に税金を逃れることが最も豊かになる方法であるという歪んだ社会であることも事実です。しかし、これは法律で強制するものですが、多くの国民はこれを甘受します。納税も国民の「良知」が可能にしているのです。レーガン大統領のテレビ演説で「人には逃れられないものがあるが、それは死と税金です」といった言葉を思い出します。

この様な政府の仕事の拡大の結果、資本主義経済の国でも経済活動全体の中に占める政府の役割が過半数を超えている国が少なくありません。この分野はある意味、政府は肥大化して行き、資本主義経済も社会主義的な制度になっている国が多くなっています。民主主義国家ですので、多くの人々は投票行動を通じて政府にいろいろな仕事を求め、政府からの給付を増やそうと政治力を使って財政支出の拡大を求めます。レントシーキング（利権あさり）と言われる人々の行動が財政を肥大化させ、資本主義経済の発展を阻害することとなっています。これも人々の「良知」によって適切なものにしていかなければなりません。

さらに、政府も万能ではありません。人々の慈善や助け合いなどの行為が資本主義の欠点をカバーしています。宗教団体やＮＰＯなどの組織的な共助に見られる様に、困っている人々をお互いに無償で救済したり、様々な人々にとって価値あるものを実現していく「ボランティア活動」が行われています。これらも人々の「良知」のなせる技です。直接、実行することだけでなく、その様な人々を支援することも「良知」のなせるところです。多くのハンディキャップ持つ人を見たときに何かできることはないかと行動することは「良知」によるところです。「ボランティア活動」が盛んになることは少しでも税金を少なくさせることにもなります。

また、資本主義経済では「会社」が経済の中で中核的な働きをしていますが、「会社」は利潤追求がその使命の第一です。「会社」は競争を通じて技術革新を起こし新しい製品を作って、人々の生活を豊かなものにしてきましたがこれも利潤追求のためです。しかも、競争があるので、できる限り価格を抑えて消費者の求める物資を消費者に提供しようとします。これらは「競争」がもたらす恩恵です。しかし、「会社」が資本主義経済を支えている様々な制度を悪用して利潤追求を行うあまり社会的な諸問題が発生します。「会社」が法の網をかいくぐり犯罪を起こしたり、利潤追求のあまり不正行為を行うことは毎日の新聞紙上でも少なからず見受けられます。法の網をかいくぐって利益を上げることも少なくないので、様々な不祥事を防止する法制度が次々と作られています。法規制と会社の不祥事はいたちごっこの様相です。会社内でも社外取締役の様な監視制度、公認会計士などによる監査など様々な仕組みが設けられています。さらに、「ビジネス・エシクス（企業倫理）」「コンプライアンス（法令遵守）」「コーポレートガバナンス（企業統治）」などを重視した経営が行われることが望まれています。これらに関する教育はビジネススクールのＭＢＡ教育の必修科目にもなっています。単に法律等に従うだけでなく自ら会社の規範を作り、社会の中で尊敬される企業を作ろうと努力している会社も少なくはありません。それは経営者はじめ「会社」を構成する人々が「良知」を働かせることで、「会社」は利潤を上げるだけでなく、会社の各種のステイクホルダーに「善」を及ぼし、社会との共生を図ることを求めようとしていますが、まだまだ十分ではありません。すなわち、今日の資本主義経済ではその主役たる「会社」に「良知」を発揮させる仕組みを作ることが求められているのです。**王陽明**のいう「良知」が会社を運営して行く基本になることを望まないわけにはいきません。「会社」の幹部だけでなく、会社を構成する人々全てに「良知」を発揮することが求められるのです。

さらに、国益を確保したり、国民生活を改善してゆくための政府を運営する首相をはじめとする政治家や公務員、社会的指導者にはさらに純度の高い「良知」が求められます。**王陽明**は「明明徳」を実現する者は**堯・舜**のように純度の高い「良知」を求めるのです。昔の中国では儒学による科挙試験を通じて官僚を選んだ様に（実体は種々の問題がありましたが）、政治家・官僚にはより純度の高い「良知」が求められるのです。官僚は民間経済ではできない公共財供給だけでなく法制度を作り、民間では解決できない社会の難しい問題の処理を行うことが仕事です。多くの政治家や官僚が国や地域のために努力しているのも必ずしも賃金のためだけではありません。自分の任されている範囲で社会のために役に立ちたいという「良知」があるからでしょう。公務員の給与は全労働者の平均値ですから、賃金がほしいだけならわざわざ試験を受けて公務員になるよりもさらに賃金の高い民間企業に就職するのが合理的でしょう。筆者も大蔵省に入省した最初の年の年収が同期で大学を卒業した者の冬のボーナスと同じくらいであると聞き驚きました。筆者が公務員になったのはこれまでも述べてきた様に経済学を勉強して、それを日本経済のために役に立てたいと考えていたので残念とは思いませんでした。早く結婚して子供のいた同期入省者が「ボーナスを除けば生活保護の額と同じだよ」と嘆いていました。筆者も結婚したときは妻は苦労していたと思います。少し年が経てば年功序列制ですので社会の平均水準の生活は保障されているのですが、多くの給与がほしいという「人欲」で公務員を選択することはないでしょう。もっとも、行政上の権限があるので、それに関心を持つ者も少なくないのも事実です。また、権限が大きいだけに賄賂などの汚職の問題を引き起こすこともあります。公務員が「人欲」に動かされては、大きな社会的問題を引き起こすことになります。公務員の「良知」を涵養することが必要です。江戸期の武士が儒学を必死で勉強したのも武士が人の鏡となるべく人倫をマスターするためのものでした。今日の公務員の採用試験に「道徳」の科目はありません。役所の中には公務員を監視するための組織がありますが、公務員個人の「良知」に委ねられているのが現状です。公務員の処遇についての世論は冷たいものです。財政状況の悪化の中、公務員の処遇はやむを得ませんが、優秀で「良知」のある人材を確保することは重要です。国や地方の公務員として働きたいとする公務員試験の受験者が激減している現状は大きな問題です。

さらに、資本主義経済は困ったことがあります。自社の売り上げを増やすために、人々の「欲望」の生産を行うのです。会社は自らの利潤を追求するために、あらゆる手段を使います。消費者も自らの「欲望」をさらに高めることで「快感」を求めていくのです。資本主義は「禁欲」から生まれたのに、「欲望」の再生産によって発展するという根本的な矛盾を持っています。卑近な例で言えば、ゲーム機やスマートフォンが普及し、色々な事を学んでいかなければならない子供がそれに没頭することになります（大人もそうですが）。脳を過剰に刺激することで「快感」を得ることになりますが、子供の脳の健全な発育のためには大きな問題を残します。それもあり、人々が本を読まなくなり、これで多くの出版社が倒産するという事態にもなっています。企業活動が日本国民の知的レベルを低下させることになっています。これを回復させるには先人の智慧や哲学を学び広める「良知」の教育の必要があります。教育の改革も必要であり、教育に「致良知」の新しい運動が必要になります。

この様に、もともと人々の「心」に「良知」があり、これが社会を支えているのです。とはいうものの完全なものを望むことは無理でしょう。政府や「会社」の指導者の立場にいる者には**王陽明**がいうより「純度」の高い「良知」が求められるのです。特に、政治家の判断は国民の生活にも直結するものであり、しかも大きな力を持つところから、それこそ純度の高い「良知」を持つ事が求められます。これを選挙で選ぶことには種々の矛盾がありますが、民主主義の下で選ぶ以外の方法はありません。儒学では**堯・舜**という「聖人」が尊敬の対象でしたが、国の運命を左右する政治家には**堯・舜**までとは行かないまでも、より高い水準の「良知」が求められるところです。もちろん、全ての人々が天から与えられている「良知」を発揮することが求められるのは当然のことです。「良知」は「是非の心」を意味していますので、常に「悪」を「悪む」ことができていないかを反省する必要があると共に、「悪」を排除するための社会のシステムも必要です。しかし、社会をよくしていくのは首相や政治家だけの役割だけではありません。**王陽明**がいう「万人聖人」というように、全ての人々の「良知」の力で社会が動いていくことは重要な事です。

2　天理人欲

王陽明は、生まれながらに持っている「良知」を覆い隠しているのが「人欲」であることを最も強調するところです。「財・貨・色・名」に関する人間の「欲」はついて回るのです。「人欲」を排除することが**王陽明**の第一の課題です。「人欲」を排除すれば「天理」が見えてきて、それに従うことになるという「陽明学」の中心的な教えです。「人欲」を排除することは人間にとって難しいことであることは間違いがありません。「陽明学」についての講演会の講師に招かれることが何回かありました。そこで、「陽明学」では「人欲」を排除することが第一であるという話をすると、会場からの反応は大部分が否定的なものでした。「人に欲がなくなれば、会社や社会の発展はなくなって人生の意味がなくなる」という反論でした。**王陽明**も「仏教」や「道教」で言う様な「人欲を排す」ことで「槁木死灰」になることではないことは何度も強調しているところです。多分、聴衆の大部分は「人欲を排す」を「槁木死灰」の事と理解しているのだと思います。むしろ「人欲」を排除すれば「天理」が見えてきて、それに従うことが人を成長させ、場合によっては大きな利益や社会的地位を得る者になるのですが、なかなか理解してもらえません。むしろ「大欲を持つべきだ」といった反論も聞きます。

しかし、現実にも多くの会社でも社是の第一条には「当社の製品の普及を通じて社会の発展に寄与する」といった類のものを掲げるのがほとんどです。社是の第一条に「当社は全力を以てがめつく稼ぐ」とする会社はまずありません。社是としなくても経営者の経営方針を聞けば前者の社会のためを言う人がほとんどで、「がめつく稼ぐこと」を第一条に挙げる経営者は少ないと思います。人々が働くのは賃金をもらうためですが、これは「人欲」ではないかと反論されます。しかし、市場で決定される賃金を受け取ることは、労働市場での需要と供給で決まるものであり、市場で値段の決まるリンゴをスーパーで買って食べることと大差はありません。リンゴを食べることは「人欲」ではありません。賃金は「人欲」によるものではなく、需給によって決まるのが市場経済です。より勤勉に働きボーナスをもらう、昇進して会社の幹部になることも「人欲」ではありません。また、新しい事業を起こし、成功して金持ちになった人も「人欲」で金持ちになったと言うべきではないでしょう。新しい事業や技術革新に挑戦する起業家精神は「人欲」ではなく、事業を完成させた結果でしょう。日本の名経営者といえば**松下幸之助**氏を思い出します。小学校を出て丁稚から始め、二股ソケットを作って売り出す事業を始め、世界的な企業に育て上げ、当時の日本一の金持ちにもなりました。日本型経営システムの原型を作って、終身雇用制という従業員の福利を高めることに努力しました。このシステムは広く多くの会社で採用され、日本経済に大きな寄与を行いました。また、「松下政経塾」を作り次世代の政治家の養成を行ったり、「日本国際賞」を作って科学技術に大きな成果をあげた学者を顕彰することで学術の振興に寄与していました。筆者の知る優れた経営者に京セラの**稲盛和夫**氏がおられます。京都セラミックスと言う会社を少人数で起こし「アメーバ経営」という独自の経営方式を生み出して、世界的企業に育てられました。「盛和塾」という経営者を育てる組織を作り、「稲盛財団」を作って社会事業支援を行っており、「京都賞」という国際的に学術・芸術の発展のために寄与した者の顕彰を行ってられます。稲盛氏はスローガンの一つに「致良知」をあげておられます。古いところでは日本資本主義経済の基盤を作った**渋沢栄**一氏は数多くの金融機関や会社を創立すると共に慈善事業を行うための組織も多数作っています。**渋沢栄**一氏の『論語と算盤』では会社経営の基礎を『論語』に置くことを示し、後の日本経済の指針となっています。私の予想ではむしろ目の前の「人欲」に従って金持ちになった者がいないわけではないですが、「良知」によらないで成功した経営者は少ないと思います。兆円単位の金持ちの「心」は知りようがありませんが、マイクロソフトの**ビル・ゲイツ**にしても新しい通信革命を起こし、世界を大きく変え、結果として巨額の富を得たのですが、それで財団を作り、社会事業への寄付を行うことに専念していると聞きます。

果たして「人欲」で事業を成功させることができることには疑問を持ちます。もちろん、「人欲」によって財を成した人も少ないわけではありません。実際、資本主義経済は「人欲」を実現するために都合の良い仕組みであることは間違いありません。日産の**ゴーン**氏の事件を見ても「人欲」を通り越して「中毒」になっていた様に思います。わずかに「人欲」が少なければ、日産自動車を立て直した名経営者であったのに残念なことです。ただ誰もが金持ちになるチャンスがあるのは、資本主義経済の長所であり、「人欲」の強い人が儲けることも可能なシステムになってます。また、「人欲」によって社会的な問題を引き起こす金持ちもいないわけではありません。しかし、自由主義の市場経済の仕組みを利用して自らの理想を実現しようとした人が成功者になることが多い様に思います。

「人欲」を排して、「天理」に従って仕事をすればそれなりにお金はついてくる仕組みでもあります。わかりやすい例をあげれば、お医者さんも高収入に入るでしょうが、人の命を助けることを目指して働いていると思います。平均的に医師の所得は高いのですが、お金が欲しいと思って治療している医師は少ないと思います。人の命を助けるという彼らにとって「天命」を追求して、結果として診療報酬制度の中で大きな収入を得ることになっていると思います。筆者も現役のころ原稿料や印税で大学教授にしては多少多くの収入を得ていましたがお金が欲しくて論文や書籍を書けるわけではありません（大学教授の給与は同じ大学を出た同級生よりかなり少ないのですが）。先にも述べた様に、経済学で日本の将来を作っていることに寄与したいと思い、一生懸命勉強してたくさんの書籍や論文を書きました。結果として原稿料や印税が入ってきましたが、収入がほしいと思って論文や書籍を書いたわけではありません。講演も依頼されることがありましたが、それも筆者の考えを直接聞いてもらえるものと時間があれば引き受けていました。講演料を払うのも一種の市場であり、講演会の主催者は聴講者から会費をとって利益を得ているのですから、市場取引です。また、一〇以上の国の審議会や五つ以上の地方公共団体の種々の委員会の委員を引き受けてきました。社会改革のお手伝いになると思って原則、断らないで出席してました。これらの出席謝金もごく少ないもので、東京での会議に出席すると常に赤字でした。筆者にとって「立命」であった経済学などの研究をして、それを世の中に訴えることで少しでも社会改革の手助けになる役に立てることを目的としていました。自らの「天命」と思う仕事をやっておれば収入はそれなりに入ってくるのが資本主義経済の仕組みです。もっとも眉をひそめる様な儲け話などの講演や出版をして大きく稼いでいる人もいますし、人々の「人欲」を刺激する様な話をする人もいないわけではありませんが、聞く方にも「良知」が求められるところです。

資本主義経済ですので、株式投資などで利益を得ることが容易な社会です。株式投資は個人の貯蓄を産業発展の資本とする重要な機能です。株式投資で儲けた人は優れた会社に資金を集めることに貢献したわけで、株式市場は経済資源を経済全体の発展に誘導して行く重要な機能をもっているのです。有能な投資家は資本主義経済の発展に必要なものです。会社の将来を見込んで投資するわけですが、これは会社にとっては資金調達を容易にし会社の発展を図ることができるのです。株式市場はよく考えられた制度で、資本主義経済の発展の原動力です。もちろん、「人欲」が基本にある人が参加するのでしょうが、「社員持ち株制度」に見られる様に必ずしも「人欲」で投資している人ばかりではありません。

ベンチャー・ビジネスは今日の資本主義経済の中で重要な位置にあります。現実に最近のアメリカ経済を牽引してきたのはベンチャー・ビジネスです。日本ももっとベンチャー・ビジネスが盛んになるのを期待したいところです。新しい技術や新しいビジネスモデルを現実の経済の中で実現していくことへの「志」が資本主義経済を発展させてきたのです。ベンチャー・ビジネスが成功すれば株式を上場して大きな利益を得ることができます。また、これを目指してベンチャー・キャピタルが出資をしてくれるのです。個人で事業を起こして利益を得ることが制度的に難しいことでないのが資本主義経済の利点でもあります。ベンチャー・ビジネスが成功すれば、勿論、大金持ちになりますが彼らは自らの技術やビジネスモデルを実現することが目的で、必ずしも「人欲」で成功した者ではありません。

また、小さなサービス業や飲食店を始めるにはそれほどの勉強をしなくとも事業を始めるのは容易です。熱心に働けばそれなりに事業で成功するのは多く見られることです。小さな食堂や小さな小売店から努力して大きな会社に発展して金持ちになった人もいます。努力次第でお金持ちになれるというのが資本主義経済の優れたところです。この様な社会の仕組みの中で、「人欲」で財貨を成した人もいますが、大多数は自らの「天命」を果たすことで、結果として高い収入もあるものだと思います。金持ちになった人を批判する人も少なくありませんが、彼らに対する嫉妬心も「人欲」の一つです。

「人欲」の中で「色」については、筆者は全く関心がありませんが、歓楽街の風俗店の繁盛ぶりを見ていると人々はなかなか離れられないもののようです。また、人々が求める「名」は**王陽明**のもっとも嫌う「人欲」です。ある時、桜下塾の塾生の中で「あんなしょうもないやつが勲章をもらうのけしからん」と言うので「たいしたことない人が勲章をもらえたのだから一緒に喜んであげたら」と話しましたが、合点がいかない様でした。いろいろな表彰を行うことはそれ自身、社会貢献を促進させることになっておれば良いことと思います。「妬み」はなかなか直らない「人欲」の弊害です。人の成功を共に喜ぶことが「天理」でしょう。しかし、「名」である「名誉欲」も人はなかなか離れられないことですが、「天命」を追求して結果として皆が賞賛することは問題ないと思います。世界一の賞であるノーベル賞も「人欲」でもらえるものではありません。多くの表彰制度も「人欲」を排して自らの社会貢献や研究などに没頭して「天理」を求めた結果でしょう。排除すべきは身近な社会の中で名誉を得るために無駄な「心」をくだくことでしょう。

王陽明は「抜本塞源論」という厳しい考えを示していますが、人々が離れがたい「人欲」を排除することを根本から排除することを求めていますが、ほんの少しでも「人欲」から離れることができれば我々の生き方を大きく変えることができると思います。

さらに、「人欲」の一つとして**王陽明**は「くよくよする」ことを挙げていますが、なかなかこれを根絶することはできません。過去の失敗を悔やんでも何の利益にもならないのは分かっていてもやめれないものです。筆者も、あの時こうしておれば良かったと「くよくよする」ことからはなかなか離れられません。

3　格物致知

これまで見てきた様に、『大学』に示される「格物致知」を**王陽明**は「物(こと)を格(ただ)して、知を致す」と読み、単に**朱子**の言う様に「物に至りて知に至る」という見方を否定します。**朱子**の「事事物物」を観察によって「究理を」行い、「知に至る」という主知主義的な見方を否定して、**王陽明**は「物を正す」という「良知」に従った能動的な行動を重視します。身の回りには「正される」べき「物（事を含め）」は山の様にあります。国や地方公共団体の行政にも「正される」べきものが多々あることは間違いありません。政治家や官僚は世の中を良くするための行政・財政を行い、社会の色々な矛盾を解決していくために諸制度の改善を行うという公共政策を実行するという重要な仕事をしています。しかし、政治家の選出の仕方として「選挙」があり、政治家が選挙で選ばれるためには選挙に全力を投入しなければならない状況では「格物致知」を実行していくことは難しいことも事実ですが、国家の運営は市場原理の様なものでは実行できないので、彼らにこの「格物致知」を期待せざるを得ない現実があります。

我々の身の回りでも「格物致知」は多くの場面で求められています。会社に勤めている人にとっても自分の部署に与えられた仕事を正しくしていくことは重要な事です。特に、経営者は会社という機関を世の中のためになる様に運用していく重責があります。経営者は常に会社を事々刻々変化する資本主義経済の中で市場の状況に応じて会社を常に改善していかなければなりません。すなわち、会社の経営判断も「格物致知」なのです。もちろん経営者の経営判断はその会社だけの利益を図るだけでなく、従業員、顧客、地域だけでなく、それが集まって日本経済全体にも影響を与えるものです。会社経営を行うことは「物を正して知を致す」ことそのものです。一方、経営者でなくとも会社員も自らの担当している部署において「格物致知」を実現していくことが必要です。すなわち、会社の発展は経営者だけでなく、それの指揮下で働く従業員全体が勤勉にその業務の努めを果たすだけでなく、自らの仕事を改善し、上司の判断が間違えておれば「正さ」なければ会社は発展しません。上司の理不尽な指示や不正に対して、それを明らかにすることは勇気のいることでしょう。しかし、会社も風通しの良い会社でなければ発展することはありません。社会の中でも不正なことを目にすることも少なくありません。これらを「格(ただ)」すことは健全な社会を作ることとなります。人と摩擦を起すことはできればしたくないのも自然なことでしょう。しかし、社会の「不正」に対して厳しくあることは勇気を持つことが求められるのです。人々の「格物致知」が会社を発展させ、これを通じて経済社会が発展し豊かになっていくのです。

筆者自身が大蔵省にいた時の事を考えると、実際に、役所には大きな権限がありました。税務署長をした時には人々が正しい納税を行えるように努力しました、金融監督・検査では銀行の経営の細かい所まで検査を行い経営の改善を求めて、金融システムの健全な運営が行われるように努力しました（後に金融危機を起こしたのは残念なことです）、経済政策の総合計画では経済の安定成長と財政再建を両立させる方途を探りました。予算の編成では郵政省と電電公社の予算編成を行ってよりよい行政を行える様にしたのに加えて、電電公社の民営化問題で適切な改革が行われるように努力してきました。これらの仕事は職業としての「格物」でしたが、実際、社会運営に役立っていたかは分かりませんが、精一杯「格物致知」の努力をしてきました。大学に移ってからは経済学、財政学、数学などを研究して、学生には次世代を担う若者の教育に学問を通じて社会で正しい働きを行える様に力を入れてきました。また、多数の著書や論文を書き、正統な社会改革を世の中に訴えてきました。さらに、多くの政府の審議会や地方公共団体の委員会などにも積極的に参加して行政の具体的な改革への助言も行ってきました。それら社会の「格物致知」と考えて努力してきました。「格物致知」も誰でもできるものであり、しなければならないものです。**王陽明**が常に言っている様に「良知」は誰もが持っているものであるからそれを発揮して、誰もが「格物致知」を行うのは当然のことです。

4　知行合一

「陽明学」の最も知られたキーワードは「知行合一」でしょう。**大塩平八郎**の乱で見られた様に幕府の曲がった政治を正すためとして反乱を起こし、世間に警鐘を与えようとしました。大阪の与力であった**大塩平八郎**は江戸幕府の政策に怒りを覚えて自ら「陽明学」を教えていた「洗心洞塾」の塾生と共に「反乱」を起こしました。反乱はすぐに鎮圧されるのですが、当時の幕藩体制に大きな衝撃を与えました。**吉田松陰**や**西郷隆盛**も幕府の混乱した政治の中で、自らの「良知」に従って「知行合一」を実行し、倒幕の志を持つ者を育てたり明治維新を起こしたわけです。**熊沢蕃山**や**山田方谷**のように藩政改革において「知行合一」を行って改革したのです。彼等はまさに知行合一の士でした。「朱子学」の「先知行後」に対する**王陽明**の批判は、多くの人達が口耳の無駄な議論ばかりしていていつまでも実際に実行しないことでしょう。もっとも大東亜戦争の様に議論を尽くさないで時の勢いで戦争に突入し、多数の犠牲者を出し日本の歴史に大きな汚点を残したことも大問題です。

しかし、「陽明学」は革命の思想だけではありません。現代社会でも自らの置かれた職業や仕事の中で「知行合一」を行うべきことになります。身近なことでは、「親孝行」などの人倫に関することも「知行合一」を行うべきで、これは**王陽明**の頃と変わりはありません。社会制度の変化により人々の生活は大きく変わっています。「温凊の礼」や絹の衣服を着せ、肉を食べさせることなどで親を養うという「親孝行」は、今日、年金制度に取って代わられ影が薄くなっています。今日では高齢になった親を養うのは子供の責任ではなく、政府の責任に移っています。親を大事にすることは当然のことですが、内容は大きく変わっています。親が期待するものを子供が実行していくことが、現代の親孝行でしょう。「君に対する忠」も、民主主義で政治が運営される様になり、その姿は大きく変わっています。公務員の場合は公務の重要性を認識しながら、政治家の指揮の下で各省庁各部署で忠義心をもって国民、住民のために与えられた仕事を「知行合一」で励むべき事でしょう。また、会社の上司に対する忠誠心も重要なものでしょうが、同時に上司の方が「部下から強く信頼される」ことを実行しなければならない時代になっています。「兄」に対する「弟」も必ずしも年長だからというだけで尊敬の対象とされるわけではなく、年長者は若い者に尊敬される様に修養しなければならないのです。「儒学」における「五倫五常」は、形こそ変われ、人々の行動原理として変わっていません。それも行動規範として今日の世界でも生きています。ただ、その形態は大きく変わっています。普段の生活の中でも「知行合一」が求められるのです。

「知行合一」は会社での仕事の上でも「知」を働かせるときは、それを「行」として実践していくことは常に求められることでしょう。仕事をするためには「知」は必要ですが議論するだけの「知」だけに止まっていては「知」も役に立ちません。尊敬する先輩の「言葉」も実践しなければ「口耳」の訓話になってしまって意味がありません。「知」を勉強することも「良知を致す」ことの「行」を行う前提で行わねばなりません。大学での勉強も「口耳」の議論を聞くだけでは意味がありません。社会の何らかの役に立つことを念頭に「知」を勉強し社会に役立てていかなければならないと思います。

また、会社の中で改革をすることだけでなく、ベンチャー・ビジネスを起こすことも「知行合一」でしょう。自らの「知」を現実の社会で事業とすることは経済の発展に不可欠なだけでなく、実に痛快なことでしょう。ベンチャー・ビジネスは新しい技術やビジネスモデルを現実の経済で実行するものであり、資本主義経済での「知行合一」でしょう。自ら得た「知」を実際の経済で実現するのであれば、独立して新しい会社を起こす、いわゆるベンチャー・ビジネスを立ち上げることも「知行合一」でしょう。実際、多くの大会社も元は創業者のベンチャー・ビジネスです。パナソニックの**松下幸之助**氏、ソニーの**井深大**氏、ホンダの**本田宗一郎**氏、京セラの**稲盛和夫**氏、ソフトバンクの**孫正義**氏など数限りない「志」を持って起業した創業者が新しい会社を作り、時を得たことも大きかったけれど大企業に成長し、社会に変革をもたらし日本人の生活を豊かにしていったのです。もちろん、その影には多くの失敗したベンチャー・ビジネスが山のようにあります。しかし動かなければ何も始まりません。

筆者の「知行合一」は大学を出たときから始まりました。就職するときには、大学で経済学〔知〕を勉強したものを実際の日本経済に活用しようと思って大蔵省に入りました。学者になる選択枝もありましたが、現実の日本社会で役に立ちたいと思い官庁に就職しました。そのときの「知」で、なにがしかの社会に役立つ仕事〔行〕はできたと思っています。役所の仕事は部署の上司からの指示によるわけですが、多くの権限が若い内から与えられました。自分の裁量の範囲では自らの「知」を仕事に活かしてきました。大学卒業後も経済学や数学の勉強を続けており、縁があって大学に戻って教育研究者に転向しました。大学では教育研究〔知〕をすることになりましたが、研究自身を社会に活かしたいと先にも述べた様に国の審議会や地方公共団体の委員会、また民間の経済団体の作る委員会などに積極的に参加しました。これらも経済学を使って行政・企業へのアドバイスを通じて現実の行政・企業などが改革されること〔行〕を期待していました。筆者も「知」を勉強するときには社会に役立つことを前提に勉強してきました。

今日の「知行合一」は仕事以外にも「良知」で感じるものは言論やボランティアがあるでしょう。社会に問題があるときには社会にそれを訴えて政府などに改革を求めることも重要です。三島由紀夫氏の様に自主憲法制定を自衛隊のクーデターに期待して、それがかなわないとして割腹自殺することは「知行合一」とは言いがたいでしょう。社会のひずみを是正するために政治家に立候補して政治の世界で実現していくことも「知行合一」です。社会は民主主義のルールの下で改革されていかなければなりません。立派な政治家が求められるのはいつの時代も必要なことです。今日ではその能力さえあれば、自由に立候補することが可能です。政治家にならなくとも、社会のひずみを是正するためにはボランティア活動も重要な事です。身の回りの矛盾の解決は自らが何らかの行動を起こすことが必要です。「知」を活かすためには自ら「行」を起こすことが今日の「知行合一」です。

社会で問題となっていることに関して勉強して「良知を致す」こととして世に訴えていくことも「知行合一」です。京都大学で勤務していたときは研究の側面では専門の数理経済学や財政学を勉強し、研究成果を論文や書籍にして発表していくのは当然のことですが、専門外の金融、金融工学、IT経済学、日本型経営システム論、ベンチャー論、憲法論、そして陽明学など多くの分野で日本に必要と思った分野の研究をし、世の中に提案してきました。もちろん、未完成に終わったものも少なくありませんが、これまで多数の論文や書籍を書いてきたのも筆者にとっての第一の「知行合一」です。学問の発達は、社会を改革し進歩を生み出します。これも「知行合一」でしょう。社会改革に必要だと感じた問題があれば、すぐに勉強して「良知」の信じるところを論文や評論を使って社会に訴えてきました。

特に、「消費税」の必要性は経済企画庁に出向したときに行った経済計画の作業の中でその必要性を痛感し、後には発言機会があればその必要性を社会に訴えてきました。そして、「財政健全化」の重要性を常に訴えてきました。「一般消費税」や「売上税」が提案された時は経済学者、財政学者の大半が反対でした。テレビ、新聞などのマスコミでも論陣を張りましたが、正に孤軍奮闘でした。しかし今日では、福祉社会に「消費税」が必要なことは常識になっています。財政再建も大きな課題です。一〇〇〇兆円を超える政府債務は異常です。財政制度審議会で特別部会が作られ第一部会長をして健全化の道筋をつけましたが、残念なことにそれは反故にされ財政状況は悪化の一途をたどっています。財政再建に関する書籍や論文を山の様に出し、世に訴えましたが、改革のきざしはまだ見えません。

財政以外の分野でも、バブル崩壊後の日本経済は停滞期に入り、そもそも日本型経営システムも見直さねばならないと勉強して『日本型経営システムの功罪』（東洋経済新報社、一九九三年）や『日本型経営システムの改革』（読売新聞社、一九九五年）など多数を出版しました。また、経済団体の人達などと一緒に企業改革や人事システムについて勉強会もしました。実際にその成果で改革を行った会社もあります。残念なことに、経営システムの改革を色々提言してきましたが、日本経済は立ち直っていません。

さらに、バブル崩壊後の金融危機という日本経済にとって非常事態ともいえる状況になり、金融分野で『日本型銀行経営の罪』（東洋経済新報社、一九九四年）、『金融津波』（ＰＨＰ研究所、一九九八年）、『銀行再編のビジョン』（日本評論社、二〇〇〇年）を出版し、金融危機の問題点を訴えてきました。金融庁に設けられた竹中大臣の緊急金融分野対応プロジェクトチームにも参加し、そこで厳しい政策を打ち出すことで日本経済の危機は回避されました。

さらに専門分野と全く関係のない「陽明学」の勉強会を始めました。これは「日本人の精神」の復活が今日必要と考えて、最初に述べた様に「桜下塾」を始めました。多くの人々が今日、物質的な豊かさだけではなく「心」を重要視しなければならないと多くの人が言います。少数の人達の仲間でしたが、いろいろ勉強してそれぞれの人が会社や社会の改革に活かしてもらっていると思います。

先に述べたように、今日の「知行合一」が期待されるものに先に述べたベンチャー・ビジネスがあります。日本経済が発展していくためにはベンチャー・ビジネスを盛んにすることが重要です。ベンチャーを志す者が持っている技術やビジネス・アイデアを現実のものにしていくために独自の企業を起こすことも「知行合一」でしょう。筆者はベンチャー・ビジネスを促進するために努力しました。京都商工会議所と京都経済同友会が共同でベンチャー・ビジネスを盛んにしようとする支援機構を作るために、研究会を作り、その座長をするように依頼されました。かねてより日本経済が復活するためにはベンチャー・ビジネスが不可欠であると考えていましたので、喜んで引き受けました。研究会でいろいろな検討を加えて報告書を作りましたが、商工会議所と同友会で意見がまとまらず、実際のベンチャー支援機構は実現しませんでした。筆者としてはまず、これの考え方を普及したいと思い『ベンチャー・ビジネスは日本の救世主だ』（東洋経済新報社、一九九八年）という本を出版しました。同時に、現実に支援機構ができないのなら筆者自身でやろうと考えて「関西ベンチャー研究会」を作り、関西経済の有力者にも協力者になってもらい、ベンチャー・ビジネスに関心のある人を集めました。そこからベンチャー・ビジネスに出資し、その会社経営に深くコミットするゼネラル・パートナーとなる「(株)関西ベンチャーキャピタル」という投資会社を立ち上げました。ファンドを作り投資を行い、その経営を支援して行ってきました（筆者は公務員なので役員になれないので二一世紀日本フォーラムの事務局長の村上建夫氏等に役員になってもらって、筆者は助言するという運営を行いました）。これも筆者にとっての「知行合一」でした。そして、一億円のファンドを集めて、ある高度な技術（X線蛍光分析装置）をもつ企業に出資しました。経営の結果はうまくいきませんでしたが、これもベンチャーだと思いました。多くの出資者には迷惑をかけました。ベンチャー・ビジネスの重要性を説く人は多いのですが、実際に、ベンチャー・ビジネスを始めたり、支援をする人は必ずしも多くありません。産学官の連携が必要と「関西ベンチャー学会」の会長もしました。

また、筆者は憲法問題に関しても危機感を持っていました。アメリカの占領軍によって作られた日本国憲法は七〇年間、一度も改正されてこなかったのは異常なことです。あるアメリカのジャーナリストと議論したことがありますが、彼はなぜ憲法を改正しないのかと言います。アメリカが作った憲法は独立後に変えられてしまうのを恐れてなかなか改正できない様に作られていると言うと驚いていました。ローマにあるＮＡＴＯ大学を訪問したとき、ぐるっと各国の将校に取り囲まれて議論したことがありました。なぜ、日本は湾岸戦争に参加しないのかと問われ、アメリカの作った憲法で禁止されていると答えざるをえませんでした。するとなぜ憲法を変えないのか質問され、アメリカの作った憲法は容易に変えれない様に書いていると答えるという全くみっともない感じを受けました。そこで、専門外の憲法論についても勉強をして『憲法改正論――二一世紀の繁栄のために』（ＰＨＰ研究所、一九九六年）を出版して、改憲の必要性を主張してきました。憲法学会の理事、民間憲法臨調の理事、関西民間憲法臨調の代表などを行って憲法改正の必要性を訴えてきました〔行〕。もちろん小さな寄与でしかありませんが、もう少しの所ですが、国会の発議が行われることを期待しています。

言論活動は学者にとって「知行合一」の柱です。筆者自身も多数の論文や書籍によって「言論活動」に努力してきました。日本の言論界は乱れている側面を否定できません。「マルクス主義」の影響を強く受けて教育界では歪んだ教育が主流を占めてきました。マスコミも正統な「言論」に基づかない議論がはびこっていました。そこで、正統的な研究を行う学者で「二一世紀日本フォーラム」という学者集団を作りました。そこでは「言論による二一世紀日本の構築」を目指しました。正統な学問を行っている学者が集まって、研究・討論を行う場を作りました。そこでの議論ではフォーラム参加者が社会での言論活動を通じて正統な社会作りに貢献したと思っています。

全ての人は毎日の活動を通じて勉強することで「行」から「知」を得ています。そして、そのなかで「良知」を感じてこれを「格物」して、実践することは「知行合一」です。身の回りの事で小さくとも自らの「良知」に響くものがあれば、実践すべきです。社会や会社での各部署における仕事での「知行合一」は会社全体だけでなく社会全体の発展の原動力です。今日の複雑な社会では、どの様な「事」を「行う」ためにも「知」も必要ですから勉強も同時にしなければなりません。しかし、学問は単に「知識」を探る「多聞多見」の「口耳の学」では意味がありません。「知行合一」は誰にでもできることであり、その仕事の大きさとは関係がないことだと思います。

仲間を集めてボランティア・グループを作って社会の改善に寄与することは誰にもできる「知行合一」でしょう。多くの人々がボランティアグループを作って社会改善のために努力していることは、「口耳」の議論を続けることではなく、現実の社会をよくしたいという切実さがあるわけでしょう。

以前に国際陽明学会に参加した時に、ここで紹介された「知行合一」の例として柳川市の話がありました。柳川という九州の町は、美しい水郷の町として知られていました。しかし、生活排水や川にゴミを捨てる人が増え、このため川はむざんな姿になったのです。市は暗渠（あんきょ）にする方針でいたのです。この時、市役所の職員であった広松伝氏が、一人、川に入って掃除を始めたのです。やがて市民の人々が多数加わって川の清掃を始めたのでした。結果、柳川はかつての美しい水郷の町に復活したのです。一人の始めた行動が市民を動かしたのです。「知行合一」は一人が始めた事が大きな動きを作ったのです。ボランティアは誰にでもできるものであり、これが社会を変えていくのです。「知行合一」は誰もがやれることです。

5 事上磨錬

王陽明は「良知」の修養は、静坐して「慎独」や「戒慎恐懼」をして「静」を求めるだけではなく、むしろ「動」の中にあって仕事や実際の「事」を行うことで「良知の修養」を行うべきであることを主張します。伝統的な「主静論」から脱して「動」においても「良知に従う」ことが修養であるとしています。弟子が修養が進まないので、仕事を辞めて修養に専念したいと話したのに対して、仕事をして「事」にあたって修養することが「良知の修養」であると言います。「格物致知」を「物を正して知を致す」のは世の中を正しくして「良知」を実現することを主張しますので「物を格す」は実践という「動」の上での修養になります。「格物」は「朱子学」の様にただ「究理」を行うことではなく、「物を正す」という「実践」なのです。**王陽明**は「実践」の上に修養すること「事上磨錬」は迂遠かもしれないが、根本の学問なのだと言います。

現代人も多くがそれぞれ職業を持ち、それを通じて社会に貢献しています。ここで、「良知を致す」

ことが求められているのです。毎日の仕事が修養であると考えれば、仕事を行うこと自身が楽しくなります。ここで「良知の修養」ができれば人間的な成長に繋がることになります。「人欲」を排して「天理」に従うのは「事」の上に行うべきこととなり、これが修養になります。

特に、日本の会社は「オン・ザ・ジョブトレーニング」を基本としてしていますので、欧米での「オフ・ザ・ジョブトレーニング」を重視するものと差違があります。終身雇用制度を軸としていますので、企業内で従業員を訓練することは、それに投資をする企業側にもメリットがあるわけです。ローテーションも日本型経営システムの特徴です。本来なら人材を専門の分野別に特化して働かせる方がメリットがあるように見えるのですが、ローテーションを行うことで会社のいろいろな部署で会社全体の仕事を覚えさせています。これで、会社全体としての生産性を上げる方法なのです。これらはまさに「事上磨錬」です。日本型経営システムでは会社の仕事を熱心に行うことで自らの「知」の水準も上がっていくわけで、これに合わせて年功序列で賃金を引き上げる運営がなされてきたのです。多くの日本の会社は、この「オン・ザ・ジョブトレーニング」を重視して、社員は会社の中で必要な「知」を得ることになります。会社に「終身雇用」で雇われて、昇進の先の見えるシステムは安心して会社のために働くことになります。ここで勤勉に働けば知識や技術が向上して会社が発展して自らの給与も上がるというシステムでした。今日、経済構造の変化でこの様な典型的な日本型経営システムは変革を求められています。しかし、仕事をしながら訓練をして会社に必要な「知」を育てることは良い結果をもたらしてきました。今日、もっと個人の能力を活かす方法が模索されているところです。ただ、仕事をするのに単に上司からの指示通りに動くいわゆる会社人間になることではありません。現場での「事上磨錬」で「知」を得て仕事をしていくことが求められるのです。仮に上司からの指示にも自らの「良知」に従い、「良知を致す」ことです。「志」を持って仕事を行いながら自らの「心」を鍛えるのが「事上磨錬」です。「良知の修養」になるように働くことが求められているのです。日本型経営システムの中でも「志」を持って仕事に専念することが同時に「良知の修養」を行うこととなればこれ以上すばらしいことはないと思います。

筆者も役所での仕事からも多くのことを学びました。税務、金融機関の検査監督、予算編成など重要な仕事をさせてもらい。仕事を行うことによって色々たくさんのことを実務を通じて勉強させてもらいました。これはまた経済学などの勉強にも活かして行きました。さらに、多くの優秀な先輩の下で働くことで多くのことを学びました。また、管理職としても部下との人間関係で色々学ぶことができました。

また、大蔵省に入ってからも経済学の勉強を続けました。現実の経済・財政に直面しながら、先端の経済学を勉強しました。主に数学を使ったものですが経済学と工学の二つの学位論文を書きました。実務を行いながら勉強したことは筆者にとって大きな財産となりました。

会社での仕事や地域での人間関係も自らの「良知」を磨き上げる「事上磨錬」なのです。それは「陽明学」では「良知を致す」修養なのです。会社で仕事をするもの「良知」の修養と考えるのは意義のあることと思います。会社では多くの場合、上司から必ずしも心地のよくないことを指示されることもありますが、それをより高度なものに仕上げていくことも「良知の修養」と考えるべきでしょう。日頃から会社の関係だけではなく、「心」を鍛えるための勉強を続けることで得た「知」を仕事の上で活かしていくことは「知行並進」によって「知」が「行」を生み、仕事に励むことで「行」が「知」を生むことになるのです。この「知行合一」を教える「陽明学」では仕事に励むと共に、実践が人の「心」を豊かにしていくものなのです。世の中では人間関係は複雑ですが、「格物致知」を実践し、「心」を万物に及ぼすことは、現代人にとっても重要な示唆であると思います。会社、地域など色々な範囲の人々に「仁」を及ぼすことは、「心」の励みになるだけでなく、「仕事」もより高度なものにしていくと思います。「事上磨錬」が現実の仕事においてもより水準の高い「良知」に至らせ、より水準の高い「行」を生み出していくのです。大学で教えたゼミ生には、会社に入ってからの勉強がもっとも意味のあるものであると厳しく言ってきました。

要するに、日常の俗事に当たる様な仕事の中で、「志」を持つかどうかが問題なのです。筆者も役所に入ったときには雑用ばかりさせられてうんざりしたこともありました。しかし、それなりの仕事を与えられると仕事から教えられる事が多くなります。また、仕事をしながら勉強をすることは極めて重要です。しかし、それも「修養」であったと思っています。実践の中の修養は、中身はそれぞれあるでしょうが「心」を育てるものとして「事」にあたって、俗事のことでも「志」をもって「良知」を実践することが「良知の修養」であることを認識する必要があります。また、よく「仕事」が忙しいので「勉強する」暇がないと卒業生などが言いますが、「暇」だから勉強するものではないと思います。

6　万物一體の仁

「陽明学」のユニークなのは「万物一體の仁」であると思います。多くの宗教の教義や生活習慣として「博愛」を説くものは多数あります。しかし、「陽明学」の様に「草木瓦石」まで「心」を向け、「仁」を説くものは少ないと思います。「万物」は「心」を通じて結びついているとして、「一體」であることを言います。これを通じて、人々だけでなく「草木瓦石」にまで「心」を向け、「万物一體」に「仁」を及ぼすことで人の倫理の柱としています。

近代の科学技術はデカルト等の打ち出した要素還元主義に基づいて発展してきました。全体は部分により構成されているので、「物の理」を探るためには一度要素に分解し、その要素を詳しく調べ、そしてこれを再び全体に再構成することで全体を解明することになります。これはデカルトの学問の規則でいえば「明証性の規則」「分析の規則」「総合の規則」「枚挙の規則」という四つの方法です。これは**朱子**の「事事物物」に「理」ありとする「究理」に似ているところもあります。この様な科学に対する方法で人類は飛躍的な発展を遂げたのは事実です。しかし、この様な方法で理解することが難しい現象は数多くあります。そこで、デカルト的な方法によらない科学の研究も進んできました。「複雑系科学」という考えです。部分は独立して存在するのではなく、部分の相互依存関係が全体を構成することとして、全体として捉えようとする科学の理論が盛んに研究される様になっています。この「複雑系科学」という科学革命が起こりました。各部分はそれぞれの間の相互依存の関係のなかで全体を構成し、その結果、全体として複雑な動きを生み出すことになります。気象学者の**エドワード・ローレンツ**が「南米で蝶が羽ばたくとテキサスでハリケーンが起こる」という例示を示し話題になりました。科学者の間で複雑系に関する多くの理論を生み出すことになります。実際にハリケーンは起こらないのですが、小さな部分の動きが予期せぬ全体の大きな動きを生むことは実際に経験することです。

また、「複雑系」では「カオス」などの非常に不思議な現象が起こります。以前は一種のランダムな現象と見られていましたが、一定の法則の下で予期せぬ様な挙動が起こることが数学者の間で研究されてきています。また、現実に自己組織化、創発、生命現象など従来の要素還元主義の科学では理解できないものが多数あります。この複雑系の世界を理解するために「ホーリズム」や「ホロン（全体子）」といった観点からの研究も行われています。「万物一體」はデカルト的な要素還元主義的な見方と真っ向から反するものです。現実の経済も要素還元主義的な経済学では理解できない様なもの、例えば株価に代表される様な予期せぬ現象が起こすことは、むしろ普通のことです。経済学でも「複雑系科学」からの研究も行われています。**王陽明**が分けないことの重要性を指摘していますが、複雑系と同様の考えかと思っています。

「複雑系」の特徴は「自己組織化」です。一般に物的なものは放っておくと壊れます。エントロピーの法則と言って孤立系では秩序は必ず無秩序に向かい、定常状態になると「熱死」という均衡状態になるというのが伝統的な理論です。ところが「複雑系」では部分が相互依存し合って全体を自ら秩序を作っていくという性質を持っています。現実にも人間は受精卵から始まってそれぞれの機能をもつ部位を作りながら成長していきます。生命現象は非常に不思議なものですが、「複雑系」は自ら生成発展させていく挙動になります。全ての細胞は死んでいくのですがそれ以上の細胞が生成されることで全体として生命が維持されるのです。社会経済でも同様のことが起こります。**王陽明**が「致良知」や「万物一體の仁」が「万物の造化育成」の源であると言っていることと類似しています。

小さな実践でもそれが人々の「心」に訴えるものになれば、複雑系の自己組織化で示される様に、周りの人々を動かし、場合によっては社会を動かしていくことになります。これは「人欲」によって行おうとするものでありません。「人欲」を排すれば何をすれば良いか「天理」が見えてくるのです。「陽明学」の「万物一體」はこの様な複雑系の世界の理解に共通するものです。先にも述べましたが、**孟子**の指摘する様に「心」が「万物を造化育成」するのです。先に述べた柳川市の場合もその様な複雑系として見ていかなければなりません。柳川市での広松伝氏の行動もそうですが場合によっては、もっと大きな規模の「自己組織化」の変動を起こすのです。小さな運動が相互作用により発展し、社会に新しい秩序を作ることは決してまれなものではありません。また、萩という田舎の一人の青年が始めた勉強会が明治維新の立役者を生み、その後の近代化を進めることになりました。**吉田松陰**の行った小さな「松下村塾」での教育から生まれた門下生の「良知」が明治維新という大きな改革を生んだのです。最初は小さな動きでもそれが複雑系の世界の中で大きな動きになっていきます。「陽明学」の「致良知」は「部分」から、「全体」を「造化育成」していく仕組みを持っていることを示しています。「万物一體の仁」は人々の「心」を通じる自己組織化の働きが小さな運動でも現実に社会を変えていくことになります。会社では働く人も自ら「万物一體」の中にあることを認識して仕事をすれば、それなりの会社全体の改革に繋がっていく様に思います。

筆者が関係したところでは、「京セラ」の社外監査役をしました。「アメーバ経営」で有名です。しかし、単に「アメーバ」として経営の単位を独立した企業単位分けてそれぞれに効率化を求めるだけでなく、会社全体に「稲盛経営哲学」が一貫していて全体として効率化しているのです。**稲盛和夫**氏の経営哲学を社員全体が勉強して「一體」となって経営を行って、エクサレント経営を実現しているのです。「万物一體の仁」の見方は自らが関係する社会に「仁」を持つ事で、良知を致す小さな動きが広く人々を動かし、社会を変革していくものになるのです。身の回りの現実について「小さな行動」が世の中を動かしていくことを認識する必要があります。その出発は「良知を致す」を修養として常に心がけておくことが求められるのです。それは「致良知」が「万物一體の仁」によりあらゆるものを「生成化育」していくことを**王陽明**は教えていると思います。最初は小さな「良知」の行動も人々の「心」に波及し、大きな変化を及ぼすのです。

7　誰にでもできる「陽明学」

王陽明の言葉は時として厳しいものがあり、また、「良知」を実践してきた歴史上の人物も過酷な実践を行ったことの苦労を思い起こします。しかしながら、**王陽明**の言う様に「明白簡易」であり、我々の生活の中でもよく思い起こせば小さな「人欲を排す」や「排人欲従天理」「事上磨錬」「致良知」「知行合一」「抜本塞源」といった実践も、小さなものは現実に行っていることであり、実際にできていることなのです。可哀想な人を憐れむのは、まさに「惻隠の情」であって誰もが持っている「良知」なのです。日頃の小さな事でも、それが「天理」にかなっていれば人を動かし周りの状況を変えていくのです。毎日の仕事の中でも、少し「慎独」すなわち反省すれば「良知」を見いだすことになり、「良知を致す」ことを意識すれば仕事や生活も変わってくるのです。「致良知」は誰にでもできることであり、少し「慎独」すれば実践できるものと思います。そして、「良知」を思えば「知行合一」は自ずから生まれてくるのです。会社の中で与えられている仕事を行うにしても「改善」を思い立てばそれを実行していくことは「良知」に従っておれば必ずや良い結果を生むことになります。会社でも社員の小さな「知」を積み上げていくことが会社経営の基盤になっているわけです。この様に個々人が「事上」において得た「知」は社内に広がっていけば会社全体の「改善」に繋がっていくことになります。もちろん、地域社会でのボランティアをはじめとする「知行合一」が社会を支えることになります。自ら「心」に響くことに挑戦すれば、新しい運動を引き起こしていくことになります。逆に、利益がもたらされるから実行すると考えるのは、正に「人欲」のなせることなのです。「良知」は元々自分の中にあるものなので、それに沿ったものは「楽しいもの」であるはずです。「良知」から生まれる「好きなこと」を行うのが「陽明学」なのです。

「陽明学」では「良知を致す」ことは「楽しいこと」なのです。『論語』にいう「知るものは好む者にしかず、好む者は楽しむ者にしかず」と言っている様に自らの「志」を楽しんで現実に実行していくことが「陽明学」なのです。

あとがき

最初にも述べましたが、平成八（一九九六）年から「桜下塾」という「陽明学」を勉強するため集まりを始めました。「陽明学」の勉強会をするために一軒家を買って、講読会ができる様に改築し、社会人を中心に集まってもらいました。最初、朝日新聞、読売新聞、日本経済新聞、京都新聞で記事を書いていただいたこともあって八〇名程の人が集まり、身動きのできない程になり、午前の部と午後の部に分けて勉強会を行う程の盛況でした。しかし、徐々に減少していき二〇〜三〇名程度の適切な人数で勉強会を行うことになりました。平成八年から二〇年以上かけて『伝習録』をテキストに「陽明学」を勉強してきました。途中、筆者の体調の関係もあって、中断した時期もありましたが、今は数名でやっています。しかし、よく続いたものです。「桜下塾」という名前は、**吉田松陰**の行った「松下村塾」を見習ったものですが、「松の下」ではなく「桜の下」で「桜陽（おうよう）」に、おおらかに古典を勉強しようと名付けました。関西生産性本部の人達が庭に「平安しだれ」のきれいな桜を植えてくださり（残念ながら枯れてしまいましたが）、まさに「桜」の下で、「陽明学」を勉強して「日本人のあるべき精神」の一端を探る何かを求めて「陽明学」の勉強会を行ってきたのです。

難解な『伝習録』をこつこつと読み、これを現代の日本にとって何かヒントとなるかと勉強会をしました。筆者にとっては月一度の勉強会でしたが、研究・教育・大学行政だけでなく国の審議会や地方公共団体の委員会で多忙を極めていた中で、よくやれたものと思っています。勉強会の前には予習をしてレジュメを作り、当日は輪読・講義・討論・懇親会を行い、その結果をニューズ・レターという形にまとめて塾生に送っていました。今回の出版を含めた「巻の上」、「巻の中」、「巻の下」に関する三部作の出版はこのニューズ・レターをベースに書いたものです。

「陽明学」の最初の出版は一九九九年に清流出版からの『桜の下の陽明学』です。ここでは『伝習録』の解説というよりも筆者の取り組みを明らかにしました。二〇〇二年に恒星出版から出版した『日本人の心を育てた陽明学』で示した様に、江戸期以降の日本を作った人々が「陽明学」から影響を受けています。全部を網羅しているわけではないので取り上げた人物以外にもたくさんの「志」を持つ人々がいたのです。歴史上の大人物も陽明学から大きな影響を受けています。日本人は外来の文化、宗教、学問を日本人に適した形にして導入してきました。

現代の日本社会は経済が発展し、世界の中でも重要な地位を占める状況に至っています。しかし、七五年前の大東亜戦争における日本の敗戦とともにアメリカ軍の占領下で、日本社会は大きく変化させられました。不屈の精神で日本は今では世界の一つの中心的な地位を占めるまでに至っています。しかし、今日の日本は経済的な豊かさのみを追求するに留まり（今日、日本経済にも様々な問題を持っていますが）、さらにゲームやインターネットの発達などで、真剣に「社会」を考えようとする力が低下し始めている様にも思います。これにも危機感を持たなければなりません。

筆者は現在、京都大学名誉教授ですが経済学部では数理経済学、財政学などを研究・教育してきました。その他にも金融論、日本経済論、日本型経営システム論、国際政治学、憲法など幅広く研究してきました。今日、日本の改革が必要だと考えたものについてはすぐに勉強して筆者なりの見解を種々の方法で言論として発信し、それを書籍にまとめてきました。おかげで本書を含めて四九冊の単著を発行することができました。出版は小さなことでも読んだ人の心を動かせば世の中は動いていくのであり、研究者としてできる「実践」です。

そして、講義の他に教育で重要なものに少人数で行うゼミがあります。先にも述べたように二年生ゼミには前期にはカント、デカルト、ベルグソンなどを毎年、変えながら読むこととし、後期には各自の選んだ哲学の書物を読み報告し、レポートを書かせました。哲学書を読むことの重要性を学生に教えてきました。戦前の旧制高校では原書で西洋哲学を読むことが勉強でしたが、その一部でも復活できたらと思って哲学の勉強を二年生にさせてきました。もちろん、原書で読む力はないので翻訳をしかも一部しか勉強できていませんが、学問を志す学生に何らかの考える契機を与えられたものと思います。三・四年生のゼミでは前期にはその年の前年に発行されたもっとも難しいテキストも使い、三年生の後期には他大学のゼミとの間で学生が選んだ現実の経済政策に関するテーマで他大学のゼミとディベートを行いました。四年生の前期には英語の論文を読ませ、後期には自分で選んだテーマで卒業論文を書かせました。自分の勉強したいことを自由に選び勉強させてきました。そして、筆者も一緒に学び、学生が勉強してきたことを材料に「学問の楽しみ」を教えてきたつもりです。

そして、平成八年に最初に述べた様に、一般社会人と一緒に「日本人の精神」の復活に何らかの寄与ができないかと考えて、「陽明学」を選んで勉強会を行いました。中国古典に興味を持ったのは、大学四年生の時に『荘子』を読み、中国古典の壮大さに驚き、その後『論語』『孟子』『荀子』『韓非子』『管子』『孫子』などを読みました。どれも非常に面白いものでした。もちろん、学生時代には経済学や数学を勉強したのは当然ですが、西洋哲学も読んでいました。思い出すものではヘーゲル、ニーチェ、ラッセル、アーレント、ツバイク、ミシュレなど多数の西洋哲学も読みました。もちろん、マルクスも読みましたが、どうしてあれだけの多くの人がマルクスに熱狂したのか理解できませんでした。

今日、経済的に豊かで自由な日本社会は多くの人々を満足させています。しかし、新聞紙面を賑わす政治や会社の不祥事の問題が数多くあります。もちろん政党や会社などの組織はそれなりにしっかりと作られていますが、これだけでなく自らの「良知」で対処していくことが民主義社会の基本です。そして、今日、個人の生活が豊かでも「日本人の心」を振り返ることは希薄になり、「心」の問題を正面切って対処しようという力は弱くなっています。もちろん、宗教の役割は大きなものですが、宗教も社会の中で重みが小さくなっている様に思います（新興宗教は元気なようですが）。なにより、日本人でありながら日本のことを真剣に考えることが少なくなってきている様にも思えます。

次の新しい日本を作っていくためには、日本人としての「心」のあり方を考えて、それを実践して行くことが必要なのです。日本はもちろん民主主義国ですから多くの人々が行う議論をベースに国会や行政府が改革していくものですが、それ以外にも社会を動かすものがあります。人々の「心」に訴える小さな運動から生まれることが重要です。これは社会の各所で人々が現実の社会に対して「良知を致して」いくことが重要なのです。「桜下塾」での勉強会は筆者にとっても塾生にとっても重要なものでした。個人の役割は社会全体から見れば非常に小さなものです。しかし、個人の力は小さくとも動かなくては、世の中は変わりません。小さな動きでも時代が必要としておれば、それがやがて社会を動かすのです。これまで「陽明学」関連の出版は『桜の下の陽明学』（清流出版、一九九九年）や『日本人の心を育てた陽明学』（恒星出版、二〇〇二年）、そして伝習録の口語文の三部作を『現代に甦る陽明学――伝習録「巻の上」を読む　桜下塾講義録』（麗澤大学出版会、二〇〇六年。再刊　晃洋書房、二〇二〇年）、そして『現代に活かす陽明学――伝習録「巻の中」を読む　桜下塾講義録』と今回の『現代に生きる陽明学――伝習録「巻の下」を読む　桜下塾講義録』を晃洋書房から出版していただきました。これらの出版で、日本人の「心」を涵養することになにがしかのさざ波をたたせることができたらと思っているしだいです。なお、中国古典の専門家でない筆者が議論したものであるので、専門家から見れば間違いも少なくないと思います。それはこの「桜下塾」の「志」に免じてお許しいただきたいと思います。

最後に、原稿の段階で読んでいただいて貴重なコメントをいただいた塾生の安原徹公認会計士に感謝申し上げます。

二〇二〇年八月

吉田和男

《著者紹介》

吉 田 和 男（よしだ　かずお）

1948年　大阪府生まれ

1971年　京都大学経済学部卒業・大蔵省入省

1983年　主計局主査

1988年　京都大学経済学部教授

2006年　京都大学経営管理大学院長

現　在　京都大学名誉教授

主要著書

『日本の財政金融政策』（東洋経済新報社，1980年）

『日本経済の活力と企業行動』（東洋経済新報社，1985年）

『日本型経営システムの功罪』（東洋経済新報社，1993年）

『日本財政論――数理財政学序説――』（京都大学学術出版会，1995年）

『安全保障の経済分析』（日本経済新聞社，1996年）

など多数

現代に生きる陽明学
――『伝習録』（巻の下）を読む　桜下塾講義録――

2020年 9 月30日　初版第 1 刷発行　　＊定価はカバーに表示してあります

著　者　吉　田　和　男©
発行者　萩　原　淳　平
印刷者　西　井　幾　雄

発行所　株式会社　晃　洋　書　房
〒615-0026　京都市右京区西院北矢掛町 7 番地
電話　075(312)0788番(代)
振替口座　01040-6-32280

装丁　野田和浩　　印刷・製本　㈱NPCコーポレーション

ISBN978-4-7710-3400-6